数字でみる航空

2023

《目　次》

《目　次》

Ⅵ　航空機騒音対策

Ⅶ　航空交通管制

Ⅷ　航空保安関係施設

《目　次》

《国際航空》

日本に発着した国際旅客数の推移及び空港別のシェア

年度	東京（成田国際空港＆羽田空港）		大阪（関西国際空港＆伊丹空港）		福岡	
	旅客数	シェア	旅客数	シェア	旅客数	シェア
H27	41,905	54.9 %	17,189	22.5 %	4,646	6.1 %
H28	45,682	54.4	19,043	22.7	5,180	6.2
H29	48,622	52.1	21,809	23.4	6,333	6.8
H30	52,098	52.0	22,795	22.8	6,919	6.9
R1	48,904	52.8	21,958	23.7	5,469	5.9
R2	1,428	85.5	205	12.3	17	1.0
R3	2,576	87.9	269	9.2	26	0.9
R4	18,504	65.7	5,131	18.2	2,260	8.0

（注）国土交通省航空局資料により作成。

日本に発着した国際貨物量の推移及び空港別のシェア

年度	東京				大阪				福岡			
	輸出	輸入	計	シェア	輸出	輸入	計	シェア	輸出	輸入	計	シェア
H27	1,080,060	1,237,195	2,317,255	67.9	320,072	357,107	677,179	19.8	21,617	28,450	50,067	1.5
H28	1,228,512	1,369,103	2,597,615	68.6	347,688	387,550	735,238	19.4	26,058	33,199	59,257	1.6
H29	1,370,117	1,465,499	2,835,616	68.7	397,228	434,466	831,694	20.1	30,572	33,220	63,792	1.5
H30	1,331,506	1,379,848	2,711,354	68.9	392,021	405,415	797,436	20.3	30,131	32,624	62,755	1.6
R1	1,215,310	1,392,322	2,607,632	70.5	333,452	408,703	742,155	20.1	20,554	26,436	46,990	1.3
R2	1,120,053	1,274,666	2,394,719	73.2	334,979	381,290	716,269	21.9	10,871	10,372	21,243	0.6
R3	1,432,227	1,596,272	3,028,499	75.2	383,992	438,310	822,302	20.4	13,948	12,559	26,507	0.7
R4	1,215,182	1,350,998	2,566,180	73.5	347,459	406,238	753,697	21.6	13,861	11,765	25,626	0.7

（注）国土交通省航空局資料により作成。

（単位：千人）

名古屋（中部国際空港＆名古屋空港）		その他		計
旅客数	シェア	旅客数	シェア	旅客数
4,887	6.4 %	7,651	10.0 %	76,278
5,218	6.2	8,823	10.5	83,945
5,548	5.9	11,019	11.8	93,332
6,088	6.1	12,294	12.3	100,194
6,189	6.7	10,185	11.0	92,705
19	1.1	1	0.1	1,670
55	1.9	4	0.1	2,930
823	2.9	1,461	5.2	28,179

（単位：トン）

名古屋				その他				計			
輸出	輸入	計	シェア	輸出	輸入	計	シェア	輸出	輸入	計	シェア
83,703	77,352	161,055	4.7	101,122	106,916	208,038	6.1	1,606,574	1,807,020	3,413,594	100.0
85,913	79,702	165,615	4.4	113,316	115,584	228,900	6.0	1,801,487	1,985,138	3,786,625	100.0
97,906	82,076	179,982	4.4	122,248	97,121	219,369	5.3	2,018,071	2,112,382	4,130,453	100.0
101,930	92,742	194,672	4.9	89,190	79,369	168,559	4.3	1,944,778	1,989,998	3,934,776	100.0
82,305	90,008	172,313	4.7	67,721	62,434	130,155	3.5	1,719,342	1,979,903	3,699,245	100.0
53,529	50,046	103,575	3.2	22,225	11,638	33,863	1.0	1,541,657	1,728,012	3,269,669	100.0
59,704	51,995	111,699	2.8	24,332	15,480	39,812	1.0	1,914,203	2,114,616	4,028,819	100.0
62,456	54,940	117,396	3.4	16,067	11,961	28,028	0.8	1,655,025	1,835,902	3,490,927	100.0

《国際航空》

航空貨物主要商品別輸出入額の推移

(1) 輸　出

年度＼項目	28	29	30
食料品	78,509	95,400	120,375
繊維及び同製品	144,624	155,796	165,843
織　　物	62,651	65,206	69,674
衣　　類	36,857	38,959	44,200
化学製品	1,694,638	2,024,576	2,210,392
医　薬　品	389,626	474,137	516,291
非金属鉱物製品	288,531	326,646	334,595
真　　珠	31,326	32,034	35,584
金属及び同製品	666,753	756,666	741,857
金 属 製 品	322,033	376,645	401,414
機械機器	12,628,574	14,184,968	14,274,115
事 務 用 機 器	462,103	513,439	488,821
映 像 機 器	312,654	296,317	252,644
音 響 機 器	11,935	11,381	11,684
半導体等電子部品	3,454,833	3,810,062	3,861,947
電 気 計 測 機 器	608,874	727,470	774,393
航　空　機	267,605	286,256	302,987
科 学 光 学 機 器	1,326,469	1,468,974	1,427,391
時　　計	78,868	82,559	87,511
その他	5,297,173	6,007,156	5,677,763
計	20,798,803	23,551,207	23,524,940

(注1) 日本関税協会「外国貿易概況」より作成。
(注2) 航空化率とは、貨物全体に占める航空貨物割合である。

航空貨物主要商品別輸出入額の推移

（単位：百万円）

元	2	3	3 年 度 構 成 比 （%）	3 年 度 航空化率 （%）
125,378	154,969	167,260	0.6	16.5
168,915	133,570	175,307	0.6	25.0
65,559	42,862	50,729	0.2	17.8
46,567	46,723	67,573	0.2	66.6
2,249,069	2,556,947	3,104,208	11.2	28.5
620,569	712,768	757,749	2.7	81.0
291,550	284,034	344,131	1.2	48.4
25,565	9,496	17,380	0.1	99.3
751,927	821,796	1,016,309	3.7	13.4
367,697	332,164	429,001	1.5	33.2
13,392,648	12,994,644	16,289,025	58.6	31.7
424,779	455,782	502,388	1.8	36.4
215,484	222,884	322,746	1.2	69.1
11,272	14,485	19,085	0.1	46.6
3,905,774	4,073,142	4,877,952	17.6	95.2
730,686	733,065	966,672	3.5	51.5
314,064	145,361	73,603	0.3	43.1
1,299,790	1,197,567	1,475,444	5.3	63.3
84,206	63,598	87,922	0.3	90.5
5,378,613	5,069,695	6,684,915	24.1	51.9
22,358,101	22,015,658	27,781,154	100.0	32.3

《国際航空》

航空貨物主要商品別輸出入額の推移

(2) 輸　入

項目＼年度	28	29	30
食料品	313,686	412,557	286,064
生きた動物	20,131	22,779	27,027
原料及び燃料	94,896	106,748	114,395
工業用ダイヤモンド	6,581	7,788	6,636
化学製品	3,329,404	3,434,232	3,710,872
医薬品	2,341,214	2,325,332	2,559,206
機械機器	11,890,286	13,597,043	14,130,414
航空機用内燃機関	573,024	673,765	816,680
事務用機器	1,235,358	1,451,190	1,561,671
音響・映像機器	395,091	436,964	457,294
半導体等電子部品	2,089,298	2,461,467	2,449,914
電気計測機器	479,602	538,825	572,889
航空機	631,576	466,917	735,933
科学光学機器	1,198,691	1,378,834	1,425,616
時計	291,908	311,435	315,891
その他	3,375,645	3,719,166	3,921,153
ダイヤモンド	96,758	85,977	95,954
貴石及び半貴石	21,634	19,419	19,640
非鉄金属	386,956	466,579	554,392
金属製品	174,448	192,963	201,682
計	19,003,919	21,269,747	22,162,896

(注1) 日本関税協会「外国貿易概況」より作成。
(注2) 航空化率とは、貨物全体に占める航空貨物割合である。

航空貨物主要商品別輸出入額の推移

（単位：百万円）

元	2	3	3 年 度 構 成 比 （%）	3 年 度 航空化率 （%）
268,980	247,327	367,567	1.4	4.7
26,228	21,079	31,398	0.1	90.2
122,729	140,623	204,047	0.8	0.7
4,776	4,068	5,194	0.0	100.0
3,891,553	3,969,798	5,491,150	20.9	50.8
2,821,523	2,851,388	4,334,437	16.5	90.4
13,255,238	12,538,981	15,449,987	58.8	55.9
639,379	418,373	485,340	1.8	96.3
1,659,827	1,826,275	1,750,268	6.7	59.4
487,632	445,622	523,968	2.0	37.6
2,262,177	2,279,323	3,396,990	12.9	92.4
517,592	466,310	571,857	2.2	77.4
780,145	335,893	600,133	2.3	93.2
1,408,755	1,318,893	1,493,482	5.7	77.2
335,560	232,802	287,065	1.1	91.2
3,895,675	3,645,452	4,777,477	18.2	26.7
72,085	47,418	72,651	0.3	99.8
17,076	16,424	18,571	0.1	95.7
632,878	864,951	1,411,292	5.4	45.0
193,371	154,744	186,929	0.7	13.6
21,434,175	20,542,182	26,290,228	100.0	28.7

《国際航空》

二国間航空協定の締結状況及び外国定期航空会社の

相手国・相手地域	協定署名 年 月 日	協定発効 年 月 日	日本乗り入れ 定期航空会社	日本における 乗入れ地点
	昭和	昭和		
アメリカ合衆国	27. 8.11	28. 9.15	ユナイテッド航空	東京、大阪、中部、福岡
			デルタ航空	東京
			アメリカン航空	東京
			フェデラル エクスプレス(貨物)	東京、大阪
			ユナイテッド・パーセル・サービス(貨物)	東京、大阪、北九州
			ポーラーエアカーゴ(貨物)	東京、中部
			ハワイアン航空	東京、大阪、福岡
			アラスカ航空*	
			アトラスエア(貨物)	東京
			カリッタ航空(貨物)	東京、中部
英国	27.12.29	28. 7.31	ブリティッシュ・エアウェイズ	東京
			DHL エアー UK(貨物)	中部
オランダ	28. 2.17	28. 7.24	KLMオランダ航空	東京、大阪
スェーデン	28. 2.20	28. 7.24		
ノルウェー	28. 2.23	28. 7.14	スカンジナビア航空	東京
デンマーク	28. 2.26	28. 7.14		
タイ	28. 6.19	28. 7.14	タイ国際航空	東京、大阪、中部、新千歳、福岡
			タイエアアジアX	東京、大阪
			タイ・エアアジア	福岡
			タイベトジェットエア	大阪、福岡
			バンコクエアウェイズ*	
カナダ	30. 1.12	30. 7.20	エア・カナダ	東京、大阪
			ウェストジェット航空	東京
インド	30.11.26	31. 5.11	エア・インディア	東京
			ヴィスタラ	東京
フランス	31. 1.17	31. 5.11	エールフランス航空	東京、大阪
			エアカラン	東京
オーストラリア	31. 1.19	31. 4.27	カンタス航空	東京、大阪
			ジェットスター	東京、大阪
スイス	31. 5.24	32. 4. 3	スイスインターナショナル航空	東京
ブラジル	31.12.14	37.10.19	ラタム航空ブラジル*	
ベルギー	34. 6.20	36. 7. 3		
ドイツ	36. 1.18	37. 7.12	ルフトハンザドイツ航空	東京、大阪、中部
			ルフトハンザカーゴ	東京、大阪
			アエロロジック(貨物)	東京
パキスタン	36.10.17	37. 7.12		
インドネシア	37. 1.23	38. 9. 3	ガルーダ・インドネシア航空	東京、大阪
イタリア	37. 1.31	38. 7.26	カーゴルックスイタリア(貨物)	東京
			ITAエアウェイズ	東京
エジプト	37. 5.10	38. 6. 6	エジプト航空	東京
クウェート	37.10. 6	38. 6.20		

我が国への乗入れ状況一覧

（令和5年3月26日現在）

相手国・相手地域	協定署名 年 月 日	協定発効 年 月 日	日本乗り入れ 定期航空会社	日本における 乗入れ地点
	昭和	昭和		
マレーシア	40. 2.11	40.11. 4	マレーシア航空	東京、大阪
			エアアジアX	東京、大阪
			マリンドエア	東京、大阪、中部
			ファイアーフライ*	
ロシア	41. 1.21	42. 3. 3		
シンガポール	42. 2.14	42. 8. 1	シンガポール航空	東京、大阪、中部、新千歳、福岡
			スクート	東京、大阪、新千歳
韓国	42. 5.16	42. 8.30	大韓航空	東京、大阪、中部、新千歳、福岡、那覇、北九州、鹿児島
			アシアナ航空	東京、大阪、中部、新千歳、福岡、那覇、仙台
			済州航空	東京、大阪、中部、新千歳、福岡、那覇、静岡、松山
			ジンエアー	東京、大阪、新千歳、福岡、那覇、北九州
			エアインチョン(貨物)	東京
			エアソウル	東京、大阪、福岡、高松
			エアプサン	東京、大阪、新千歳、福岡
			ティーウェイ航空	東京、大阪、新千歳、福岡、那覇、熊本
			フライカンウォン	東京
			エアプレミア	東京
レバノン	42. 6. 2	46. 3.18		
フィリピン	45. 1.20	45. 5.14	フィリピン航空	東京、大阪、中部、福岡
			セブパシフィック航空	東京、大阪、中部、福岡
			フィリピンエアアジア	東京、大阪
ミャンマー	47. 2. 1	47. 9.21		
メキシコ	47. 3.10	48. 2.23	アエロメヒコ	東京
ギリシャ	48. 1.12	51. 1.30		
中華人民共和国	49. 4.20	49. 5.24	中国国際航空	東京、大阪
			中国東方航空	東京、大阪、那覇
			中国南方航空	東京
			厦門航空	東京
			中国貨運航空（貨物）	東京、大阪
			中国貨運郵政航空(貨物)	東京、大阪
			深圳航空	東京、大阪
			中国国際貨運航空（貨物）	東京、大阪
			春秋航空	東京、大阪
			上海吉祥航空	東京、大阪、中部、那覇
			四川航空	東京、大阪
			海南航空	東京
			山東航空	東京、大阪、中部
			順豊航空（貨物）	東京、大阪
			長竜航空	大阪
			天津航空	東京、大阪、中部

二国間航空協定の締結状況及び外国定期航空会社の

相手国・相手地域	協定署名年月日	協定発効年月日	日本乗り入れ定期航空会社	日本における乗入れ地点
	昭和	昭和		
中華人民共和国(続)			北京首都航空	関西
イラク	53. 3.20	54. 3. 7		
ニュージーランド	55. 1.18	55. 6.18	ニュージーランド航空	東京
バングラデシュ	55. 2.12	55. 5.23	ビーマン・バングラデシュ航空	東京
フィジー	55. 3.10	55. 6.18	フィジーエアウェイズ	東京
スペイン	55. 3.18	55. 6.18		
フィンランド	55.12.23	56. 6. 5	フィンエアー	東京、大阪
スリランカ	59. 2.22	59. 6. 1	スリランカ航空	東京
	平成	平成		
オーストリア	元. 3. 7	元. 7. 3		東京
トルコ	元. 3. 8	元. 7.20	ターキッシュエアラインズ	東京
ネパール	5. 2.17	6. 6. 2	ネパール航空	東京
モンゴル	5.11.25	6.11.17	MIATモンゴル航空	東京
			アエロモンゴリア	東京
ブルネイ	5.11.29	6. 8.30	ロイヤルブルネイ航空	東京
ハンガリー	6. 2.23	7. 3.17		
南アフリカ共和国	6. 3. 8	6. 9.29		
ヨルダン	6. 4.13	7. 1.10		
ベトナム	6. 5.23.	6. 8. 8	ベトナム航空	東京、大阪、中部、福岡
			ベトジェットエア	東京、大阪、中部、福岡
			バンブーエアウェイズ	東京
			パシフィック航空	大阪
ポーランド	6.12. 7	8. 3. 4	LOTポーランド航空	東京
エチオピア	8. 3.25	9. 5.15	エチオピア航空	東京
香港	9. 2.28	9. 6.18	キャセイパシフィック航空	東京、大阪、中部、新千歳、福岡
			エア・ホンコン(貨物)	東京、大阪、中部
			香港航空	東京、大阪、新千歳、福岡、那覇
			香港エクスプレス	東京、大阪、中部、福岡、那覇、高松、鹿児島、石垣
			香港貨運航空(貨物)	東京
			グレーターベイ航空	東京
パプアニューギニア	9. 3.10	9. 6.27		
オマーン	10. 2.24	10. 5.27		
バーレーン	10. 3. 4	10. 5.27		
アラブ首長国連邦	10. 3. 3	10.12.17	エミレーツ航空	東京、大阪
			エティハド航空	東京

我が国への乗入れ状況一覧

（令和5年3月26日現在）

相手国・相手地域	協定署名年月日	協定発効年月日	日本乗り入れ定期航空会社	日本における乗入れ地点
	平成	平成		
カタール	10. 3. 4	11. 8.16	カタール航空	東京、大阪
イスラエル	11. 4.23	12. 1.20	エルアルイスラエル航空	東京
ウズベキスタン	15.12.22	16. 8.26	ウズベキスタン航空	東京
サウジアラビア	20. 8.18	21. 7.27		
マカオ	22. 2.10	22. 7.26	マカオ航空	東京、大阪、福岡
ラオス	27. 1.16	28. 5.23		
カンボジア	27. 1.14	28. 5.26		
（計60箇国・地域）			（計101社）	

（注）(1)「*」を付した航空会社は自社機材での運航を行っていない。
(2) 乗り入れ地点は、2023年夏期スケジュール事業計画の当初認可時点の地点。

（二国間航空協定以外の方式に基づき日本に乗り入れている外国定期航空会社）

相手国・地域	運航開始年月日	日本乗り入れ定期航空会社	日本における乗入れ地点
台湾	昭 50.11.16	チャイナ・エアライン	東京、大阪、中部、新千歳、福岡、那覇、富山、広島、高松
		エバー航空	東京、大阪、中部、新千歳、福岡、那覇、青森、仙台、小松、松山
	平 27. 4. 2	タイガーエア台湾	東京、大阪、中部、新千歳、福岡、那覇、旭川、函館、花巻、仙台、茨城、新潟、岡山、佐賀
	令 2.12.15	スターラックス航空	東京、大阪、新千歳、福岡、那覇、仙台
ルクセンブルク	60.10.23	カーゴルックス航空(貨物)	東京、小松
チリ		ラタム航空*	
ペルー		ラタム航空ペルー*	
アゼルバイジャン		シルクウェイウェスト航空(貨物)	東京、大阪
（計5箇国・地域）		（計8社）	

（注）(1)「*」を付した航空会社は自社機材での運航を行っていない。
(2) 乗り入れ地点は、2023年夏期スケジュール事業計画の当初認可時点の地点。

《国際航空》

日本乗入れ外国定期航空会社の概要

IATA加盟印○	航空会社名〔 〕＝略号	国籍	経営許可取得年月日	週間便数（ ）内貨物専用便外数
○	ユナイテッド航空〔UAL〕	米国	S61.2.7	100 (0.0)
○	デルタ航空〔DAL〕	米国	S62.2.27	35 (0.0)
○	アメリカン航空〔AAL〕	米国	S62.5.20	28 (0.0)
○	フェデラルエクスプレス〔FDX〕	米国	H1.8.4	0 (130.5)
○	ユナイテッド・パーセル・サービス〔UPS〕	米国	H3.2.5	0 (35.0)
○	ポーラーエアカーゴ〔PAC〕	米国	H9.4.14	0 (39.5)
○	ハワイアン航空〔HAL〕	米国	H22.9.22	24 (0.0)
○	アラスカ航空〔ASA〕	米国	H27.10.5	—
○	アトラスエア〔GTI〕	米国	H29.2.2	0 (6.5)
	カリッタ航空〔CKS〕	米国	H31.3.29	0 (7.0)
○	ブリティッシュ・エアウェイズ〔BAW〕	イギリス	S49.3.29	11 (0.0)
○	DHL AIR〔DHK〕	イギリス	R4.6.10	0 (12.0)
○	KLMオランダ航空〔KLM〕	オランダ	S28.7.24	9 (0.0)
○	スカンジナビア航空〔SAS〕	スカンジナビア3国	S28.7.14	1.5 (0.0)
○	タイ国際航空〔THA〕	タイ	S28.7.14	56 (0.0)
○	バンコクエアウェイズ〔BKP〕	タイ	H17.11.11	—
	タイエアアジアX〔TAX〕	タイ	H26.6.27	18 (0.0)
	タイ・エアアジア〔AIQ〕	タイ	R2.7.2	6 (0.0)
	タイベトジェットエア〔TVJ〕	タイ	R4.2.22	10 (0.0)
○	エア・カナダ〔ACA〕	カナダ	H6.8.26	19 (0.0)
○	ウエストジェット航空〔WJA〕	カナダ	R4.10.12	—
○	エア・インディア〔AIC〕	インド	S30.4.1	4 (0.0)
○	ヴィスタラ〔VTI〕	インド	R2.2.28	—

IATA加盟○印	航空会社名〔 〕＝略号	国籍	経営許可取得年月日	週間便数( )内貨物専用便外数
○	エールフランス航空〔 AFR 〕	フランス	S27.11.15	15 (3.0)
○	エアカラン〔 ACI 〕	フランス	H12. 3 .28	3 (0.0)
○	カンタス航空〔 QFA 〕	オーストラリア	S31. 4 .27	14 (0.0)
	ジェットスター航空〔 JST 〕	オーストラリア	H19. 3 .14	18 (0.0)
○	スイス インターナショナル エアラインズ〔 SWR 〕	スイス	H14. 3 .26	4 (0.0)
○	LATAMブラジル〔 TAM 〕	ブラジル	H22. 7 . 9	—
○	ASLベルギー航空〔 TAY 〕	ベルギー	R 4 . 8 .26	—
○	ルフトハンザドイツ航空〔 DLH 〕	ドイツ	S36. 1 .18	10 (0.0)
○	ルフトハンザカーゴ〔 GEC 〕	ドイツ	H15.10.23	0 (13.0)
	アエロロジック〔 BOX 〕	ドイツ	H29.10.20	0 (6.0)
○	ガルーダ・インドネシア航空〔 GIA 〕	インドネシア	S37. 3 . 8	6 (0.0)
	カーゴルックスイタリア〔 ICV 〕	イタリア	H22. 6 .10	0 (3.0)
○	ITAエアウェイズ〔 ITY 〕	イタリア	R 4 . 2 .22	5 (0.0)
○	エジプトエアー〔 MSR 〕	エジプト	S37. 5 .18	—
○	マレーシア航空〔 MAS 〕	マレーシア	S49. 3 .29	21.5 (0.0)
	エアアジアX〔 XAX 〕	マレーシア	H22.10.15	11 (0.0)
	ファイアーフライ〔 FFM 〕	マレーシア	H28. 8 .19	—
○	マリンドエア〔 MXD 〕	マレーシア	H31. 2 .15	12 (0.0)
○	シンガポール航空〔 SIA 〕	シンガポール	S43. 7 .25	52 (0.0)
	スクート〔 TGW 〕	シンガポール	H29. 7 .14	25 (0.0)
○	大韓航空〔 KAL 〕	韓国	S39. 3 .16	131.5 (23.5)
○	アシアナ航空〔 AAR 〕	韓国	H 1 .12.25	117 (8.0)
○	済州航空〔 JJA 〕	韓国	H21. 3 .11	184.5 (3.0)
	エアプサン〔 ABL 〕	韓国	H22. 3 .19	108 (0.0)

《国際航空》

IATA加盟〇印	航空会社名〔 〕＝略号	国籍	経営許可取得年月日	週間便数（ ）内貨物専用便外数
〇	ジンエアー〔JNA〕	韓国	H23.5.23	86 (0.0)
〇	ティーウェイ航空〔TWB〕	韓国	H23.12.19	123 (0.0)
	エアインチョン〔AIH〕	韓国	H26.4.15	0 (3.0)
	エアソウル〔ASV〕	韓国	H28.8.30	54 (0.0)
	フライカンウォン〔FGW〕	韓国	R4.10.12	4 (0.0)
	エアプレミア〔APZ〕	韓国	R4.11.8	4 (0.0)
〇	フィリピン航空〔PAL〕	フィリピン	S43.1.24	59 (0.0)
〇	セブパシフィック航空〔CEB〕	フィリピン	H20.10.24	36 (0.0)
	フィリピンエアアジア〔APG〕	フィリピン	H31.3.29	14 (0.0)
〇	アエロメヒコ〔AMX〕	メキシコ	H12.12.13	7 (0.0)
〇	中国国際航空〔CCA〕	中国	H2.3.20	14 (0.0)
〇	中国東方航空〔CES〕	中国	H2.3.20	10.5 (0.0)
〇	中国南方航空〔CSN〕	中国	H7.9.20	3 (0.0)
〇	上海航空〔CSH〕	中国	H16.3.12	―
〇	海南航空〔CHH〕	中国	H16.8.12	―
〇	厦門航空〔CXA〕	中国	H16.10.26	1 (0.0)
〇	中国貨運航空〔CKK〕	中国	H18.7.25	0 (8.0)
〇	中国貨運郵政航空〔CYZ〕	中国	H18.12.26	0 (27.0)
〇	深圳航空〔CSZ〕	中国	H19.8.29	1 (0.0)
	中国国際貨運航空〔CAO〕	中国	H19.10.16	0 (3.0)
〇	山東航空〔CDG〕	中国	H22.2.23	1 (13.0)
	春秋航空〔CQH〕	中国	H24.6.20	14 (0.0)
〇	上海吉祥航空〔DKH〕	中国	H24.9.14	28 (0.0)
〇	天津航空〔GCR〕	中国	H27.1.26	1 (0.0)

IATA加盟○印	航空会社名〔 〕＝略号	国籍	経営許可取得年月日	週間便数( )内貨物専用便外数
○	北京首都航空〔 CBJ 〕	中国	H27.6.24	—
○	奥凱航空〔 OKA 〕	中国	H27.11.4	—
○	四川航空〔 CSC 〕	中国	H28.1.6	1 (6.0)
○	長竜航空〔 CDC 〕	中国	R1.11.6	—
○	河北航空〔 HBH 〕	中国	R1.12.19	—
	九元航空〔 JYH 〕	中国	R2.3.24	—
○	順豊航空〔 CSS 〕	中国	R4.7.28	0 (2.0)
○	ニュージーランド航空〔 ANZ 〕	ニュージーランド	S55.7.23	7 (0.0)
○	ビーマンバングラデシュ航空〔 BBC 〕	バングラデシュ	S55.6.17	—
○	フィジーエアウェイズ〔 FJI 〕	フィジー	S63.10.24	—
○	イベリア航空〔 IBE 〕	スペイン	S61.4.25	—
○	フィンエアー〔 FIN 〕	フィンランド	S58.3.25	14 (0.0)
○	スリランカ航空〔 ALK 〕	スリランカ	S59.6.26	3 (0.0)
○	オーストリア航空〔 AUA 〕	オーストリア	H1.7.11	—
○	ターキッシュエアラインズ〔 THY 〕	トルコ	H1.8.4	10 (0.0)
	ネパール航空〔 RNA 〕	ネパール	H6.10.24	3 (0.0)
○	MIATモンゴル航空〔 MGL 〕	モンゴル	H8.4.18	7 (0.0)
	アエロモンゴリア航空〔 MNG 〕	モンゴル	R3.12.15	2 (0.0)
○	ロイヤルブルネイ航空〔 RBA 〕	ブルネイ	H6.11.29	4 (0.0)
○	ベトナム航空〔 HVN 〕	ベトナム	H6.10.26	61 (0.0)
	パシフィック航空〔 PIC 〕	ベトナム	H29.6.21	—
○	ベトジェットエア〔 VJC 〕	ベトナム	H30.5.7	42 (0.0)
○	バンブーエアウェイズ〔 BAV 〕	ベトナム	R2.4.28	7 (0.0)
○	LOTポーランド航空〔 LOT 〕	ポーランド	H27.9.11	5 (0.0)

《国際航空》

IATA加盟印 ○	航空会社名〔 〕＝略号	国籍	経営許可取得年月日	週間便数( )内貨物専用便外数
○	エチオピア航空〔ETH〕	エチオピア	H26.10.16	4 (0.0)
○	キャセイパシフィック航空〔CPA〕	香港	S34.6.18	74.5 (10.0)
	エアホンコン〔AHK〕	香港	H3.1.18	0 (16.0)
○	香港エクスプレス航空〔HKE〕	香港	H20.3.14	85.5 (0.0)
○	香港航空〔CRK〕	香港	H22.8.23	38 (0.0)
○	香港貨運航空〔HKC〕	香港	R2.6.15	—
	グレーターベイ航空〔HGB〕	香港	R4.12.5	7 (0.0)
○	エミレーツ航空〔UAE〕	UAE	H14.9.25	14 (2.0)
○	エティハド航空〔ETD〕	UAE	H22.1.22	7 (0.0)
○	カタール航空〔QTR〕	カタール	H17.3.18	7 (3.5)
○	エルアルイスラエル航空〔ELY〕	イスラエル	R1.6.27	2 (0.0)
○	ウズベキスタン航空〔UZB〕	ウズベキスタン	H14.10.4	1 (0.0)
○	マカオ航空〔AMU〕	マカオ	H23.3.4	7 (0.0)
○	チャイナエアライン〔CAL〕	台湾	S50.11.15	104 (23.0)
○	エバー航空〔EVA〕	台湾	H6.11.30	95 (4.0)
	タイガーエア台湾〔TTW〕	台湾	H27.3.25	85 (0.0)
	スターラックス航空〔SJX〕	台湾	R2.5.13	49 (0.0)
○	カーゴルックス航空〔CLX〕	ルクセンブルク	H30.6.21	0 (4.0)
○	LATAM航空〔LAN〕	チリ	H24.3.22	—
○	LATAMペルー〔LPE〕	ペルー	H25.4.12	—
○	シルクウェイウエスト航空〔AZG〕	アゼルバイジャン	H29.12.22	0 (4.0)

(注) (1) 経営許可は、日本政府から取得したもの。
(2) スカンジナビア3国は、スウェーデン、ノルウェー、デンマーク。
(3) カーゴルックス航空、LATAM航空、LATAMペルー、シルクウェイウエスト航空に対する許可は有償運送許可。
(4) 週間便数は自社運航便のみ。
(5) 週間便数は往復ベース。
(6) 2023年3月26日～4月1日の1週間（事業計画認可ベース）

国際線の運航状況（日本発着）

路線	就航会社名	旅客	貨物		備考
			貨物機	旅客機	
太平洋線	日本航空	123	0	0	日本側便数
	全日本空輸	100.5	11	3	シェア
	*日本貨物航空	0	12	0	53.4%
	ZIPAIR Tokyo	21	0	0	[46.1%]
	ユナイテッド航空	100	0	0	
	デルタ航空	35	0	0	
	アメリカン航空	28	0	0	
	*フェデラル エクスプレス	0	52.5	0	
	*ユナイテッド・パーセル・サービス	0	12	0	
	*ポーラーエアカーゴ	0	16	0	
	ハワイアン航空	24	0	0	
	*アトラスエア	0	5.5	0	
	*カリッタ航空	0	4.5	0	
	エア・カナダ	19	0	0	
	シンガポール航空	7	0	0	
	大韓航空	0	1.5	0	
	チャイナエアライン	0	9	0	
	エバー航空	0	2	0	
	計18社	457.5	129		
			126	3	
欧州線	日本航空	33	0	0	日本側便数
	全日本空輸	29	0	0	シェア
	*日本貨物航空	0	5	0	44.1%
	ブリティッシュ・エアウェイズ	11	0	0	[36.9%]
	*DHL AIR	0	6	0	
	KLMオランダ航空	9	0	0	
	スカンジナビア航空	1.5	0	0	
	エールフランス航空	15	3	0	
	エアカラン	3	0	0	仏領ニューカレドニア
	スイス インターナショナル エアラインズ	4	0	0	
	ルフトハンザ ドイツ航空	10	0	0	
	*ルフトハンザカーゴ	0	13	0	
	*アエロロジック	0	3	0	
	*カーゴルックスイタリア	0	3	0	
	ITAエアウェイズ	5	0	0	
	フィンエアー	14	0	0	
	LOTポーランド航空	5	0	0	
	ウズベキスタン航空	1	0	0	
	*カーゴルックス航空	0	4	0	

《国際航空》

路線	就航会社名	旅客	貨物		備考
			貨物機	旅客機	
欧州線	＊シルクウェイウエスト航空	0	4	0	
	計20社	140.5	41		
			41	0	
アジア線	日本航空	143.5	0	0	日本側便数シェア 31.6% ［32.8%］
	全日本空輸	126.5	30	1.5	
	＊日本貨物航空	0	6	0	
	エアージャパン	7	0	0	
	ピーチアビエーション	54.5	0	0	
	ジェットスター・ジャパン	20	0	0	
	ZIPAIR Tokyo	14	0	0	
	＊フェデラル エクスプレス	0	15	0	
	＊ポーラーエアカーゴ	0	2.5	0	
	＊アトラスエア	0	1	0	
	タイ国際航空	56	0	0	
	タイエアアジアX	18	0	0	
	タイ・エアアジア	6	0	0	
	タイベトジェットエア	10	0	0	
	エア・インディア	4	0	0	
	ガルーダ・インドネシア航空	6	0	0	
	マレーシア航空	21.5	0	0	
	エアアジアX	11	0	0	
	マリンドエア	12	0	0	台北経由6便
	シンガポール航空	45	0	0	
	スクート	25	0	0	台北経由11便
	フィリピン航空	59	0	0	
	セブパシフィック航空	36	0	0	
	フィリピンエアアジア	14	0	0	
	スリランカ航空	3	0	0	
	ネパール航空	3	0	0	
	MIATモンゴル航空	7	0	0	
	アエロモンゴリア航空	2	0	0	
	ロイヤルブルネイ航空	4	0	0	
	ベトナム航空	61	0	0	
	ベトジェットエア	42	0	0	
	バンブーエアウェイズ	7	0	0	
	マカオ航空	7	0	0	
	チャイナエアライン	104	14	0	
	エバー航空	95	2	0	
	タイガーエア台湾	85	0	0	

路線	就航会社名	旅客	貨物		備考
			貨物機	旅客機	
アジア線	スターラックス航空	49	0	0	
	計37社	1,158	72		
			70.5	1.5	
オセアニア線	日本航空	11.5	0	0	日本側便数シェア 39.5% [39.5%]
	全日本空輸	14	0	0	
	カンタス航空	14	0	0	
	ジェットスター航空	18	0	0	
	ニュージーランド航空	7	0	0	
	計5社	64.5	0		
			0	0	
韓国線	日本航空	21	0	0	日本側便数シェア 8.7% [8.8%]
	全日本空輸	21	6	0	
	ピーチアビエーション	28	0	0	
	ZIPAIR Tokyo	7	0	0	
	*フェデラル エクスプレス	0	3	0	
	*ポーラーエアカーゴ	0	8	0	
	大韓航空	131.5	22	0	
	アシアナ航空	117	8	0	
	済州航空	184.5	3	0	
	エアプサン	108	0	0	
	ジンエアー	86	0	0	
	ティーウェイ航空	123	0	0	
	*エアインチョン	0	3	0	
	エアソウル	54	0	0	
	フライ カンウォン	4	0	0	
	エアプレミア	4	0	0	
	計16社	889	53		
			53	0	
中国線	日本航空	52	0	0	日本側便数シェア 50.7% [39.2%]
	全日本空輸	20.5	46	8.5	
	*日本貨物航空	0	12	0	
	スプリング・ジャパン	4	0	0	
	*フェデラル エクスプレス	0	54	0	
	*ユナイテッド・パーセル・サービス	0	22	0	
	*ポーラーエアカーゴ	0	12	0	
	*アエロロジック	0	0.5	0	
	中国国際航空	14	0	0	
	中国東方航空	10.5	0	0	
	中国南方航空	3	0	0	
	厦門航空	1	0	0	
	*中国貨運航空	0	8	0	

《国際航空》

路線	就航会社名	旅客	貨物		備考
			貨物機	旅客機	
中国線	*中国貨運郵政航空	0	27	0	
	深圳航空	1	0	0	
	*中国国際貨運航空	0	3	0	
	山東航空	1	13	0	
	春秋航空	14	0	0	
	上海吉祥航空	28	0	0	
	天津航空	1	0	0	
	四川航空	1	6	0	
	*順豊航空	0	2	0	
	計22社	151	214		
			205.5	8.5	
香港線	日本航空	14	0	0.5	日本側便数シェア 14.6% [18.7%]
	全日本空輸	14	13	0	
	*日本貨物航空	0	9	0	
	ピーチアビエーション	7	0	0	
	*フェデラル エクスプレス	0	6	0	
	*ユナイテッド・パーセル・サービス	0	1	0	
	*ポーラーエアカーゴ	0	1	0	
	*カリッタ航空	0	2.5	0	
	*DHL AIR	0	6	0	
	*アエロロジック	0	2.5	0	
	キャセイパシフィック航空	74.5	10	0	
	*エアホンコン	0	16	0	
	香港エクスプレス航空	85.5	0	0	
	香港航空	38	0	0	
	グレーターベイ航空	7	0	0	
	計15社	240	67.5		
			67	0.5	
中東線	ターキッシュエアラインズ	10	0	0	日本側便数シェア 0.0% [0.0%]
	エミレーツ航空	14	2	0	
	エティハド航空	7	0	0	
	カタール航空	7	3.5	0	
	エルアルイスラエル航空	2	0	0	
	計5社	40	5.5		
			5.5	0	
中南米線	全日本空輸	7	0	0	日本側便数シェア 50.0% [50.0%]
	アエロメヒコ	7	0	0	
	計2社	14	0		
			0	0	

<table>
<tr><th rowspan="2">路線</th><th rowspan="2">就航会社名</th><th rowspan="2">旅客</th><th colspan="2">貨物</th><th rowspan="2">備考</th></tr>
<tr><th>貨物機</th><th>旅客機</th></tr>
<tr><td rowspan="3">アフリカ線</td><td>エチオピア航空</td><td>4</td><td>0</td><td>0</td><td rowspan="3">日本側便数シェア
0.0%
[0.0%]</td></tr>
<tr><td rowspan="2">計1社</td><td rowspan="2">4</td><td colspan="2">0</td></tr>
<tr><td>0</td><td>0</td></tr>
<tr><td rowspan="2"></td><td rowspan="2">合計</td><td rowspan="2">3,158.5</td><td colspan="2">582.0</td><td rowspan="2">日本側便数シェア
28.3%
[28.3%]</td></tr>
<tr><td>568.5</td><td>13.5</td></tr>
</table>

(注) (1) 週間便数は自社運航便のみ。
(2) 週間便数は往復ベース。
(3) 2023年3月26日～2023年4月1日の1週間（事業計画認可ベース）
(4) [ ] 内は貨物便を含めた場合のシェア。
(5) ＊印は貨物専門会社。

《国際航空》

2023夏ダイヤ　国際定期便（3月26日～4月1日）　※直行便

空港	地域	国・地域	都市	航空会社	便数/週
新千歳	アジア	タイ	バンコク	タイ国際航空	7
		韓国	ソウル	済州航空	14
				大韓航空	7
				ジンエアー	7
				ティーウェイ航空	7
				アシアナ航空	4
			釜山	エアプサン	3
		香港	香港	キャセイパシフィック航空	5
				香港航空	3
		台湾	台北	エバー航空	7
				チャイナエアライン	7
				タイガーエア台湾	7
				スターラックス航空	7
	アジア　集計				85
合　計					85
仙台	アジア	台湾	台北	エバー航空	4
				タイガーエア台湾	3
				スターラックス航空	1
	アジア　集計				8
合　計					8
百里	アジア	台湾	台北	タイガーエア台湾	2
	アジア　集計				2
合　計					2
成田	アジア	インド	デリー	エア・インディア	4
			ベンガルール	日本航空	3
			ムンバイ	全日空	3
		インドネシア	ジャカルタ	日本航空	14
				全日空	7
			デンパサール	ガルーダ・インドネシア航空	2.5
		シンガポール	シンガポール	シンガポール航空	14
				日本航空	7
				エアージャパン	7
				スクート	7
				ZIPAIR　Tokyo	7
		スリランカ	コロンボ	スリランカ航空	3
		タイ	バンコク	タイ国際航空	14
				タイエアアジアX	11
				日本航空	7.5
				全日空	7

空港	地域	国・地域	都市	航空会社	便数/週
成田	アジア	タイ（続）	バンコク	ZIPAIR Tokyo	7
		ネパール	カトマンズ	ネパール航空	3
		フィリピン	クラーク	セブパシフィック航空	1
			セブ	フィリピン航空	4
			マニラ	セブパシフィック航空	14
				日本航空	14
				フィリピン航空	14
				ジェットスター・ジャパン	7
				全日空	7
				フィリピンエアアジア	7
		ブルネイ	バンダルスリブガワン	ロイヤルブルネイ航空	4
		ベトナム	ダナン	ベトナム航空	4
			ハノイ	ベトジェットエア	14
				全日空	7.5
				日本航空	7
				バンブーエアウェイズ	7
				ベトナム航空	7
			ホーチミン	ベトナム航空	11
				日本航空	7
				全日空	7
				ベトジェットエア	7
		マカオ	マカオ	マカオ航空	4
		マレーシア	クアラルンプール	日本航空	7
				マレーシア航空	7
				全日空	7
				マリンドエア	6
			コタキナバル	マレーシア航空	2
		モンゴル	ウランバートル	MIATモンゴル航空	7
				アエロモンゴリア航空	2
		韓国	ソウル	済州航空	38
				ジンエアー	21
				アシアナ航空	21
				ティーウェイ航空	21
				エアソウル	19
				エアプサン	14
				大韓航空	13.5
				ZIPAIR Tokyo	7
				エア プレミア	4
				ポーラーエアカーゴ	0.5
			釜山	大韓航空	14
				済州航空	7

《国際航空》

空港	地域	国・地域	都市	航空会社	便数/週
成田	アジア	韓国（続）	釜山（続）	エアプサン	7
			大邱	ティーウェイ航空	7
			襄陽	フライカンウォン	4
		香港	香港	キャセイパシフィック航空	22.5
				香港エクスプレス航空	22
				香港航空	14
				日本航空	7
				全日空	7
				グレーターベイ航空	7
		台湾	高雄	エバー航空	7
				チャイナエアライン	7
				タイガーエア台湾	4
			台北	チャイナエアライン	17
				エバー航空	14
				タイガーエア台湾	14
				スターラックス航空	14
				日本航空	7
				ピーチアビエーション	7
				ジェットスター・ジャパン	6.5
		中国	ハルビン	スプリング・ジャパン	1
			広州	全日空	2
				中国南方航空	1
			杭州	全日空	3
				中国国際航空	1
			昆明	中国東方航空	1
			上海	春秋航空	7
				上海吉祥航空	7
				日本航空	7
				中国東方航空	4
				中国国際航空	3
				全日空	3
			深セン	全日空	2
				深圳航空	1
			成都	四川航空	1
			西安	中国東方航空	1
			青島	全日空	4
			大連	日本航空	4
				全日空	2
				中国南方航空	1
			天津	スプリング・ジャパン	3
				日本航空	3

空港	地域	国・地域	都市	航空会社	便数/週
成田	アジア	中国（続）	天津（続）	中国国際航空	1
			南京	中国東方航空	1
			福州	厦門航空	1
			北京	中国国際航空	4
				全日空	2
			瀋陽	中国南方航空	1
	アジア　集計				767.5
	オセアニア	オーストラリア	ケアンズ	ジェットスター航空	6
			ゴールドコースト	ジェットスター航空	6
			メルボルン	日本航空	4.5
		ニュージーランド	オークランド	ニュージーランド航空	7
	オセアニア　集計				23.5
	北米	カナダ	トロント	エア・カナダ	7
			バンクーバー	エア・カナダ	7
				日本航空	7
			モントリオール	エア・カナダ	5
		米国	グアム	ユナイテッド航空	18
				日本航空	4
			コナ	日本航空	3
			サイパン	ユナイテッド航空	3
			サンディエゴ	日本航空	4
			サンノゼ	ZIPAIR　Tokyo	7
			サンフランシスコ	日本航空	7
				全日空	7
				ユナイテッド航空	7
			シアトル	日本航空	7
			シカゴ	全日空	7
			ダラス	アメリカン航空	7
			デンバー	ユナイテッド航空	7
			ニューアーク	ユナイテッド航空	7
			ニューヨーク	日本航空	7
			ヒューストン	ユナイテッド航空	7
			ボストン	日本航空	7
			ホノルル	日本航空	7
				全日空	7
				ZIPAIR　Tokyo	7
				ハワイアン航空	6
			ロサンゼルス	日本航空	7
				全日空	7
				シンガポール航空	7
				ZIPAIR　Tokyo	7

《国際航空》

空港	地域	国・地域	都市	航空会社	便数/週
	北米　集計				197
	中南米	メキシコ	メキシコシティ	全日空	7
				アエロメヒコ	7
	中南米　集計				14
成田	ヨーロッパ	ウズベキスタン	タシケント	ウズベキスタン航空	1
		オランダ	アムステルダム	KLMオランダ航空	3
		スイス	チューリッヒ	スイスインターナショナルエアラインズ	4
		ドイツ	フランクフルト	日本航空	7
		フィンランド	ヘルシンキ	フィンエアー	4
		フランス	ヌーメア	エアカラン	3
			パリ	エールフランス航空	3
		ベルギー	ブリュッセル	全日空	2
		ポーランド	ワルシャワ	LOTポーランド航空	5
	ヨーロッパ　集計				32
	中東	UAE	アブダビ	エティハド航空	7
			ドバイ	エミレーツ航空	7
		イスラエル	テルアビブ	エルアルイスラエル航空	2
		カタール	ドーハ	カタール航空	7
		トルコ	イスタンブール	ターキッシュエアラインズ	3
	中東　集計				26
合　計					1,060
羽田	アジア	インド	デリー	日本航空	7
				全日空	7
		インドネシア	ジャカルタ	全日空	12.5
				ガルーダ・インドネシア航空	3
		シンガポール	シンガポール	日本航空	14
				全日空	14
				シンガポール航空	14
		タイ	バンコク	日本航空	14
				全日空	14
				タイ国際航空	14
		フィリピン	マニラ	フィリピン航空	13
				日本航空	7
				全日空	7
		ベトナム	ハノイ	ベトナム航空	7
			ホーチミン	日本航空	7
				全日空	7
		マレーシア	クアラルンプール	エアアジアX	7
				マレーシア航空	5.5
				全日空	5.5
		韓国	ソウル	大韓航空	27.5

空港	地域	国・地域	都市	航空会社	便数/週
羽田	アジア	韓国（続）	ソウル（続）	日本航空	21
				全日空	21
				アシアナ航空	21
				ピーチアビエーション	7
		香港	香港	キャセイパシフィック航空	14
				香港エクスプレス航空	11.5
				日本航空	7
				全日空	7
		台湾	台北	エバー航空	14
				チャイナエアライン	14
				日本航空	14
				全日空	14
				タイガーエア台湾	7
				ピーチアビエーション	7
		中国	広州	日本航空	7
			上海	日本航空	14
				全日空	1.5
			大連	日本航空	3
			北京	日本航空	14
				全日空	1
	アジア　集計				427
	オセアニア	オーストラリア	シドニー	全日空	14
				日本航空	7
				カンタス航空	7
			ブリスベン	カンタス航空	3
			メルボルン	カンタス航空	4
	オセアニア　集計				35
	北米	カナダ	バンクーバー	全日空	7
		米国	アトランタ	デルタ航空	7
			サンフランシスコ	日本航空	7
				全日空	7
				ユナイテッド航空	7
			シアトル	デルタ航空	7
				全日空	7
			シカゴ	日本航空	7
				全日空	7
				ユナイテッド航空	7
			ダラス	アメリカン航空	7
				日本航空	7
			デトロイト	デルタ航空	7
			ニューアーク	ユナイテッド航空	7

《国際航空》

空港	地域	国・地域	都市	航空会社	便数/週
羽田	北米	米国（続）	ニューヨーク	日本航空	14
				全日空	10
			ヒューストン	全日空	7
			ホノルル	日本航空	14
				ハワイアン航空	12
				全日空	7
			ミネアポリス	デルタ航空	7
			ロサンゼルス	アメリカン航空	14
				全日空	13.5
				デルタ航空	7
				日本航空	7
				ユナイテッド航空	7
			ワシントンD.C.	全日空	7
				ユナイテッド航空	7
	北米　集計				231.5
	ヨーロッパ	イギリス	ロンドン	日本航空	14
				ブリティシュ・エアウェイズ	11
				全日空	7
		イタリア	ローマ	ITA	5
		デンマーク	コペンハーゲン	スカンジナビア航空	1.5
		ドイツ	フランクフルト	全日空	14
				ルフトハンザドイツ航空	6
			ミュンヘン	ルフトハンザドイツ航空	4
				全日空	3
		フィンランド	ヘルシンキ	フィンエアー	7
				日本航空	5
		フランス	パリ	エールフランス航空	8
				日本航空	7
				全日空	3
	ヨーロッパ　集計				95.5
	中東	トルコ	イスタンブール	ターキッシュエアラインズ	7
	中東　集計				7
合　計					796
静岡	アジア	韓国	ソウル	済州航空	3
	アジア　集計				3
合　計					3
小松	アジア	台湾	台北	エバー航空	1
	アジア　集計				1
合　計					1
中部	アジア	シンガポール	シンガポール	シンガポール航空	3
		タイ	バンコク	タイ国際航空	7

空港	地域	国・地域	都市	航空会社	便数/週
中部	アジア(続)	フィリピン	マニラ	セブパシフィック航空	7
				フィリピン航空	7
				ジェットスター・ジャパン	6.5
		ベトナム	ハノイ	ベトナム航空	7
				ベトジェットエア	4
			ホーチミン	ベトナム航空	4
		韓国	ソウル	アシアナ航空	14
				済州航空	13.5
				大韓航空	13.5
		香港	香港	香港エクスプレス航空	7
				キャセイパシフィック航空	2
		台湾	高雄	タイガーエア台湾	4
			台北	チャイナエアライン	7
				タイガーエア台湾	7
				ピーチアビエーション	5.5
	アジア　集計				119
	北米	米国	グアム	ユナイテッド航空	3
			ホノルル	日本航空	1
	北米　集計				4
合　計					123
関西	アジア	シンガポール	シンガポール	シンガポール航空	11
				スクート	7
		タイ	チェンマイ	タイベトジェットエア	2.5
			バンコク	日本航空	7
				ピーチアビエーション	7
				タイ国際航空	7
				タイエアアジアX	7
		フィリピン	マニラ	フィリピン航空	14
				セブパシフィック航空	7
				フィリピンエアアジア	7
		ベトナム	ハノイ	ベトジェットエア	7
				ベトナム航空	7
			ホーチミン	ベトジェットエア	7
				ベトナム航空	7
		マカオ	マカオ	マカオ航空	3
		マレーシア	クアラルンプール	マレーシア航空	7
				エアアジアX	4
		韓国	ソウル	済州航空	41
				アシアナ航空	35
				大韓航空	28
				ジンエアー	28

《国際航空》

空港	地域	国・地域	都市	航空会社	便数/週
関西	アジア	韓国（続）	ソウル（続）	ティーウェイ航空	23
				エアプサン	21
				ピーチアビエーション	21
				エアソウル	14
			釜山	エアプサン	21
				済州航空	14
				ティーウェイ航空	7
			済州	ティーウェイ航空	7
			大邱	ティーウェイ航空	7
		香港	香港	キャセイパシフィック航空	24
				香港エクスプレス航空	21
				香港航空	14
				ピーチアビエーション	7
		台湾	高雄	エバー航空	7
				チャイナエアライン	7
				タイガーエア台湾	3
			台北	エバー航空	21
				チャイナエアライン	21
				タイガーエア台湾	14
				ピーチアビエーション	14
				スターラックス航空	13
		中国	杭州	中国国際航空	2
			上海	上海吉祥航空	14
				春秋航空	6
				中国東方航空	2.5
				中国国際航空	1
			青島	中国東方航空	1
				山東航空	1
			天津	中国国際航空	1
				天津航空	1
			南京	上海吉祥航空	7
			北京	中国国際航空	1
			瀋陽	春秋航空	1
	アジア　集計				590
	オセアニア	オーストラリア	ケアンズ	ジェットスター航空	5
	オセアニア　集計				5
	北米	米国	グアム	ユナイテッド航空	7
			サンフランシスコ	ユナイテッド航空	3
			ホノルル	ハワイアン航空	6
				日本航空	3
			ロサンゼルス	日本航空	3

空港	地域	国・地域	都市	航空会社	便数/週
関西	北米　集計				22
	ヨーロッパ	フィンランド	ヘルシンキ	フィンエアー	3
		フランス	パリ	エールフランス航空	4
	ヨーロッパ　集計				7
	中東	UAE	ドバイ	エミレーツ航空	7
	中東　集計				7
合　計					631
岡山	アジア	台湾	台北	タイガーエア台湾	4
	アジア　集計				4
合　計					4
広島	アジア	台湾	台北	チャイナエアライン	4
	アジア　集計				4
合　計					4
高松	アジア	韓国	ソウル	エアソウル	7
		香港	香港	香港エクスプレス航空	3
		台湾	台北	チャイナエアライン	5
	アジア　集計				15
合　計					15
松山	アジア	韓国	ソウル	済州航空	5
		台湾	台北	エバー航空	3
	アジア　集計				8
合　計					8
福岡	アジア	シンガポール	シンガポール	シンガポール航空	3
		タイ	バンコク	タイ国際航空	7
				タイベトジェットエア	7
				タイ・エアアジア	6
		フィリピン	マニラ	セブパシフィック航空	7
				フィリピン航空	7
		ベトナム	ハノイ	ベトナム航空	4
				ベトジェットエア	3
			ホーチミン	ベトナム航空	3
		韓国	ソウル	済州航空	28
				ジンエアー	23
				ティーウェイ航空	23
				大韓航空	21
				アシアナ航空	15
				エアプサン	14
				エアソウル	14
			釜山	エアプサン	28
				済州航空	14
			大邱	ティーウェイ航空	7

《国際航空》

空港	地域	国・地域	都市	航空会社	便数/週
福岡	アジア	香港	香港	香港エクスプレス航空	16
				キャセイパシフィック航空	7
		台湾	高雄	タイガーエア台湾	2
			台北	エバー航空	10
				チャイナエアライン	8
				タイガーエア台湾	7
				スターラックス航空	7
	アジア　集計				291
	北米	米国	グアム	ユナイテッド航空	3
	北米　集計				3
合　計					294
熊本	アジア	韓国	ソウル	ティーウェイ航空	7
	アジア　集計				7
合　計					7
那覇	アジア	韓国	ソウル	済州航空	7
				大韓航空	7
				ジンエアー	7
				アシアナ航空	7
				ティーウェイ航空	7
		香港	香港	香港航空	7
				香港エクスプレス航空	5
		台湾	台北	ピーチアビエーション	14
				エバー航空	7
				チャイナエアライン	7
				タイガーエア台湾	7
				スターラックス航空	7
	アジア　集計				89
合　計					89
総　計					3,130

注　(1) 2023年3月26日～4月1日。
(2) 出発及び到着で1便として計上。
(3) 貨物便を除く。
(4) 経由便を除く。

2022年度国際チャーター便

空港	地域	国	都市	便数/年
旭川	アジア	韓国	仁川	10
	アジア　合計			10
合　計				10
新千歳	アジア	マレーシア	クアラルンプール	12
		韓国	仁川	46
		香港	香港	26
	アジア　合計			84
	オセアニア	オーストラリア	シドニー	2
	オセアニア　合計			2
合　計				86
青森	アジア	韓国	仁川	18
	アジア　合計			18
合　計				18
仙台	アジア	タイ	バンコク	6
	アジア　合計			6
合　計				6
福島	アジア	ベトナム	ホーチミン	7
	アジア　合計			7
合　計				7
百里	アジア	韓国	仁川	6
	アジア　合計			6
合　計				6
成田	アジア	タイ	バンコク	1
		フィリピン	セブ	2
		ミャンマー	ヤンゴン	18
		韓国	済州	4
		中国	杭州	2
			合肥	1
			青島	1
			武漢	1
			福州	18
			無錫	2
		台湾	台北	62
	アジア　合計			112
	オセアニア	アメリカ	グアム	200
	オセアニア　合計			200
	北米	アメリカ	サバンナヒルトンヘッド	1
			サンフランシスコ	1
			シアトル	2
			ボストン	2
			マイアミ	1
			ワシントン	1
	北米　合計			8

《国際航空》

空港	地域	国	都市	便数/年
成田	欧州	リトアニア	ヴィリニュス	2
	欧州　合計			2
		合　計		322
羽田	アジア	ベトナム	ハノイ	1
	アジア　合計			1
	北米	アメリカ	サンフランシスコ	1
			マイアミ	2
			ラスベガス	1
			ワシントン	1
	北米　合計			5
	欧州	イタリア	ローマ	1
		ポーランド	ワルシャワ	1
	欧州　合計			2
		合　計		8
静岡	アジア	ベトナム	ダナン	2
			ハノイ	3
		韓国	仁川	4
	アジア　合計			9
		合　計		9
中部	アジア	シンガポール	シンガポール	1
		韓国	仁川	2
		中国	青島	1
	アジア　合計			4
		合　計		4
関西	アジア	ベトナム	ダナン	1
		韓国	務安	96
		中国	杭州	2
	アジア　合計			99
	北米	アメリカ	シアトル	1
	北米　合計			1
		合　計		100
美保	アジア	台湾	台北	1
	アジア　合計			1
		合　計		1
徳島	アジア	台湾	台北	3
	アジア　合計			3
		合　計		3
松山	アジア	ベトナム	ハノイ	2
			ホーチミン	2
		台湾	台北（松山）	4
	アジア　合計			8
		合　計		8

《国際航空》

空港	地域	国	都市	便数/年
北九州	アジア	韓国	仁川	2
	アジア　合計			2
合　計				2
熊本	アジア	台湾	台北	7
	アジア　合計			7
合　計				7
宮崎	アジア	韓国	仁川	31
			釜山	5
	アジア　合計			36
合　計				36
鹿児島	アジア	韓国	仁川	72
			釜山	8
	アジア　合計			80
合　計				80
那覇	アジア	韓国	金門	4
		タイ	バンコク	9
	アジア　合計			13
合　計				13
新石垣	アジア	台湾	台北	4
	アジア　合計			4
合　計				4
総　計				730

注　(1) 2022年4月1日～2023年3月31日（許可ベース）。
　　(2) 出発を1便、到着を1便として計上。
　　(3) 貨物便を除く。

《国際航空》

我が国航空企業の国際線輸送実績の推移

項目 \ 年度		60	2	12	29	30	1	2	3	4
飛行時間（時間）		236,037	332,258	599,065	898,749	889,057	888,889	405,590	577,474	652,044
飛行距離（千km）		178,478	253,894	453,233	653,535	645,732	650,404	307,631	444,773	488,193
有償トンキロ（百万トンキロ）		5,753	8,964	16,584	19,442	18,022	18,661	8,474	11,790	14,099
有効トンキロ（百万トンキロ）		9,224	13,542	23,189	26,058	26,522	30,760	14,763	19,102	21,002
重量利用率（%）		62.4	66.2	71.5	74.6	68.0	60.7	57.4	61.7	67.1
旅客	人員(千人)	6,485	10,318	19,543	22,386	23,396	21,434	812	1,761	9,514
	人キロ(百万人キロ)	32,139	47,310	97,873	98,798	102,841	98,602	5,260	11,712	57,025
	座席キロ(百万座席キロ)	44,724	65,250	130,140	125,109	129,469	131,464	28,227	45,157	79,658
	座席利用率(%)	71.9	72.5	75.2	79.0	79.4	75.0	18.6	25.9	71.6
	有償トンキロ(百万トンキロ)	2,970	4,401	9,086	9,113	9,696	10,081	480	1,092	5,328
貨物	重量(トン)	361,856	622,319	1,160,819	1,763,225	1,446,565	1,459,081	1,367,243	1,763,893	1,471,049
	有償トンキロ(百万トンキロ)	2,658	4,386	7,228	9,828	7,890	8,208	7,747	10,434	8,539
郵便物	重量(トン)	14,660	21,059	39,289	73,198	60,288	51,492	40,862	45,760	36,822
	有償トンキロ(百万トンキロ)	111	151	252	429	365	320	239	257	209
超過手荷物	重量(トン)	3,110	5,792	4,056	40,404	39,733	29,215	559	1,064	5,766
	有償トンキロ(百万トンキロ)	14	26	17	72	71	54	8	6	22

(注) (1) 国土交通省「航空輸送統計年報」により作成したものである。
(2) 有償トンキロとは、有償貨物等重量に大圏距離を乗じたものである。
(3) 有効トンキロとは、ACL（各区間の許容搭載量）に大圏距離を乗じたものである。
(4) 重量利用率とは、有償トンキロを有効トンキロで除したものである。
(5) 座席利用率とは、旅客人キロを座席キロで除したものである。
(6) 単位以下は四捨五入。

ICAO加盟国輸送実績

（国際線、国内線定期業務計）

国名	旅客（百万人キロ）			貨物（百万トンキロ）		
	2021年	2020年	増減率（%）	2021年	2020年	増減率（%）
米国	1,107,096	608,724	82	46,005	40,793	13
中国	652,334	629,669	4	20,961	19,264	9
ロシア	204,942	131,906	55	5,888	4,315	36
トルコ	119,308	73,686	62	12,172	14,766	−18
アラブ首長国連邦	106,901	111,408	−4	15,301	12,172	26
アイルランド	95,000	75,429	26	86	132	−35
インド	88,510	85,619	3	908	875	4
フランス	85,545	69,374	23	4,107	2,468	66
メキシコ	78,477	50,926	54	963	733	31
ブラジル	73,352	58,124	26	1,294	1,210	7
カタール	72,290	57,173	26	15,862	13,544	17
ドイツ	70,226	53,329	32	11,533	9,166	26
スペイン	64,459	39,851	62	851	494	72
英国	60,547	74,898	−19	4,097	3,667	12
オランダ	52,169	41,585	25	4,364	4,145	5
カナダ	51,917	62,757	−17	3,240	2,306	41
日本	51,369	66,233	−22	10,947	7,842	40
サウジアラビア	37,987	30,083	26	679	582	17
インドネシア	35,377	37,789	−6	773	675	15
ハンガリー	31,124	23,808	31	—	—	—
オーストラリア	29,027	41,711	−30	1,245	1,317	−5
オーストリア	23,414	16,978	38	125	75	67
韓国	22,638	41,115	−45	15,370	12,457	23
エチオピア	21,895	16,407	33	3,717	2,897	28
コロンビア	19,788	11,605	71	1,605	1,497	7
スイス	19,582	16,719	17	1,231	843	—
スカンジナビア	18,097	16,009	13	349	304	15
ポルトガル	17,709	13,744	29	500	280	79
パナマ	17,672	7,331	141	150	73	105
チリ	14,912	13,855	8	1,284	1,458	−12
小計（上記30か国・地域）	3,343,664	2,577,845	30	185,607	160,350	16
合計（192か国）	3,626,024	2,962,287	22	231,625	192,824	20

（注）(1) ICAO「Annual Report of the Council-2021」による。
(2) 中国には香港、マカオを含まない。
(3) 順位は2021年の旅客輸送実績値による。

《国際航空》

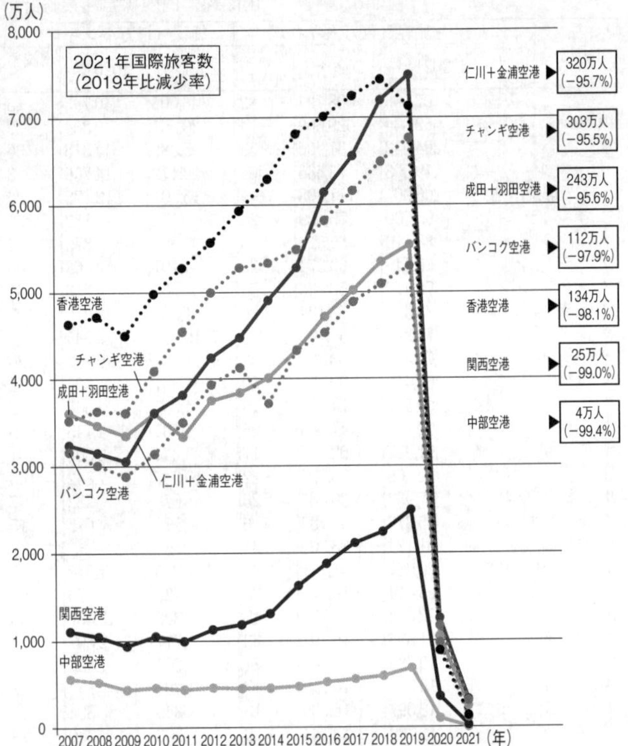

(注) ACI Annual World Airport Traffic Dataset, 2022 Editionより航空局作成。

《国際航空》

我が国航空の国際的なシェア

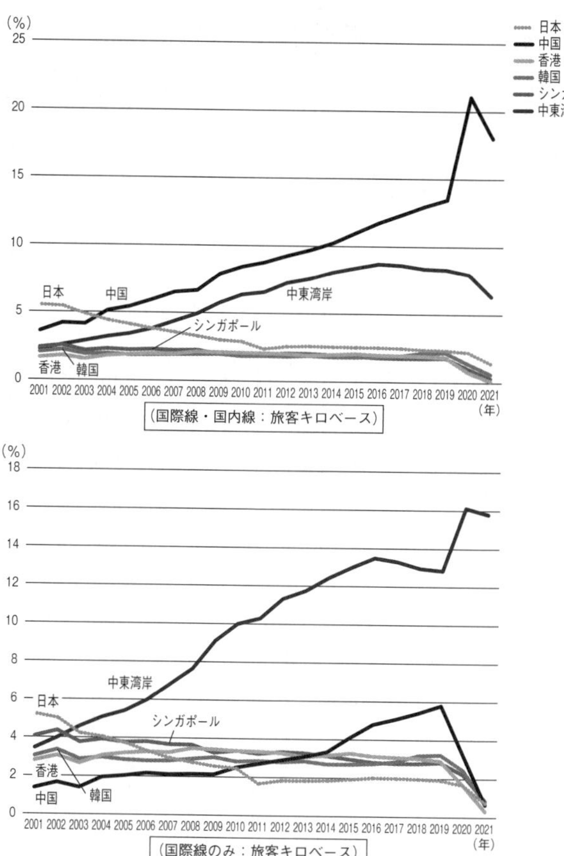

(注) (1) ICAO Annual Report of the Councilより航空局作成。
(2) 中東湾岸はUAE、カタール、サウジアラビア、オマーン、クウェート、バーレーンの合計。

《国内航空》

国内線路線別旅客数順位（令和3年度）

順位	路線	運航会社別便数										令和3年度		
		JAL	ANA	JTA	SKY	ADO	SNJ	SFJ	APJ	JJP	SJO	旅客数（人）	対前年度比（%）	座席利用率（%）
1	東京－福岡	17	18		12			8				4,540,754	150.9	57.8
2	東京－札幌	16	16		8	12						4,165,793	142.6	52.7
3	東京－大阪	15	15									2,878,772	139.9	59.1
4	東京－那覇	12	13		6		3					2,833,958	125.6	50.8
5	東京－鹿児島	8	6		4		4					1,085,494	164.4	50.8
6	成田－札幌	1	2						6	2	2	966,558	202.8	72.0
7	福岡－那覇		9	6	3		1		3			941,125	128.0	49.0
8	成田－福岡	1	2						6	3		903,610	207.5	76.2
9	東京－熊本	8	5				5					848,887	163.4	49.9
10	東京－広島	8	9									760,429	141.6	49.9
11	中部－札幌	3	5		3	1			2			719,500	149.1	52.8
12	東京－長崎	6	4				4					681,190	156.5	49.7
13	大阪－札幌	4	5.5									613,656	131.1	56.5
14	関空－札幌	2	4						6.5			605,363	169.5	56.7
15	東京－宮崎	6	5				6					598,341	167.1	41.4
16	東京－松山	6	6									580,210	155.9	52.8
17	東京－神戸		2		7							570,690	165.2	57.8
18	中部－那覇		3	4	3		1		1			570,438	133.5	42.5
19	東京－大分	6	4				4					569,135	159.7	45.3
20	成田－関空								3	1		548,835	219.1	74.0
21	大阪－那覇	2	4									534,924	115.5	40.0
22	東京－関空	3	5					5				515,440	161.0	44.9
23	那覇－石垣		7	7			3					514,392	109.1	37.0
24	東京－函館	3	3			2						513,132	144.3	53.4
25	関空－那覇		4	3					4			507,667	142.9	51.4
26	中部－福岡		2					6				489,726	156.8	51.6
27	東京－高松	7	6									486,619	150.8	46.0
28	那覇－宮古		5	8								475,321	98.0	40.1
29	東京－北九州	4						10.5				460,858	158.4	51.2
30	東京－旭川	4				3						449,535	164.3	45.8
31	成田－那覇		1						3	1		432,431	175.8	65.3
32	東京－小松	6	4									407,708	153.7	53.4
33	東京－高知	5	5									406,869	148.8	48.4
34	大阪－福岡	4	5									363,278	144.4	55.0
35	東京－徳島	6	4									361,758	155.5	44.5
36	福岡－札幌	2	2		1				1			359,300	160.7	54.3
37	東京－山口宇部	4	3					3				356,682	153.8	42.8
38	仙台－札幌	5	2			2			2.5			349,268	135.6	49.1
39	東京－岡山	5	5									348,528	155.3	44.7

順位	路線	運航会社別便数 JAL	ANA	JTA	SKY	ADO	SNJ	SFJ	APJ	JJP	SJO	令和3年度 旅客数(人)	対前年度比(%)	座席利用率(%)
40	大阪-仙台	8	6									323,413	125.5	43.1
41	東京-石垣	2	2									307,854	127.7	49.7
42	札幌-神戸		1		3	2						288,137	148.0	47.0
43	東京-帯広	4				2						285,936	151.9	48.2
44	那覇-神戸				5		3					281,516	117.0	36.6
45	大阪-鹿児島	7	5									268,171	125.2	42.8
46	大阪-宮崎	5	6									263,280	147.3	47.7
47	東京-秋田	4	5									259,475	178.5	44.1
48	東京-出雲	5										251,503	149.4	48.8
49	鹿児島-奄美大島	8			2							245,407	124.1	44.3
50	関空-福岡								2			245,338	192.7	70.0
51	大阪-松山	3	8.5									241,847	133.9	49.3
52	東京-女満別	3				3						241,532	144.2	44.2
53	東京-釧路	3	1			2						239,518	139.4	45.5
54	東京-宮古	1	2									222,453	150.8	47.7
55	東京-青森	6										205,843	159.5	47.8
56	大阪-熊本	3	6									201,458	152.4	44.3
57	東京-米子		6									195,948	158.2	47.1
58	関空-石垣		1	1					2			194,154	132.8	45.9
59	関空-仙台								3			180,012	164.5	62.7
60	中部-鹿児島		1		2		1					165,682	117.3	40.4
61	大阪-長崎	4	4									160,089	140.6	38.8
62	福岡-宮崎	7	1									148,701	161.8	49.4
63	高松-成田											139,503	254.3	68.6
64	東京-南紀白浜	3										139,142	165.3	50.3
65	大阪-大分	3	3									132,693	157.2	49.9
66	東京-鳥取		5									131,608	156.2	44.4
67	松山-成田											131,197	297.5	67.2
68	東京-佐賀		5									128,446	145.4	38.7
69	札幌-女満別	3	3									128,173	120.0	44.4
70	石垣-成田								2			128,013	155.8	62.3
71	大阪-青森	3	3									125,732	141.5	45.6
72	東京-岩国		5									125,134	190.8	41.7
73	関空-鹿児島								2.9			121,195	200.7	58.8
74	大阪-新潟	4	4									121,188	136.5	38.3
75	大分-成田								1			121,099	308.8	58.9
76	大阪-高知		6									119,931	126.9	51.2
77	神戸-長崎				3							119,508	149.1	50.1
78	熊本-成田											118,430	262.3	67.0

《国内航空》

順位	路線	運航会社別便数										令和3年度		
		JAL	ANA	JTA	SKY	ADO	SNJ	SFJ	APJ	JJP	SJO	旅客数（人）	対前年度比（%）	座席利用率（%）
79	東京-庄内		4									117,296	165.8	48.4
80	長崎-成田								1			117,030	271.1	57.5
81	東京-八丈島		3									114,708	139.9	47.2
82	東京-三沢	4										114,629	191.4	47.9
83	仙台-神戸				2							113,502	127.6	49.5
84	中部-仙台		2						1			112,622	263.4	51.1
85	神戸-茨城				2							106,107	122.9	53.4
86	成田-宮崎								1			104,095	290.6	54.5
87	鹿児島-徳之島	4										97,200	139.2	51.6
88	札幌-茨城				2							94,218	157.4	46.9
89	大阪-函館	1	1									91,703	144.4	49.2
90	鹿児島-屋久島	5.5										89,483	136.2	49.0
91	丘珠-函館	5.9										87,439	114.7	67.7
92	東京-中部	2	1									85,784	120.9	41.7
93	東京-富山		4									84,389	158.3	36.3
94	大阪-秋田	3	3									82,593	134.1	38.8
95	中部-石垣		1	1					1			81,962	230.2	35.8
96	神戸-鹿児島				2							81,259	122.2	40.9
97	福岡-松山	4										73,736	138.1	49.6
98	高知-成田											72,682	294.1	67.7
99	札幌-青森	3	2									71,919	150.5	41.2
100	鹿児島-那覇						2					71,163	129.6	31.6
101	関空-宮古		1	1								69,337	169.3	39.8
102	奄美大島-成田								1			68,492	196.9	67.3
103	福岡-対馬		3									66,625	128.2	53.7
104	中部-宮崎		1				1					66,405	131.0	40.6
105	東京-奄美大島	1										64,425	154.9	54.0
106	新潟-札幌	2	2									64,266	127.9	40.7
107	成田-鹿児島								1			63,976	142.5	55.8
108	下地島-那覇				2							62,259	257.6	34.0
109	関空-宮崎								1			61,315	187.6	59.7
110	札幌-那覇		1						1			58,814	206.1	58.7
111	大阪-出雲	4										57,866	132.0	43.0
112	札幌-中標津		3									57,817	117.2	46.1
113	大阪-花巻	4										57,656	122.5	43.1
114	中部-長崎		2									57,076	155.4	30.4
115	下地島-東京				1							56,512	326.0	51.4
116	関空-長崎								1			55,042	165.6	58.0
117	丘珠-釧路	3.9										54,313	108.4	60.0
118	広島-那覇		1									54,291	112.0	41.7
119	奄美大島-関空								1			54,077	173.9	56.7

順位	路線	運航会社別便数										令和3年度		
		JAL	ANA	JTA	SKY	ADO	SNJ	SFJ	APJ	JJP	SJO	旅客数（人）	対前年度比（%）	座席利用率（%）
120	広島-札幌	1	1									54,018	166.9	43.9
121	大阪-奄美大島	1										53,994	138.7	48.5
122	関空-釧路								1			53,453	113.5	60.6
123	東京-山形	2										53,060	337.2	38.0
124	下地島-成田											52,240	170.2	66.4
125	鹿児島-種子島	4										51,951	141.0	43.4
126	仙台-那覇		1						1			50,600	118.3	37.5
127	大阪-山形	3										49,570	159.7	41.6
128	鹿児島-沖永良部	3										48,780	124.9	50.9
129	中部-熊本		3									47,801	141.8	34.7
130	福岡-茨城				1							46,722	128.9	49.0
131	中部-宮古		1	1								45,122	163.5	31.9
132	東京-能登		2									44,903	178.4	32.1
133	東京-大館能代		3									44,284	208.8	30.8
134	関空-新潟								1			43,887	172.5	54.1
135	札幌-釧路		3									43,803	115.8	35.5
136	下地島-神戸				1							42,135	234.9	38.8
137	福岡-仙台	2										39,936	99.5	41.1
138	東京-稚内		1									39,626	328.4	42.4
139	札幌-秋田	2	2									39,521	143.5	32.3
140	中部-函館					1						39,451	124.7	36.8
141	福岡-石垣		1									38,923	182.4	44.2
142	関空-女満別								1			38,476	9595.0	61.7
143	札幌-稚内		2									37,932	87.8	40.2
144	成田-女満別								1			36,444	973.9	56.8
145	東京-紋別		1									36,262	176.3	36.2
146	東京-石見		2									35,638	161.1	28.1
147	福岡-小松		2									34,317	323.7	50.3
148	札幌-花巻	3										32,818	135.9	43.0
149	成田-広島										2	32,390	144.8	42.4
150	奄美大島-徳之島	2										31,862	117.5	47.7
151	福岡-奄美大島	1										31,775	128.8	57.9
152	福岡-高知	2										31,671	160.3	45.3
153	成田-釧路								1			31,501	144.3	56.9
154	奄美大島-喜界島	3										30,895	102.7	35.4
155	宮崎-那覇						1					28,918	121.7	23.0
156	札幌-函館		2									28,907	140.7	36.9
157	中部-秋田		2									28,367	133.8	33.3
158	大阪-三沢	1										27,729	190.0	41.1
159	大阪-福島		2									27,370	124.3	38.9
160	那覇-岡山			1								25,841	131.4	32.5

《国内航空》

順位	路線	運航会社別便数										令和3年度		
		JAL	ANA	JTA	SKY	ADO	SNJ	SFJ	APJ	JJP	SJO	旅客数（人）	対前年度比（%）	座席利用率（%）
161	福岡-出雲	2										25,410	159.3	38.4
162	鹿児島-喜界島	2										25,338	151.2	41.0
163	福岡-徳島	2										25,155	161.9	36.9
164	東京-中標津		1									23,904	404.3	32.8
165	鹿児島-与論	1										23,856	165.6	48.8
166	那覇-茨城				1							23,827	116.5	36.4
167	福岡-福江		1									23,314	139.5	45.8
168	那覇-久米島			1								22,659	98.3	34.0
169	大阪-但馬	2										20,910	134.6	34.3
170	那覇-小松			1								20,389	110.3	34.0
171	大阪-屋久島	1										19,902	126.5	58.8
172	福岡-花巻	1										19,075	191.9	35.9
173	丘珠-利尻	1										18,394	125.3	56.2
174	那覇-松山		1									17,950	85.8	28.1
175	出雲-隠岐	1										17,066	118.0	52.8
176	福岡-屋久島	1										16,636	142.0	49.6
177	那覇-沖永良部	1										15,446	121.8	45.6
178	中部-松山		1									15,437	145.3	40.5
179	大阪-隠岐	1										15,037	163.1	27.8
180	福島-札幌		1									14,792	136.6	37.2
181	小松-札幌		1									14,634	301.7	51.0
182	沖永良部-徳之島	1										14,010	219.8	41.1
183	高松-那覇		1									13,898	95.7	21.7
184	佐賀-成田										1	13,771	104.3	30.9
185	鹿児島-福岡	1										13,323	130.6	38.7
186	札幌-富山		1									10,627	468.6	38.5
187	中部-新潟		1									10,414	140.6	26.2
188	札幌-利尻											9,895	132.5	25.4
189	奄美大島-与論	1										7,851	127.3	23.6
190	函館-奥尻	1										7,801	104.6	36.1
191	丘珠-三沢	0.6										7,626	144.7	46.6
192	丘珠-女満別	0.4										7,599	389.1	35.1
193	熊本-那覇		1									7,099	147.2	35.6
194	東京-久米島											6,378	136.0	47.1
195	大阪-石垣											6,299	231.4	31.1
196	札幌-静岡											6,196	112.5	45.5
197	鹿児島-松山	1										5,892	129.3	30.1
198	那覇-岩国		1									5,476	192.3	32.7
199	成田-大阪	2										5,239	861.7	24.4
200	那覇-北九州											4,616	138.3	24.8
201	成田-中部	2	3									4,506	345.0	25.7

順位	路線	運航会社別便数										令和3年度		
		JAL	ANA	JTA	SKY	ADO	SNJ	SFJ	APJ	JJP	SJO	旅客数（人）	対前年度比（%）	座席利用率（%）
202	那覇-静岡		0.4									4,154	103.3	28.6
203	大阪-女満別											3,586	97.0	58.6
204	大阪-旭川											3,436	93.7	33.6
205	新潟-那覇		1									2,947	436.6	29.1
206	中部-女満別											2,920	194.7	33.8
207	中部-旭川											2,763	235.3	34.7
208	中部-帯広											2,135	131.2	35.9
209	中部-釧路											2,104	155.0	53.1
210	大阪-釧路											2,000	181.5	35.4
211	岡山-札幌											1,830	162.8	34.1
212	大阪-松本											1,827	181.6	38.8
213	丘珠-奥尻											1,676	—	32.9
214	大阪-種子島											1,589	144.1	27.2
215	長崎-那覇											1,218	87.1	25.0
216	札幌-出雲											1,197	76.9	21.3
217	福岡-宮古											901	63.3	24.7
218	札幌-徳島											839	67.0	19.6
219	大阪-石見											417	189.5	20.1
220	大阪-徳之島											404	264.1	53.2
221	宮古-石垣											330	—	100.0
	合計	371.3	371.4	35	76	30	39	32.5	66.9	7	5	47,239,329		

（注）(1) 旅客数・座席利用率は、国土交通省「航空輸送サービスに係る情報公開」により作成。
(2) 数字は、5. に掲げる特定本邦航空運送事業者※10社を対象（チャーター便を除く）。
(3) 順位は令和3年度の旅客数降順。
(4) 運航会社別便数は、令和3年10月の1日当たりの平均往復便数。
(5) 運航会社の略号は、以下のとおり。
JAL：日本航空
ANA：全日本空輸
JTA：日本トランスオーシャン航空
SKY：スカイマーク
ADO：AIRDO
SNJ：ソラシドエア
SFJ：スターフライヤー
APJ：Peach Aviation
JJP：ジェットスター・ジャパン
SJO：スプリング・ジャパン
(6) 平成16年4月から導入された「国内線における運送の共同引受」導入に伴い、JALには、日本航空（JAL）、ジェイエア（JAR）北海道エアシステム（HAC）、ANAには、全日本空輸（ANA）及びANAウイングス（AKX）を含む。
※特定本邦航空運送事業者とは、客席数が100又は最大離陸重量が5万kgを超える航空機を使用して行う航空運送事業を経営する事業者をいう。

《国内航空》

国内線路線別旅客数順位（令和4年度）

順位	路線	運航会社別便数										令和4年度		
		JAL	ANA	JTA	SKY	ADO	SNJ	SFJ	APJ	JJP	SJO	旅客数（人）	対前年度比（%）	座席利用率（%）
1	東京-札幌	16	17		9	11.8						7,626,310	183.1	69.3
2	東京-福岡	17	19		12			8				7,520,290	165.6	69.4
3	東京-那覇	12	13		6		3					5,838,959	206.0	77.1
4	東京-大阪	15	15									4,452,781	154.7	68.7
5	東京-鹿児島	8	6		4		4					2,067,723	190.5	65.2
6	成田-札幌	1	2						9	6.4	2	1,823,323	188.6	71.4
7	福岡-那覇		8	6	3		1		5			1,809,585	192.3	64.0
8	東京-熊本	8	5				5					1,603,152	188.9	61.1
9	東京-広島	8	8									1,479,556	194.6	56.1
10	成田-福岡	1							5.1	6.8		1,397,881	154.7	78.8
11	東京-長崎	6	4				4					1,344,947	197.4	64.4
12	中部-札幌	3	4		3	1			3			1,298,235	180.4	75.5
13	関空-札幌	2	4						5	1		1,239,270	204.7	76.4
14	東京-松山	6	6									1,222,084	210.6	66.1
15	中部-那覇		2.4	4	3		1		3	1.4		1,205,222	211.3	68.0
16	関空-那覇		4	3					5	1		1,155,407	227.6	70.7
17	東京-宮崎	6	5				6					1,131,156	189.0	58.1
18	大阪-札幌	4	5.1									1,077,959	175.7	81.2
19	東京-関空	3	5					5				1,075,706	208.7	67.9
20	大阪-那覇	2	4									1,072,966	200.6	71.7
21	東京-高松	7	6									1,014,442	208.5	57.5
22	東京-大分	6	4				4					1,012,585	177.9	57.7
23	東京-函館	3	3			2						930,581	181.4	72.0
24	那覇-石垣		6	7			3					891,692	173.3	48.2
25	東京-旭川	4				3						829,726	184.6	67.9
26	東京-神戸		2		6							829,439	145.3	77.9
27	東京-北九州	4						10.6				815,129	176.9	60.1
28	東京-小松	6	4									812,389	199.3	61.2
29	中部-福岡		2					6		3.4		810,920	165.6	60.0
30	成田-関空								2	4		799,984	145.8	80.3
31	那覇-宮古		5	8								784,848	165.1	51.1
32	東京-高知	5	5									784,052	192.7	61.2
33	東京-徳島	6	4									761,256	210.4	51.7
34	東京-岡山	5	5									747,658	214.5	57.3
35	成田-那覇		1						4.1	3		703,647	162.7	79.5
36	東京-山口宇部	4	3					3				684,277	191.8	56.6
37	大阪-仙台	8	6									678,969	209.9	57.2
38	福岡-札幌	2	1		1				1			657,648	183.0	79.7
39	仙台-札幌	5	3			2		3				633,048	181.2	56.1
40	東京-秋田	4	5									597,493	230.3	54.0
41	那覇-神戸				4		3					594,413	211.1	66.3
42	大阪-福岡	4	4.9									548,627	151.0	72.4

順位	路線	運航会社別便数										令和4年度		
		JAL	ANA	JTA	SKY	ADO	SNJ	SFJ	APJ	JJP	SJO	旅客数（人）	対前年度比（%）	座席利用率（%）
43	東京-石垣	2	2									541,471	175.9	74.2
44	東京-帯広	4				2.9						532,216	186.1	59.9
45	札幌-神戸		1		3	2						520,639	180.7	73.2
46	大阪-鹿児島	8	5									516,044	192.4	48.6
47	大阪-宮崎	5	6									490,788	186.4	56.0
48	東京-出雲	5										484,118	192.5	62.7
49	大阪-松山	2	9									452,795	187.2	63.5
50	東京-青森	6										442,338	214.9	62.0
51	大阪-熊本	4	6									441,086	218.9	57.1
52	東京-釧路	3	1			2						418,854	174.9	59.0
53	東京-米子		6									392,828	200.5	55.1
54	東京-宮古	1	2									389,878	175.3	73.6
55	東京-女満別	3				2.1						379,294	157.0	60.1
56	関空-福岡								3			353,434	144.1	75.3
57	大阪-長崎	4	4									331,815	207.3	52.1
58	関空-石垣		1	1					2			329,415	169.7	66.5
59	関空-仙台								3			324,291	180.1	70.6
60	東京-佐賀		5									321,107	250.0	52.7
61	鹿児島-奄美大島	7.4			2							320,208	130.5	52.9
62	東京-岩国		5									297,855	238.0	52.0
63	大阪-新潟	4	4									290,838	240.0	49.8
64	中部-鹿児島		1		2		1					286,294	172.8	57.2
65	東京-鳥取		5									281,169	213.6	48.5
66	関空-鹿児島								3			274,082	226.1	57.5
67	東京-庄内		4									261,155	222.6	58.4
68	福岡-宮崎	7	1									253,122	170.2	59.4
69	東京-三沢	4										244,344	213.2	67.1
70	神戸-茨城				3							236,577	223.0	64.1
71	神戸-長崎				3							231,757	193.9	63.1
72	大阪-青森	3	3									231,323	184.0	63.0
73	東京-南紀白浜	3										229,569	165.0	65.2
74	大阪-大分	3	3									227,517	171.5	68.3
75	高松-成田										2.4	218,163	156.4	75.4
76	松山-成田									2.3		217,262	165.6	76.4
77	長崎-成田								1	1		209,749	179.2	68.7
78	大阪-高知		6									203,872	170.0	62.4
79	大分-成田								1	1.3		199,208	164.5	69.4
80	熊本-成田									2		194,149	163.9	77.5
81	石垣-成田								2			193,287	151.0	73.3
82	東京-富山		3									191,114	226.5	54.9
83	大阪-秋田	3	3									189,738	229.7	55.4
84	東京-八丈島		3									183,616	160.1	53.8

《国内航空》

順位	路線	運航会社別便数										令和4年度		
		JAL	ANA	JTA	SKY	ADO	SNJ	SFJ	APJ	JJP	SJO	旅客数（人）	対前年度比（%）	座席利用率（%）
85	東京-中部	2	1									183,550	214.0	62.8
86	中部-仙台		3						1			181,320	161.0	62.2
87	仙台-神戸				2							177,709	156.6	69.3
88	札幌-女満別	3	3									177,479	138.5	54.6
89	広島-札幌	1	1									170,567	315.8	70.9
90	札幌-茨城				2							167,806	178.1	65.9
91	中部-石垣		1	1								166,328	202.9	58.3
92	大阪-函館	1	1									163,922	178.8	83.4
93	成田-広島										2	155,052	478.7	47.4
94	神戸-鹿児島				2							148,624	182.9	63.4
95	東京-大館能代		3									142,839	322.6	43.3
96	鹿児島-那覇						2					138,233	194.2	56.3
97	成田-宮崎								1	1		136,824	131.4	71.7
98	鹿児島-屋久島	5										135,777	151.7	69.0
99	関空-長崎								1			135,014	245.3	60.7
100	札幌-青森	3	2									134,329	186.8	50.0
101	関空-宮崎								2			133,157	217.2	55.3
102	鹿児島-徳之島	4.1										133,134	137.0	67.1
103	新潟-札幌	2	2									131,047	203.9	52.2
104	大阪-出雲	4										127,600	220.5	57.3
105	福岡-松山	4										126,242	171.2	57.5
106	関空-宮古		2	1								125,164	180.5	62.3
107	丘珠-函館	5.2										121,073	138.5	74.2
108	大阪-花巻	4										119,620	207.5	55.6
109	中部-宮崎		2				1					115,800	174.4	52.2
110	成田-大阪	1										114,361	2182.9	66.6
111	成田-中部	2	3									113,509	2519.1	56.0
112	中部-長崎		2									109,302	191.5	44.8
113	東京-能登		2									108,017	240.6	46.3
114	札幌-那覇		0.1						1			107,784	183.3	77.3
115	下地島-東京				1							107,257	189.8	82.6
116	東京-石見		2									104,477	293.2	45.7
117	仙台-那覇		0.1									104,081	205.7	75.3
118	成田-鹿児島									1		101,457	158.6	75.6
119	大阪-山形	3										100,649	203.0	59.8
120	広島-那覇		1									98,251	181.0	69.6
121	福岡-対馬		3									96,840	145.4	60.5
122	高知-成田									1		96,609	132.9	74.8
123	東京-山形	4										94,221	177.6	68.7
124	中部-熊本		3									93,140	194.8	51.1
125	東京-奄美大島	2										91,676	142.3	76.2
126	東京-稚内		1									91,308	230.4	54.2
127	中部-宮古		1	1								91,174	202.1	52.4

順位	路線	運航会社別便数										令和4年度		
		JAL	ANA	JTA	SKY	ADO	SNJ	SFJ	APJ	JJP	SJO	旅客数（人）	対前年度比（%）	座席利用率（%）
128	福岡-茨城				1							91,019	194.8	70.9
129	札幌-秋田	2	2									89,623	226.8	42.5
130	札幌-中標津		3									89,103	154.1	55.3
131	下地島-那覇				2							88,562	142.2	37.1
132	下地島-神戸				1							88,551	210.2	69.4
133	奄美大島-成田								1			87,094	127.2	70.3
134	福岡-仙台	2										85,714	214.6	63.5
135	福岡-石垣								1			84,304	216.6	70.9
136	那覇-茨城				1							83,043	348.5	64.4
137	那覇-岡山			1								82,795	320.4	71.1
138	鹿児島-種子島	4										82,206	158.2	55.5
139	中部-函館					1						78,658	199.4	59.7
140	小松-札幌		1									77,350	528.6	55.1
141	奄美大島-関空								1			76,367	141.2	65.6
142	関空-釧路		4	3					5	1		76,168	142.5	69.7
143	丘珠-釧路	3.5										75,622	139.2	67.1
144	大阪-奄美大島	1										75,611	140.0	56.9
145	関空-新潟								1			74,633	170.1	66.6
146	福岡-小松		2									73,073	212.9	68.2
147	大阪-福島		2									71,714	262.0	52.9
148	札幌-花巻	3										68,956	210.1	43.2
149	那覇-小松			1								68,650	336.7	60.7
150	下地島-成田									1		67,170	128.6	81.5
151	鹿児島-沖永良部	3										65,810	134.9	61.6
152	札幌-釧路		3									65,290	149.1	40.4
153	高松-那覇		1									64,829	466.5	47.9
154	熊本-那覇		1									64,724	911.7	59.3
155	関空-女満別								1			64,333	167.2	62.6
156	宮崎-那覇						1					63,788	220.6	50.6
157	那覇-松山		1									61,793	344.3	51.3
158	福岡-高知	2										61,703	194.8	57.5
159	那覇-岩国		1									61,260	1118.7	50.8
160	札幌-函館		2									58,101	201.0	54.3
161	中部-松山		2									55,738	361.1	48.6
162	中部-秋田		2									55,495	195.6	51.7
163	札幌-稚内		2									54,512	143.7	52.4
164	東京-中標津		1									54,072	226.2	44.8
165	福岡-徳島	2										54,001	214.7	50.6
166	札幌-富山		1									51,279	482.5	45.9
167	成田-女満別								1			51,030	140.0	56.7
168	東京-紋別		1									50,113	138.2	41.9
169	那覇-久米島			1								46,704	206.1	44.1
170	大阪-三沢	1										42,610	153.7	62.1

《国内航空》

順位	路線	運航会社別便数										令和4年度		
		JAL	ANA	JTA	SKY	ADO	SNJ	SFJ	APJ	JJP	SJO	旅客数（人）	対前年度比（%）	座席利用率（%）
171	福岡-福江		1									41,615	178.5	75.4
172	福岡-奄美大島	1										39,730	125.0	73.2
173	福岡-出雲	2										39,043	153.7	57.6
174	成田-釧路								1			38,526	122.3	54.4
175	鹿児島-喜界島	2										37,919	149.7	57.0
176	奄美大島-徳之島	2										37,868	118.9	56.4
177	奄美大島-喜界島	2										35,734	115.7	54.1
178	新潟-那覇		1									34,451	1169.0	50.0
179	丘珠-女満別	1.8										32,629	429.4	54.5
180	福岡-花巻	1										32,480	170.3	59.1
181	大阪-隠岐	1										32,258	214.5	54.0
182	福島-札幌		1									31,332	211.8	57.9
183	大阪-但馬	2										29,366	140.4	45.9
184	鹿児島-与論	1										26,935	112.9	56.4
185	丘珠-利尻	1										25,795	140.2	64.4
186	大阪-屋久島	1										24,727	124.2	73.9
187	福岡-屋久島	1										24,142	145.1	72.3
188	出雲-隠岐	1										22,231	130.3	67.9
189	鹿児島-福岡	1										20,190	151.5	58.9
190	札幌-利尻	1										20,079	202.9	52.1
191	中部-新潟		1									19,903	191.1	37.0
192	札幌-静岡											19,729	318.4	59.4
193	那覇-沖永良部	1										19,103	123.7	56.5
194	佐賀-成田										1	18,880	137.1	41.4
195	岡山-札幌											15,215	831.4	40.6
196	東京-久米島											15,165	237.8	95.7
197	沖永良部-徳之島	1										14,169	101.1	42.2
198	中部-旭川											13,865	501.8	53.9
199	那覇-静岡											13,516	325.4	40.9
200	丘珠-三沢	0.5										13,322	174.7	66.7
201	鹿児島-松山	1										11,441	194.2	36.7
202	中部-女満別											9,739	333.5	38.1
203	奄美大島-与論	1										9,574	121.9	43.7
204	大阪-石垣											9,259	147.0	58.1
205	函館-奥尻	0.7										8,693	111.4	40.4
206	大阪-旭川											7,838	228.1	76.6
207	大阪-女満別											4,931	137.5	66.5
208	札幌-出雲											4,706	393.1	79.2
209	中部-帯広											4,104	192.2	70.6
210	丘珠-奥尻	0.3										3,789	226.1	36.9
211	大阪-松本											3,658	200.2	77.6
212	中部-釧路											3,314	157.5	77.2
213	札幌-徳島											3,190	380.2	74.4

順位	路線	運航会社別便数										令和4年度		
		JAL	ANA	JTA	SKY	ADO	SNJ	SFJ	APJ	JJP	SJO	旅客数（人）	対前年度比（%）	座席利用率（%）
214	大阪-種子島											2,905	182.8	48.4
215	大阪-宮古											2,710	—	74.2
216	福岡-宮古											1,735	192.6	47.5
217	長崎-那覇											979	80.4	26.8
218	大阪-石見											599	143.6	33.1
219	那覇-北九州											558	12.1	93.0
220	大阪-徳之島											484	119.8	70.8
221	宮古-石垣											327	99	99.1
合計		373.5	370.6	38	76	29.8	39	35.6	75.2	38.6	7.4	87,033,658		

(注) (1) 旅客数・座席利用率は、国土交通省「航空輸送サービスに係る情報公開」により作成。
(2) 数字は、5. に掲げる特定本邦航空運送事業者※10社を対象（チャーター便を除く）。
(3) 順位は令和4年度の旅客数降順。
(4) 運航会社別便数は、令和4年10月の1日当たりの平均往復便数。
(5) 運航会社の略号は、以下のとおり。
JAL：日本航空
ANA：全日本空輸
JTA：日本トランスオーシャン航空
SKY：スカイマーク
ADO：AIRDO
SNJ：ソラシドエア
SFJ：スターフライヤー
APJ：Peach Aviation
JJP：ジェットスター・ジャパン
SJO：スプリング・ジャパン
(6) 平成16年4月から導入された「国内線における運送の共同引受」導入に伴い、JALには、日本航空（JAL）、ジェイエア（JAR）北海道エアシステム（HAC）、ANAには、全日本空輸（ANA）及びANAウイングス（AKX）を含む。
※特定本邦航空運送事業者とは、客席数が100又は最大離陸重量が5万kgを超える航空機を使用して行う航空運送事業を経営する事業者をいう。

《国内航空》

国内航空旅客数の推移

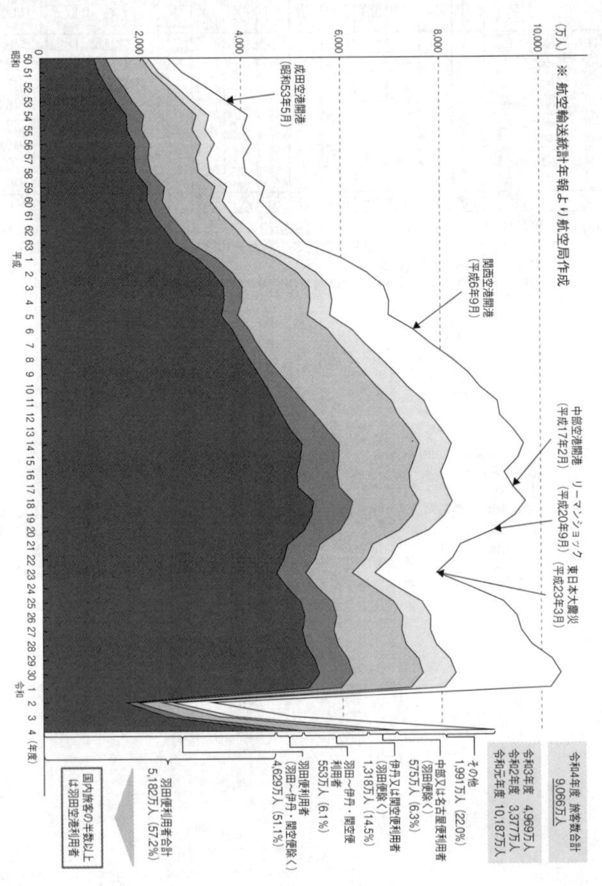

国内航空貨物取扱量の推移

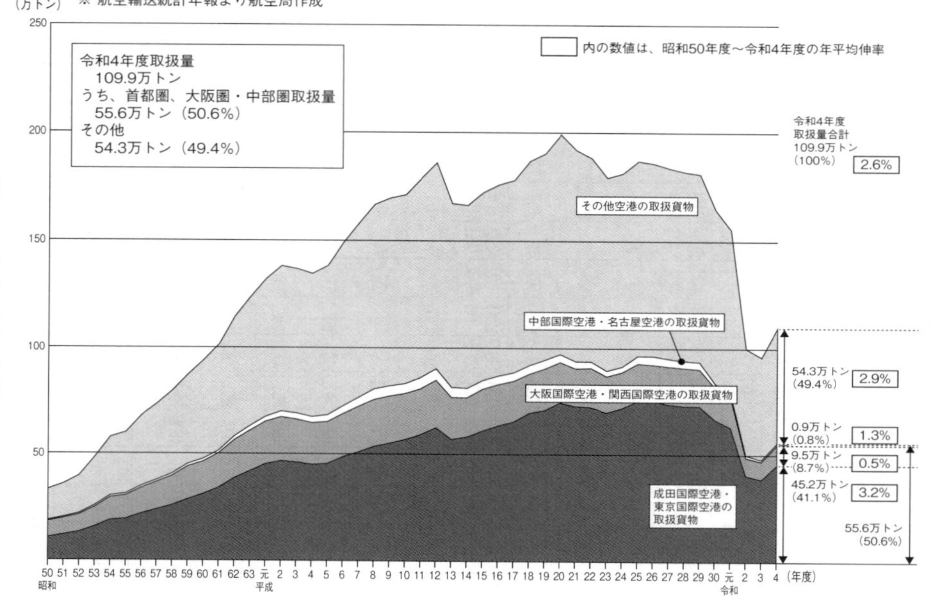

《国内航空》

国内線旅客輸送実績の推移（主な路線）

項目／年度／路線名	旅客数（千人）							人キロ（百万人キロ）						
	2	7	12	1	2	3	4	2	7	12	1	2	3	4
東京—新千歳	7,541	7,632	8,982	8,807	2,919	4,164	7,626	6,764	6,830	8,030	7,874	2,610	3,723	6,818
東京—福岡	5,524	6,185	7,989	8,364	3,004	4,539	7,520	5,558	6,402	8,317	8,707	3,127	4,726	7,828
東京—大阪	3,878	2,125	4,360	5,292	2,051	2,879	4,452	2,055	1,088	2,241	2,720	1,054	1,480	2,288
東京—那覇	2,253	2,453	3,745	5,869	2,255	2,835	5,840	3,834	4,150	6,319	9,900	3,804	4,782	9,851
大阪—福岡	1,427	914	1,346	580	284	400	591	829	525	778	335	164	231	342
大阪—新千歳	1,712	671	1,309	1,100	468	614	1,078	1,998	783	1,520	1,277	543	712	1,251
大阪—那覇	1,297	557	761	1,115	463	535	1,073	1,667	721	992	1,453	604	697	1,399
幹線（その他共計）	25,606 (106.2)	27,129 (103.1)	36,684 (103.3)	42,494 (97.8)	15,000 (35.3)	22,055 (147.0)	39,417 (178.7)	24,627 (106.6)	27,348 (104.7)	36,299 (101.8)	44,381 (98.0)	15,840 (35.7)	23,034 (145.4)	42,099 (182.8)
東京—鹿児島	1,611	1,716	2,026	2,338	660	1,086	2,068	1,797	1,894	2,251	2,597	734	1,206	2,297
東京—広島	1,570	1,711	2,231	1,863	537	760	1,480	1,311	1,344	1,763	1,472	424	601	1,169
東京—小松	1,354	1,722	2,022	1,043	265	408	812	753	940	1,068	551	140	215	429
ローカル線（その他共計）	39,646 (110.1)	50,971 (105.7)	56,189 (100.2)	59,378 (98.2)	18,768 (31.6)	27,639 (147.3)	51,244 (185.4)	26,996 (112.3)	37,664 (107.1)	43,399 (99.4)	50,107 (98.4)	15,703 (31.3)	23,624 (150.4)	44,284 (187.5)
合計	65,252 (108.5)	78,101 (104.8)	92,873 (101.4)	101,872 (98.0)	33,768 (33.1)	49,695 (147.2)	90,662 (182.4)	51,623 (109.5)	65,012 (106.1)	79,698 (100.4)	94,488 (98.3)	31,543 (33.4)	46,658 (147.9)	86,382 (185.1)

（注）(1) 国土交通省「航空輸送統計年報」により作成。ただし、平成12年2月の改正航空法施行以降は、定期航空運送事業者として扱われていた航空会社10社（日本航空、全日本空輸、日本エアシステム、日本トランスオーシャン航空、エアーニッポン、日本エアコミューター、ジャルエクスプレス、スカイマーク、北海道国際航空、スカイネットアジア航空）以外の国内定期航空運送事業者を含む。

座席キロ（百万座席キロ）							座席利用率（%）						
2	7	12	1	2	3	4	2	7	12	1	2	3	4
8,957	10,533	12,335	10,803	5,259	7,062	9,832	75.5	64.8	65.1	72.9	49.6	52.7	69.3
7,288	9,644	13,042	11,649	6,286	8,175	11,274	76.3	66.4	63.8	74.7	49.8	57.8	69.4
2,689	1,718	3,171	3,686	2,062	2,505	3,329	76.4	63.3	70.7	73.8	51.1	59.1	68.7
5,316	6,256	8,725	12,816	8,044	9,417	12,784	72.1	66.3	72.4	77.3	47.3	50.8	77.1
1,218	817	1,145	475	290	411	467	68.0	64.2	67.9	70.7	56.5	56.2	73.2
2,482	1,243	2,197	1,700	990	1,261	1,542	80.5	63.0	69.2	75.1	54.9	56.5	81.1
2,386	1,302	1,399	2,056	1,470	1,745	1,951	69.9	55.3	70.9	70.7	41.1	40.0	71.7
32,975 (102.3)	43,804 (106.0)	54,850 (102.4)	58,856 (100.7)	32,045 (54.4)	41,767 (130.3)	57,977 (138.8)	74.7	62.4	66.2	75.4	49.4	55.1	72.6
2,452	3,313	3,665	3,907	1,757	2,374	3,521	73.3	57.2	61.4	66.5	41.7	50.8	65.3
1,667	1,955	2,703	2,295	876	1,204	2,085	78.7	68.8	65.2	64.1	48.4	49.9	56.1
963	1,377	1,532	774	285	403	701	78.2	68.2	69.7	71.2	49.1	53.4	61.2
37,856 (108.5)	63,274 (107.5)	71,222 (100.8)	74,505 (101.8)	36,748 (49.3)	50,712 (138.0)	71,776 (141.5)	71.3	59.5	60.9	67.3	42.7	46.6	61.7
70,831 (105.5)	107,078 (106.9)	126,072 (101.5)	133,360 (101.3)	68,793 (51.6)	92,479 (134.4)	129,753 (140.3)	72.9	60.7	63.2	70.9	45.9	50.5	66.6

(2)（　）内は、対前年度比（%）。
(3) 単位以下は四捨五入。
(4)「幹線」とは、新千歳、東京、成田、大阪、関空、福岡、那覇を相互に結ぶ路線をいう。
(5) チャーター便による実績を除く。

《国内航空》

日本の主要航空会社の概要

事業者名 ＼ 項目	免許又は許可取得年月日
日本航空株式会社（JAL） （本社）東京都品川区東品川2の4の11 （資本金）1,813億5,200円	航空運送事業 昭和27年10月20日（国内） 昭和28年8月14日（国際） 航空機使用事業 昭和27年11月14日
日本トランスオーシャン航空株式会社（JTA） （本社）沖縄県那覇市泉崎1の20の1 カフーナ旭橋A町区3階 （資本金）45億3,720万円	航空運送事業 昭和48年7月17日
株式会社ジェイエア（J-AIR） （本社）大阪府池田市空港2の2の5 （資本金）1億円	航空運送事業 平成8年10月31日

《国内航空》

令和5年1月1日現在

従業員数（人）		機種	使用航空機数			
				自社保有機	リース機	共通事業機
地上職員	**3,660**	777-200*ER含む	4	4	0	0
（内地職員）	(2,187)	777-300*ER含む	13	13	0	0
（外地職員）	(1,473)	787-8	25	25	0	0
客室乗務員	**6,292**	787-9	22	19	3	0
運航乗務員	**2,273**	767-300*ER含む	28	28	0	0
（機長）	(1,247)	737-800	44	34	10	0
（副操縦士）	(786)	A350-900	16	12	4	0
（航空機関士）	(0)					
（操縦士訓練生）	(240)					
《整備従事者》	**《96》**					
総　計	**12,225**	計	152	135	17	0
地上職員	**428**	737-800	13	13	0	0
（内地職員）	(428)					
（外地職員）	(0)					
客室乗務員	**293**					
運航乗務員	**151**					
（機長）	(96)					
（副操縦士）	(45)					
（航空機関士）	(0)					
（操縦士訓練生）	(10)					
《整備従事者》	**《181》**					
総　計	**872**	計	13	13	0	0
地上職員	**93**	E170	18	18		
（内地職員）	(93)	E190	14	14		
（外地職員）	(0)					
客室乗務員	**308**					
運航乗務員	**327**					
（機長）	(169)					
（副操縦士）	(125)					
（航空機関士）	(0)					
（操縦士訓練生）	(33)					
《整備従事者》	**《0》**					
総　計	**728**	計	32	32	0	0

《国内航空》

事業者名＼項目	免許又は許可取得年月日
日本エアコミューター株式会社（JAC） （本社）鹿児島県霧島市溝辺町麓787-4 （資本金）3億円	航空運送事業 昭和58年11月2日 航空機使用事業 昭和62年12月16日
株式会社北海道エアシステム（HAC） （本社）札幌市東区丘珠町丘珠空港内 （資本金）4億円9千万円	航空運送事業 平成12年4月3日 航空機使用事業 平成10年2月19日
全日本空輸株式会社（ANA） （本社）東京都港区東新橋1の5の2 （資本金）250億円	航空運送事業 昭和28年10月15日（国内） 昭和61年1月31日（国際） 航空機使用事業 昭和27年10月21日

従業員数（人）		機　　種	使用航空機数			
				自社保有機	リース機	共通事業機
地上職員	**136**	ATR42-600	9	8	1	
（内地職員）	(136)	ATR72-600	2	2		
（外地職員）	(0)					
客室乗務員	**63**					
運航乗務員	**97**					
（機長）	(51)					
（副操縦士）	(41)					
（航空機関士）	(0)					
（操縦士訓練生）	(5)					
《整備従事者》	**《116》**					
総　　計	**296**	計	11	10	1	0
地上職員	**33**	ATR42-600	3	3		
（内地職員）	(33)					
（外地職員）	(0)					
客室乗務員	**18**					
運航乗務員	**29**					
（機長）	(13)					
（副操縦士）	(12)					
（航空機関士）	(0)					
（操縦士訓練生）	(4)					
《整備従事者》	**《0》**					
総　　計	**80**	計	3	3	0	0
地上職員	**4,676**	A380	3	3	0	0
（内地職員）	(3,334)	B777-300	13	4	9	0
（外地職員）	(1,342)	B777-200	10	9	1	0
客室乗務員	**6,297**	B777F	2	2	0	0
運航乗務員	**2,257**	B787-8	36	31	5	0
（機長）	(1,349)	B787-9	40	33	7	0
（副操縦士）	(705)	B787-10	3	3	0	0
（航空機関士）	(1)	B767-300	16	16	0	0
（操縦士訓練生）	(202)	B767-300F	4	1	3	0
《整備従事者》	**《2,642》**	B767-300BCF	5	5	0	0
		B737-800	39	24	15	0
		A320	11	11	0	0
		A321	26	0	26	0
総　　計	13,230	計	208	142	66	0

《国内航空》

事業者名＼項目	免許又は許可取得年月日
株式会社エアージャパン（AJX） （本社）千葉県成田市木の根38番地 （資本金）5千万円	航空運送事業 平成3年2月8日(不定期) 平成12年2月1日(国際) 平成18年4月6日(国内) 平成18年8月10日(国内削除)
ANAウイングス株式会社（AKX） （本社）東京都大田区羽田空港3の3の2 （資本金）5千万円	航空運送事業 平成14年3月6日
日本貨物航空株式会社（NCA） （本社）千葉県成田市成田国際空港内 NCAライン整備ハンガー （資本金）100億円	航空運送事業 昭和58年8月13日

従業員数（人）		機種	使用航空機数	自社保有機	リース機	共通事業機
地上職員	**62**	B787-8	36	0	0	36
（内地職員）	(62)	B787-9	35	0	0	35
（外地職員）	(0)	B787-10	3	0	0	3
客室乗務員	**530**					
運航乗務員	**70**					
（機長）	(34)					
（副操縦士）	(16)					
（航空機関士）	(0)					
（操縦士訓練生）	(20)					
《整備従事者》	**《0》**					
総　　計	662	計	74	0	0	74
地上職員	**198**	B737-800	39	0	0	39
（内地職員）	(198)	DHC8-400	24	0	0	24
（外地職員）	(0)					
客室乗務員	**941**					
運航乗務員	**623**					
（機長）	(301)					
（副操縦士）	(248)					
（航空機関士）	(0)					
（操縦士訓練生）	(74)					
《整備従事者》	**《0》**					
総　　計	**1,762**	計	63	0	0	63
地上職員	**733**	747-8F	8	8		
（内地職員）	(542)					
（外地職員）	(191)					
客室乗務員	**0**					
運航乗務員	**175**					
（機長）	(100)					
（副操縦士）	(61)					
（航空機関士）	(0)					
（操縦士訓練生）	(14)					
《整備従事者》	**《146》**					
総　　計	**908**	計	8	8	0	0

《国内航空》

項目 / 事業者名	免許又は許可取得年月日
スカイマーク株式会社（SKY） （本社）東京都大田区羽田空港3-5-10 （資本金）1億円	航空運送事業 平成10年7月28日
株式会社AIRDO（ADO） （本社）北海道札幌市中央区北1条西2丁目9 オーク札幌ビル （資本金）1億円	航空運送事業 平成10年10月26日
株式会社ソラシドエア（SNJ） （本社）宮崎県宮崎市大字赤江宮崎空港内 （資本金）1億円	航空運送事業 平成14年5月21日 航空機使用事業 平成28年12月26日

従業員数（人）		機種	使用航空機数			
				自社保有機	リース機	共通事業機
地上職員	**1,505**	737-800	29	5	24	0
（内地職員）	(1,505)					
（外地職員）	(0)					
客室乗務員	**504**					
運航乗務員	**333**					
（機長）	(145)					
（副操縦士）	(135)					
（航空機関士）	(0)					
（操縦士訓練生）	(53)					
《整備従事者》	**《217》**					
総　計	**2,342**	計	29	5	24	0
地上職員	**660**	B767-300*ER含む	4	2	2	0
（内地職員）	(660)	B737-700	8	0	8	0
（外地職員）	(0)					
客室乗務員	**261**					
運航乗務員	**130**					
（機長）	(62)					
（副操縦士）	(51)					
（航空機関士）	(0)					
（操縦士訓練生）	(17)					
《整備従事者》	**《83》**					
総　計	**1,051**	計	12	2	10	0
地上職員	**507**	B737-800	14	2	12	0
（内地職員）	(507)					
（外地職員）	(0)					
客室乗務員	**298**					
運航乗務員	**154**					
（機長）	(70)					
（副操縦士）	(58)					
（航空機関士）	(0)					
（操縦士訓練生）	(26)					
《整備従事者》	**《89》**					
総　計	**959**	計	14	2	12	0

《国内航空》

事業者名 ＼ 項目	免許又は許可取得年月日
株式会社スターフライヤー（SFJ） （本社）福岡県北九州市小倉南区空港北町6 （資本金）18.9億円	航空運送事業 平成18年1月12日
Peach Aviation株式会社（APJ） （本社）大阪府泉南郡田尻町泉州空港中1番地 （資本金）1億円	航空運送事業 平成23年7月7日
ジェットスター・ジャパン株式会社（JJP） （本社）千葉県成田市成田国際空港 第3ターミナルビル内 （資本金）155億円	航空運送事業 平成24年4月6日

従業員数（人）		機種	使用航空機数	自社保有機	リース機	共通事業機
地上職員	**406**	A320	11	1	10	0
（内地職員）	(406)					
（外地職員）	(0)					
客室乗務員	**173**					
運航乗務員	**110**					
（機長）	(51)					
（副操縦士）	(57)					
（航空機関士）	(0)					
（操縦士訓練生）	(2)					
《整備従事者》	**《92》**					
総　　計	**689**	計	11	1	10	0
地上職員	**681**	A320	30	0	30	0
（内地職員）	(681)	A321	2	0	2	0
（外地職員）	(0)					
客室乗務員	**794**					
運航乗務員	**513**					
（機長）	(188)					
（副操縦士）	(223)					
（航空機関士）	(0)					
（操縦士訓練生）	(102)					
《整備従事者》	**《116》**					
総　　計	**1,988**	計	32	0	32	0
地上職員	**378**	A320	19	0	19	0
（内地職員）	(378)	A321LR	2	0	2	0
（外地職員）	(0)					
客室乗務員	**353**					
運航乗務員	**190**					
（機長）	(85)					
（副操縦士）	(92)					
（航空機関士）	(0)					
（操縦士訓練生）	(13)					
《整備従事者》	**《68》**					
総　　計	**921**	計	21	0	21	0

《国内航空》

事業者名 ＼ 項目	免許又は許可取得年月日
スプリング・ジャパン株式会社（SJO） （本社）千葉県成田市公津の杜4丁目11番2号 （資本金）1億円	航空運送事業 平成25年12月17日
株式会社ZIPAIR Tokyo（TZP） （本社）千葉県成田市三里塚字御料牧場1-1 （資本金）1億円	航空運送事業 令和1年7月5日

（注）（1）《整備従事者》は国家資格保有者の人数、地上職員に含まれている人数もあるため、総計には計上していない。
（2）役員・顧問、社外への出向者、派遣職員、アルバイト、インターンシップは除く。
（3）外国人乗務員は含む。

従業員数（人）		機　　種	使用航空機数	自社保有機	リース機	共通事業機
地上職員	**182**	737-800	6	0	6	0
（内地職員）	(182)					
（外地職員）	(0)					
客室乗務員	**103**					
運航乗務員	**93**					
（機長）	(35)					
（副操縦士）	(41)					
（航空機関士）	(0)					
（操縦士訓練生）	(17)					
《整備従事者》	**《0》**					
総　　計	**378**	計	6	0	6	0
地上職員	**84**	787-8	5	0	5	0
（内地職員）	(81)					
（外地職員）	(3)					
客室乗務員	**287**					
運航乗務員	**103**					
（機長）	(57)					
（副操縦士）	(19)					
（航空機関士）	(0)					
（操縦士訓練生）	(27)					
《整備従事者》	**《0》**					
総　　計	**474**	計	5	0	5	0

《国内航空》

国内線旅客輸送実績の推移（会社別）

航空会社名 ＼ 項 年	旅客数（千人）					人キロ（百万キロ）				
	30	1	2	3	4	30	1	2	3	4
日本航空	30,694	29,702	10,440	14,653	27,259	27,779	26,855	9,516	13,416	24,938
全日本空輸	44,437	43,034	12,709	17,993	34,522	40,729	39,528	11,576	16,385	32,194
日本トランスオーシャン航空	2,906	2,918	1,261	1,220	2,206	2,734	2,796	1,191	1,106	1,964
スカイマーク	7,385	7,569	2,963	4,168	7,022	7,766	7,902	3,063	4,339	7,450
AIRDO	2,130	2,038	580	1,162	2,041	2,004	1,913	548	1,091	1,942
ソラシドエア（旧スカイネットアジア航空）	1,892	1,796	660	1,123	1,927	1,990	1,885	691	1,274	2,142
スターフライヤー	1,597	1,534	458	677	1,168	1,536	1,471	430	646	1,111
Peach・Aviation	3,266	3,985	2,069	4,276	7,503	3,099	4,031	2,394	4,862	8,487
ジェットスター・ジャパン	4,771	5,274	1,452	2,920	4,337	4,922	5,396	1,557	3,050	4,552
バニラ・エア	1,515	487	—	—	—	1,677	532	—	—	—
スプリング・ジャパン	410	562	64	84	440	394	535	60	79	398
エアアジア・ジャパン	262	377	—	—	—	284	370	—	—	—
合計	101,989 (101.6)	99,911 (98.0)	33,037 (33.1)	48,276 (147.8)	88,425 (183.2)	95,151 (101.8)	93,416 (98.2)	31,150 (33.3)	46,248 (149.0)	85,178 (184.2)

（注）(1) 国土交通省「航空輸送サービスに係る情報公開」により作成。
(2) （ ）内は、対前年度比（%）。
(3) 単位以下は四捨五入。
(4) チャーター便による実績を除く。
(5) コードシェアを実施している場合は、自社販売分の合計。
(6) 日本航空には、日本航空、日本エアコミューター、ジェイエア、北海道エアシステム、日本トランスオーシャン航空（羽田路線のみ）を含む。
(7) 全日本空輸には、全日本空輸、ANAウイングスを含む。
(8) エアアジア・ジャパンは、平成29年10月より運航を開始。
(9) バニラ・エアは、令和元年9月をもって運航を終了。

《メ　モ》

《国内航空》

会社別収支状況の推移

年度	項目	日本航空グループ	ANA ホールディングス	日本貨物航空	スカイマーク	AIRDO
H2	営業収入	1,118,883	733,388	42,907	—	—
	営業費用	1,091,561	708,068	41,314	—	—
	営業利益	**27,321**	**25,319**	**1,592**	—	—
	営業外収入	41,902	37,675	2,693	—	—
	営業外費用	44,278	37,597	1,759	—	—
	営業外利益	**△ 2,476**	**78**	**934**	—	—
	経常利益	**24,845**	**25,397**	**△ 2,526**	—	—
H7	営業収入	1,115,931	845,973	51,624	—	—
	営業費用	1,100,527	818,665	46,441	—	—
	営業利益	**15,403**	**27,307**	**5,182**	—	—
	営業外収入	37,906	38,150	1,077	—	—
	営業外費用	48,913	48,622	1,901	—	—
	営業外利益	**△ 11,007**	**△ 10,472**	**824**	—	—
	経常利益	**4,396**	**16,836**	**4,358**	—	—
H12	営業収入	1,257,239	966,588	84,860	13,472	9,693
	営業費用	1,201,300	900,164	82,689	14,311	12,735
	営業利益	**55,938**	**66,424**	**2,170**	**△ 839**	**△ 3,042**
	営業外収入	163,880	32,726	497	115	384
	営業外費用	43,416	45,828	1,460	172	537
	営業外利益	**△ 27,036**	**△ 13,102**	**△ 963**	**△ 57**	**△ 153**
	経常利益	**28,902**	**53,322**	**1,207**	**△ 896**	**△ 3,195**
R1	営業収入	1,411,230	1,974,216	75,259	90,360	45,545
	営業費用	1,310,597	1,913,410	90,286	88,144	43,269
	営業利益	**100,632**	**60,806**	**△ 15,028**	**2,215**	**2,275**
	営業外収入	10,105	18,657	411	1,195	213
	営業外費用	8,166	20,105	1,178	599	859
	営業外利益	**1,939**	**△ 1,448**	**△ 767**	**596**	**△ 646**
	経常利益	**102,571**	**59,358**	**△ 15,794**	**2,811**	**1,629**
R2	営業収入	481,225	728,683	122,566	34,064	17,414
	営業費用	885,037	1,193,457	89,517	65,739	30,410
	営業利益	**△ 398,306**	**△ 464,774**	**33,049**	**△ 31,675**	**△ 12,996**
	営業外収入	—	60,700	1,064	3,431	742
	営業外費用	—	47,281	1,020	1,357	936
	営業外利益	—	**13,419**	**44**	**2,074**	**△ 194**
	経常利益	—	**△ 451,355**	**33,093**	**△ 29,602**	**△ 13,190**
R3	営業収入	682,713	1,020,324	188,850	47,147	27,314
	営業費用	940,226	1,193,451	114,909	63,841	32,049
	営業利益	**△ 239,498**	**△ 173,127**	**73,941**	**△ 16,694**	**△ 4,735**
	営業外収入	—	40,551	1,106	2,474	539
	営業外費用	—	52,359	1,047	860	496
	営業外利益	—	**△ 11,808**	**59**	**1,614**	**42**
	経常利益	—	**△ 184,935**	**74,000**	**△ 15,079**	**△ 4,693**
R4	営業収入	1,375,589	1,707,484	218,213	84,661	41,509
	営業費用	1,344,686	1,587,454	156,321	81,206	38,893
	営業利益	**64,563**	**120,030**	**61,892**	**3,453**	**2,616**
	営業外収入	—	28,589	1,323	1,650	214
	営業外費用	—	36,809	1,051	1,391	447
	営業外利益	—	**△ 8,220**	**272**	**260**	**△ 233**
	経常利益	—	**111,810**	**62,165**	**3,713**	**2,383**

(注)　(1) ジェットスター・ジャパンは7月1日～翌年6月30日までの会計期間。
(2) 日本航空グループは、2020年度よりIFRS（国際財務報告基準）に移行したことに伴ついて「EBIT」の額を記載。
(3) スプリング・ジャパンは2022年度から非公表。

《国内航空》

（単位：百万円）

ソラシドエア（旧スカイネットアジア航空）	スターフライヤー	Peach Aviation	ZIPAIR Tokyo	ジェットスター・ジャパン	スプリング・ジャパン
—	—	—	—	—	—
—	—	—	—	—	—
—	—	—	—	—	—
—	—	—	—	—	—
—	—	—	—	—	—
—	—	—	—	—	—
—	—	—	—	—	—
—	—	—	—	—	—
—	—	—	—	—	—
—	—	—	—	—	—
—	—	—	—	—	—
—	—	—	—	—	—
—	—	—	—	—	—
—	—	—	—	—	—
—	—	—	—	—	—
—	—	—	—	—	—
—	—	—	—	—	—
—	—	—	—	—	—
—	—	—	—	—	—
—	—	—	—	—	—
—	—	—	—	—	—
41,850	40,416	71,070	0	47,883	14,820
40,425	40,413	78,394	3,564	54,558	17,100
1,425	3	△ 7,325	△ 3,564	△ 6,675	△ 2,280
18	234	30	12	25	64
138	191	739	0	1,072	333
△ 120	43	△ 709	12	△ 1,047	△ 269
1,306	46	△ 8,034	△ 3,552	△ 7,722	△ 2,549
20,255	18,295	21,905	2,037	15,912	5,057
30,764	29,533	57,841	8,414	33,155	12,604
△ 10,509	△ 11,239	△ 35,937	△ 6,376	△ 19,692	△ 7,547
1,034	95	1,698	76	1,143	152
174	213	352	0	2,135	247
860	△ 118	1,346	76	△ 992	△ 96
△ 9,649	△ 11,356	△ 34,591	△ 6,300	△ 20,684	△ 7,642
26,102	21,131	38,679	6,875	29,401	3,056
32,332	27,596	78,531	13,557	40,735	9,232
△ 6,230	△ 6,465	△ 39,851	△ 6,682	△ 11,333	△ 6,175
1,005	532	1,481	96	4,347	261
162	121	419	16	4,918	119
843	411	1,062	80	△ 571	141
△ 5,386	△ 6,054	△ 38,790	△ 6,602	△ 11,904	△ 6,034
38,697	32,275	90,560	31,734	—	—
39,162	33,592	105,609	28,892	—	—
△ 465	△ 1,317	△ 15,049	2,840	—	—
652	696	1,084	117	—	—
493	83	980	465	—	—
159	613	104	△ 348	—	—
△ 306	△ 704	△ 14,945	2,492	—	—

い、業績管理指標が「営業利益」から「EBIT」に変更となったため、移行後は「営業利益」に

《国内航空》

航空機使用事業者の数と保有航空機数の推移

項目 ＼ 年度		3	8	13	24	25	26	27	28	29	30	1	2	3	4
航空運送事業者でもあるもの		50	65	65	57	58	58	58	60	60	61	65	58	58	56
航空運送事業者ではないもの		13	13	16	11	12	12	11	12	12	12	12	13	13	14
合計		63	78	81	68	70	70	69	72	72	73	77	71	71	70
現有航空機数	固定翼	272	266	263	258	254	263	230	256	270	264	252	244	263	279
	回転翼	464	502	481	335	345	358	363	368	372	367	363	365	363	355
	飛行船				0	0	0	0	0	0	0	0	0	0	0
	計	736	768	744	593	599	621	593	624	642	631	615	609	626	634

(注) (1) 航空機使用事業とは、航空機を使用して操縦訓練、薬剤散布、写真撮影、公告宣伝、報道取材、視察調査等の行為を請負う事業である。
(2) 現有航空機数は、航空機使用事業者のうち、日本航空、全日本空輸の保有数を除いた数。
(3) 各年度の数値は、4月1日現在のものである。

航空運送代理店業の推移

年度	19	20	21	22	23	24	25	26	27	28	29	30	1	2	3	4
国内	762	764	769	770	768	767	771	780	799	814	829	829	836	841	855	863
国際	255	255	259	256	258	263	268	269	271	272	272	273	273	272	273	273
計	1,017	1,019	1,028	1,026	1,026	1,030	1,039	1,049	1,070	1,086	1,101	1,102	1,109	1,113	1,128	1,136

航空機使用事業等稼働時間実績

（単位：時間）

項目		年度	60	2	7	12	29	30	1	2	3	4
有償稼働実績	使用事業関係	広告	20,034 (94.9)	19,596 (97.3)	11,009 (88.9)	5,219 (87.3)	179 (34.1)	216 (120.7)	132 (61.1)	77 (58.3)	82 (106.5)	63 (76.8)
		写真	27,530 (96.5)	34,374 (105.0)	35,576 (106.8)	32,039 (95.1)	20,854 (95.7)	21,993 (105.5)	23,366 (106.2)	21,332 (91.3)	20,446 (95.8)	23,228 (113.6)
		薬剤	44,034 (104.3)	38,158 (92.1)	29,206 (103.7)	19,160 (94.2)	2,516 (107.2)	2,384 (94.8)	2,317 (97.2)	2,404 (103.8)	2,425 (100.9)	2,276 (93.9)
		漁業	1,471 (103.2)	1,128 (97.9)	808 (66.4)	1,361 (154.1)	1,209 (88.6)	1,299 (107.4)	1,217 (93.7)	1,087 (89.3)	1,096 (100.8)	1,480 (135.0)
		操縦	23,732 (99.4)	35,264 (104.2)	34,084 (90.9)	19,005 (73.7)	26,457 (136.4)	34,648 (131.0)	32,655 (94.2)	32,529 (99.6)	36,736 (112.9)	38,337 (104.4)
		報道	9,520 (91.2)	11,059 (93.2)	11,709 (100.5)	14,530 (126.1)	10,254 (89.0)	9,946 (97.0)	9,267 (93.2)	7,939 (85.7)	7,805 (98.3)	8,406 (107.7)
		視察	17,477 (94.8)	15,989 (91.3)	19,187 (109.4)	19,796 (97.4)	11,262 (105.1)	10,681 (94.8)	9,074 (85.0)	8,776 (96.7)	8,784 (100.1)	8,669 (98.7)
		その他	3,498 (88.7)	7,574 (113.9)	3,947 (121.8)	3,876 (129.0)	4,570 (86.1)	3,978 (87.0)	4,309 (108.3)	4,150 (96.3)	3,750 (90.4)	3,688 (98.3)
	使用事業計		147,296 (98.2)	163,142 (98.7)	145,489 (100.4)	114,980 (94.9)	77,300 (105.9)	85,146 (110.2)	82,338 (96.7)	78,295 (95.1)	81,125 (103.6)	86,147 (106.2)
	その他	遊覧 二地点間	15,945 (115.8)	22,232 (98.7)	37,930 (110.7)	4,627 (10.0)	2,049 (93.8)	3,060 (149.3)	3,462 (113.1)	2,538 (73.3)	2,142 (84.4)	3,682 (171.9)
		建設 協力等	27,620 (101.6)	26,856 (102.8)	24,979 (112.2)	26,729 (90.7)	27,648 (101.9)	28,516 (103.1)	27,690 (97.1)	24,375 (88.0)	25,755 (105.7)	26,840 (104.2)
合計			190,861 (100.0)	212,230 (99.2)	208,398 (103.4)	152,181 (77.3)	102,302 (102.8)	116,723 (114.1)	113,489 (97.2)	105,209 (92.7)	109,022 (103.6)	116,669 (107.0)

（注）(1) 国土交通省「航空輸送統計年報」により作成。
(2) 単位以下は30分以上は１時間に繰り上げ、30分に満たない場合は切り捨て。
(3) (　) 内は対前年度比（%）
(4) 平成12年2月の改正航空法施行に伴い、飛行機による二地点間旅客輸送は、平成12年2月分より、上記実績からは除かれている。

《航空機》

日本の登録航空機数の推移

種類 ＼ 年(各暦年末)		50	60	10	30	1	2	3	4
単発	レシプロ	460	539	596	502	507	502	496	491
	ターボ・プロップ	—	2	13	50	41	41	36	39
双発	レシプロ	128	105	69	56	60	59	63	67
	ビーチクラフト式	—	—	—	—	—	—	—	—
	テキストロン・アビエーション式	(79)	(60)	(41)	(38)	(41)	(41)	(41)	(41)
	ブリテンノーマン式	(20)	(13)	(14)	(2)	(2)	(2)	(2)	(2)
	パイパー式	(22)	(20)	(10)	(7)	(7)	(6)	(5)	(5)
	その他	(7)	(12)	(4)	(9)	(10)	(10)	(15)	(19)
	ターボ・プロップ	90	113	117	99	94	94	95	95
	ビーチクラフト式	(1)	(19)	(37)	(19)	(19)	(19)	(19)	(19)
	サーブ式	—	—	(16)	(14)	(10)	(8)	(5)	(4)
	YS-11	(76)	(78)	(33)	—	—	—	—	—
	ドルニエ228	—	(2)	(4)	(7)	(7)	(7)	(7)	(7)
	MU-2	(6)	(2)	(1)	—	—	—	—	—
	DHC-8	—	—	—	(45)	(41)	(42)	(42)	(40)
	ATR式	—	—	—	(7)	(11)	(11)	(14)	(17)
	その他	(7)	(12)	(26)	(7)	(6)	(7)	(8)	(8)
	ターボ・ジェット	32	85	279	651	670	660	641	619
	A320/321	—	—	(27)	(102)	(100)	(103)	(102)	(101)
	A350	—	—	—	—	(5)	(8)	(14)	(16)
	B737	(16)	(20)	(41)	(178)	(170)	(165)	(157)	(154)
	B767	—	(24)	(87)	(81)	(76)	(69)	(62)	(57)
	B777	—	—	(30)	(90)	(97)	(89)	(69)	(47)
	B787	—	—	—	(106)	(117)	(123)	(128)	(130)
	DC9	(14)	(24)	(29)	—	—	—	—	—
	MD-90	—	—	(16)	—	—	—	—	—
	ERJ	—	—	—	(44)	(47)	(47)	(47)	(47)
	CRJ	—	—	—	(10)	(10)	(10)	(10)	(10)
	MRJ	—	—	—	(4)	(4)	(5)	(5)	(4)
	その他	(2)	(17)	(49)	(36)	(44)	(41)	(47)	(53)
多発	レシプロ	—	—	—	—	—	—	—	—
	ターボ・ジェット	113	128	164	11	11	10	11	11
	エアバス式A380	—	—	—	—	(2)	(2)	(3)	(3)
	ボーイング式747	(27)	(67)	(131)	(9)	(8)	(8)	(8)	(8)
	その他	(86)	(61)	(33)	(2)	(1)	—	—	—
飛行機計		823	972	1,238	1,369	1,383	1,366	1,342	1,322

※テキストロン・アビエーション式には、ビーチクラフト式及びセスナ式を含む。

種類＼年(各暦年末)		50	60	10	30	1	2	3	4
単発	レシプロ	200	212	183	168	160	161	166	166
	ベル47	(178)	(128)	(9)	(3)	(3)	(3)	(3)	(3)
	ヒューズ269	(22)	(26)	(26)	(9)	(9)	(9)	(9)	(9)
	ロビンソンR22/R44	—	(7)	(135)	(151)	(143)	(144)	(149)	(149)
	その他	—	(51)	(13)	(5)	(5)	(5)	(5)	(5)
	タービン	112	331	461	179	181	187	187	185
	AS350	—	(77)	(168)	(93)	(94)	(91)	(92)	(93)
	ベル206	(31)	(108)	(185)	(32)	(25)	(25)	(23)	(20)
	ヒューズ369	(30)	(62)	(29)	(3)	(3)	(3)	(3)	(3)
	ロビンソンR66	—	—	—	(12)	(15)	(17)	(19)	(19)
	その他	(51)	(84)	(79)	(39)	(44)	(51)	(50)	(50)
双発	レシプロ	1	2	—	—	—	—	—	—
	カモフ式	(1)	(2)	—	—	—	—	—	—
	タービン	19	110	307	478	492	493	498	504
	エアバス・ヘリコプターズ式	(1)	(29)	(124)	(180)	(188)	(191)	(198)	(199)
	ベル式	(10)	(57)	(86)	(75)	(76)	(75)	(72)	(76)
	川崎BK117	—	(11)	(50)	(67)	(66)	(63)	(59)	(54)
	シコルスキー式	(1)	(2)	(22)	(31)	(30)	(29)	(26)	(26)
	レオナルド式	—	(1)	—	(112)	(119)	(122)	(131)	(138)
	三菱MH2000	—	—	(1)	—	—	—	—	—
	その他	(7)	(10)	(24)	(13)	(13)	(13)	(12)	(11)
3発	タービン	—	—	—	—	—	—	—	—
	アグスタ式	—	—	—	—	—	—	—	—
回転翼航空機計		332	655	951	825	833	841	851	855
飛行機計		823	972	1238	1369	1383	1366	1342	1322
回転翼航空機計		332	655	951	825	833	841	851	855
飛行船		1	2	1	1	1	1	1	1
滑空機		273	404	596	645	649	649	649	645
総計		1,429	2,033	2,786	2,840	2,866	2,857	2,843	2,823

※エアバス・ヘリコプターズ式には、アエロスパシアル式及びユーロコプター式を含む。
※レオナルド式には、フィンメカニカ式及びアグスタ式を含む。

登録記号割当表（4個アラビア数字のもの）

登録記号	区分	登録記号	区分
0001～0999	第3種滑空機	6001～6999	タービン回転翼航空機
1001～1999	特殊の航空機	7001～7999	レシプロ回転翼航空機
2001～2999	第1種、第2種及び動力滑空機	8001～8999	ジェット及びターボプロップ飛行機
3001～4999	レシプロ単発飛行機	9001～9999	タービン回転翼航空機
5001～5999	レシプロ多発飛行機		

《航空機》

我が国航空会社の代表的航空機の諸元表

航空機型式	発動機 型式①	発動機 離陸出力(kg)×基数	乗客数(人)②
エアバス式			
A320-214型	CFMI CFM56-5B4/3	12,250×2	110
A320-232型	IAE V2527-A5	11,250×2	〃
A320-251N型	CFMI LEAP-1A26	11,793×2	165
A320-271N型	IAE PW1127GA-JM	12,160×2	146
A321-211型	CFMI CFM56-5B3/3	14,970×2	194
A321-251NX型	CFMI LEAP-1A32	14,590×2	206
A321-272N型	IAE PW1130G-JM	13,740×2	194
A350-941型	RR TrentXWB	33,700×2	369
A380-841型	RR Trent900	34,088×4	520
ボーイング式			
737-700型	CFMI CFM56-7B24	10,890×2	136
737-800型	CFMI CFM56-7B26	11,970×2	177
〃	CFMI CFM56-7B24	10,980×2	165
〃	CFMI CFM56-7B27	12,380×2	144
747-8F型	GE GEnx-2B67B	30,160×4	—
767-300型	GE CF6-80C2B4F	26,260×2	270
〃	GE CF6-80C2B2F	23,500×2	288
767-300ER型	GE CF6-80C2B6	27,900×2	214
〃	GE CF6-80C2B7F	27,300×2	237
767-300F型	GE CF6-80C2B6F	27,900×2	—
777-200型	P&W PW4074	33,790×2	380
〃	P&W PW4077	34,900×2	389

全幅(m)	全長(m)	最大離陸重量(t)	巡航速度(マッハ)③	航続距離(km)④	離陸滑走路長(m)⑤	着陸滑走路長(m)⑤	備考⑥
34.1	37.6	77	0.78	5,090	2,240	1,590	
34.1	37.6	77	0.78	4,800	2,430	1,610	
35.8	3757	79	0.78	6,300	1,807.5	1,814.8	
35.8	37.6	79.0	0.78	5,790	2,300	1,480	*
35.8	44.5	80.0	0.78	2,720	1,900	1,580	A320の胴体延長型
35.8	44.5	97.0	0.78	7,400	1,900	1,580	
35.8	44.5	80.0	0.78	3,700	1,830	1,550	A320neoの胴体延長型
64.75	66.8	217	0.85	5,900	1,860	1,990	
79.8	72.7	560	0.85	13,330	3,150	2,020	
35.8	33.6	70	0.78	4,900	1,960	1,420	
34.3	39.5	70.5	0.785	6,260	1,960	1,650	737-400の発展型
35.8	39.5	70.5	0.78	3,310	2,120	1,560	
〃	〃	79	〃	5,370	2,300	1,670	
68.4	76.3	447.7	0.84	7,590	3,230	2,380	747-8貨物機 *
47.6	54.9	133.8	0.80	3,650	1,500	1,500	767-200の胴体延長型
〃	〃	131	〃	3,320	1,710	1,420	〃
〃	〃	181.4	〃	10,030	2,790	1,680	767-300の航続距離延長型 *
〃	〃	181.9	〃	9,400	2,600	1,630	〃 *
〃	〃	186.9	〃	5,970	2,990	1,710	767-300貨物機 *
60.9	63.7	200.0	0.84	4,190	1,820	1,550	
〃	〃	201.8	〃	4,740	1,800	1,560	

《航空機》

航空機型式	発動機		乗客数(人)②
	型式 ①	離陸出力(kg)×基数	
ボーイング式			
777-300型	P&W PW4090	40,910×2	514
777-300ER型	GE GE90-115B	52,100×2	292
777F型	GE GE90-110B1L	49,940×2	—
787-8型	RR Trent1000-A	28,940×2	264
〃	RR Trent1000-C	31,660×2	158
〃	GE GEnx-1B70	32,800×2	186
787-9型	RR Trent1000-A2	28,940×2	395
〃	RR Trent1000-K2	33,480×2	215
〃	GE GEnx-1B74/75/P2	34,790×2	195
787-10型	RR Trent1000	33,480×2	294
デハビランド・エアクラフト・オブ・カナダ式			
DHC-8-402型	P&WC PW150A	4,580(shp)×2	78
MHI RJ Aviation式			
CL-600-2C10(CRJ700)型	GE CF34-8C5B1	6,260×2	70
エンブラエル式			
ERJ170-100STD型	GE CF34-8E5	5,890×2	76
ERJ170-200STD型	〃	6,260×2	84
ERJ190-100STD型	GE CF34-10E5	7,757×2	95

(注) (1) 発動機型式の略号は、以下のとおりである。
P&W：プラット・アンド・ホイットニー
P&WC：プラット・アンド・ホイットニー・カナダ
GE：ゼネラル・エレクトリック
IAE：インターナショナル・エアロ・エンジンズ
CFMI：CFMインターナショナル　RR：ロールス・ロイス
(2) 代表的な乗客用座席を示す。
(3) 運航で常用している速度を示す。
(4) 原則として、旅客機は最大乗客数の乗客を載せ最大離陸重量とした場合の距離を示す。設定条件で数値は異なり、搭載量を減じて更に長い航続距離を安全に得ることができる。

全幅(m)	全長(m)	最大離陸重量(t)	巡航速度(マッハ)③	航続距離(km)④	離陸滑走路長(m)⑤	着陸滑走路長(m)⑤	備　考⑥
60.9	73.9	237.0	0.83	3,800	2,200	1,800	777-200の胴体延長型
64.8	〃	340.2	0.84	13,590	3,430	1,770	777-300の航続距離延長型 ＊
64.8	63.7	347.8	0.83	9,100	3,470	1,910	777貨物機
60.1	56.7	212.0	0.85	9,930	2,600	1,670	＊
〃	〃	227.9	〃	13,940	2,750	1,670	＊
〃	〃	〃	〃	14,800	2,780	1,630	＊
60.1	62.8	226.8	〃	10,690	2,980	1,860	787-8の胴体延長型
〃	〃	250.8	〃	14,960	3,040	〃	〃 ＊
〃	〃	247.2	〃	14,800	2,860	1,810	〃 ＊
60.1	68.3	242.7	0.85	11,600	2,790	1,850	787-10の胴体延長型
28.4	32.8	28.0	667(km/h)	2,150	1,580	1,380	ターボプロップ機
23.2	32.5	33.0	0.78	2,590	1,650	1,550	
26	29.9	34.5	0.78	3,450	1,720	1,260	
26	31.7	37.5	〃	3,100	2,150	1,320	
28.7	36.2	45.0	〃	3,000	1,820	1,230	

(5) 15℃海面上、無風、乾いたコンクリート滑走路、勾配0の条件下において、最大離陸重量の航空機が通常使用されているフラップ角度で離陸を行う場合の値。但し、気温や風向き、路面状態、離着陸重量等、設定条件により必要滑走路長は変動する。(例えば、気温35℃、追い風5kt、滑走路標高150m、降水強度30㎜/h以上の強雨の離着陸条件下では、ボーイング式777-200型機の滑走路長は、約1.4～1.7倍の長さが必要になる。)

〈根拠資料〉航空会社及び製造会社の公表資料、飛行規程、運航規程、ジェーン航空機年鑑等による。

(6) ＊は主に国際線、無印は主に国内線に用いられる仕様。

《航空機》

我が国に乗り入れている外国航空会社の代表的航空機の諸元表

航空機型式①	発動機 型式	発動機 離陸出力(kg)×基数	乗客数(人)②
エアバス式			
A319型	CFMI CFM56-5B6	10,660×2	120～144
A330-300型	GE CF6-80E	30,850×2	295
A340-600型	RR Trent556	25,400×4	380～485
ボーイング式			
737-300型	CFMI CFM56-3	9,070×2	141
737-900型	CFMI CFM56-7B	12,390×2	177～189
737-8型	CFMI LEAP-1B	11,760×2	162～178
737-9型	CFMI LEAP-1B	11,760×2	178～193
747-400型	GE CF6-80C2B1F	25,900×4	355
747-8型	GE GEnx-2B	30,180×4	467
757-200型	P&W PW2037	17,300×2	200～228
ダグラス式			
MD-11F型	P&W PW4462	28,120×3	—

(注) (1) 我が国の航空会社で運航されているものと同型式の航空機は除く。
(2) 代表的な乗客用座席数を示す。
(3) 航続距離及び離着陸滑走路長は、設定条件により数値が異なる。
〈根拠資料〉機体製造会社の公表資料、ジェーン航空機年鑑等による。

全幅（m）	全長（m）	最大離陸重量（t）	巡航速度（マッハ）	航続距離（km）③	離陸滑走路長（m）③	着陸滑走路長（m）③	備　　考
34.1	33.8	64.0	0.78	3,360	1,720	1,430	A320の胴体短縮型
58.6	62.6	206.0	0.86	9,250	2,770	1,770	
63.7	75.3	365.0	0.83	13,890	3,140	1,980	
28.9	33.4	56.7	0.80	2,990	2,030	1,400	
34.3	42.1	78.2	0.79	5,080	2,500	1,700	737の新世代型
35.9	39.52	82.2	0.79	6,570	2,100	1,630	
35.9	42.16	88.5	0.79	6,570	2,720	1,680	
64.9	70.7	394.6	0.85	12,300	3,250	2,070	
68.4	76.3	447.7	0.86	14,820	3,230	2,070	
38.1	47.3	113.4	0.80	5,510	2,790	1,460	
51.6	61.6	273.3	0.87	7,160	3,120	2,320	貨物機

《航空機》

開発中又は開発計画のある主な航空会社用機材の諸元表

航空機型式	発動機 型式	発動機 離陸出力(kg)×基数	乗客数(人)①
ボーイング式			
777-9型	GE GE9X	47,627×2	400
737-7型	CFMI LEAP-1B	10,432×2	172
737-10型	〃	〃	230
エンブラエル式			
E175-E2型	P&W PW1700G	7,718×2	88

(注) (1) 代表的な乗客用座席数を示す。
(2) 航続距離及び離着陸滑走路長は、設定条件により数値が異なる。

全幅（m）	全長（m）	最大離陸重量（t）	巡航速度（マッハ）	航続距離（km）②	離陸滑走路長（m）②	着陸滑走路長（m）②	備　　考
71.8	76.7	351.5		14,075			2025年就航予定
35.9	35.5	72.4	0.79	7,130			2023年以降就航予定
〃	43.8		〃	6,110			2023年以降就航予定
31.0	32.3	44.8	0.82	3,704	1,745	1,345	2027年以降就航予定

〈根拠資料〉機体製造会社の公表資料、Aviation Week & Space Technology、ジェーン航空機年鑑等による。

《航空機》

我が国の代表的コミューター用機材の諸元表

航空機型式	発動機 型式①	発動機 離陸出力(eshp)×基数②	乗客数(人)③
デハビランド・エアクラフト・オブ・カナダ式 DHC-8-201型	P&WC PW123C	2,520×2	39
バイキング式 DHC-6-400型	P&WC PT6A-34	750×2	19
ルアグ式 Dornier228-212型	HW TPE331-10GP-511D	834×2	19
ATR式 42-500型	P&WC PW127M	2,400(shp)×2	48
72-212A型	P&WC PW127C	2,750(shp)×2	70

(回転翼航空機)

		(shp)	
シコルスキー式 S-76C型	TM アリエル2S1	856×2	9

(注) (1) 発動機型式の略号は、以下のとおりである。
HW：ハニウェル
P&WC：プラット・アンド・ホイットニー・カナダ
TM：ツルボメカ
(2) shp：軸馬力　eshp：等価軸馬力（軸馬力に発動機排ガスによる推進効果を加味した馬力）

全幅(m)	全長(m)	最大離陸重量(kg)	巡航速度(km/h)④	航続距離(km)⑤	離陸滑走路長(m)⑤	着陸滑走路長(m)⑤	備考
25.9	22.3	16,500	537	1,860	970	790	
19.8	15.8	5,670	337	1,440	460	590	
17.0	16.6	6,400	400	1,000	580	760	
24.6	22.7	18,600	550	2,220	1,200	1,100	
27.1	27.2	22,800	482	2,222.4	1,600	2,115	
13.4	16.0	5,310	259	810			

(3) 代表的な乗客用座席数を示す。
(4) 運航で常用している速度を示す。
(5) 航続距離及び離着陸滑走路長は、設定条件により数値が異なる。
〈根拠資料〉航空会社及び製造会社の公表資料、飛行規程、運航規程、ジェーン航空機年鑑等による。

《航空従事者》

航空従事者等の資格制度の概要

1. 航空業務を行おうとする者は、国土交通大臣の航空従事者技能証明を受けなければならない。この技能証明は、次のとおり13種類あり、これらを取得するには、資格毎に一定の年齢及び飛行経歴その他の経歴を満足した上で、国土交通大臣の行う試験（学科試験及び実地試験）に合格する必要がある。

なお、外国政府が授与した航空業務の技能に係る資格証明を有する者、（独）航空大学校又は国土交通大臣が指定した航空従事者養成施設の課程を修了した者については、試験の全部又は一部を免除している。

操縦士（定期運送用操縦士、事業用操縦士、自家用操縦士
准定期運送用操縦士）
航空士（一等航空士、二等航空士）
航空機関士
航空通信士
航空整備士（一等航空整備士、二等航空整備士）
航空運航整備士（一等航空運航整備士、二等航空運航整備士）
航空工場整備士

2. 特に操縦士等については、運航の安全性を確保するため、実際の運航を行うにあたっては、技能証明の他に次のような証明を取得する等の必要がある。

(1) 航空身体検査証明

航空機に乗り組んで運航を行おうとする操縦士等は航空身体検査証明を受ける必要があり、定期運送用操縦士、事業用操縦士、及び准定期運送用操縦士は第1種身体検査基準、また自家用操縦士等は第2種身体検査基準が適用される。

また、有効期間は、別表のとおりである。

<table>
<tr><th>技能証明の資格</th><th>運航の態様</th><th>年齢</th><th>有効期間</th></tr>
<tr><td rowspan="5">定期運送用操縦士
及び
事業用操縦士</td><td>①：②又は③に該当しない場合</td><td>－</td><td>1年</td></tr>
<tr><td rowspan="2">②：旅客を運送する航空運送事業の用に供する航空機に乗り組んで、一人の操縦者でその操縦を行う場合</td><td>40歳未満</td><td>1年</td></tr>
<tr><td>40歳以上</td><td>6月</td></tr>
<tr><td rowspan="2">③：航空運送事業の用に供する航空機に乗り組んでその操縦を行う場合（②を除く）</td><td>60歳未満</td><td>1年</td></tr>
<tr><td>60歳以上</td><td>6月</td></tr>
<tr><td rowspan="3">准定期運送用
操縦士</td><td>①：②に該当しない場合</td><td>－</td><td>1年</td></tr>
<tr><td rowspan="2">②：航空運送事業の用に供する航空機に乗り組んでその操縦を行う場合</td><td>60歳未満</td><td>1年</td></tr>
<tr><td>60歳以上</td><td>6月</td></tr>
<tr><td rowspan="3">自家用操縦士</td><td rowspan="3">－</td><td>40歳未満</td><td>5年又は42歳の誕生日の前日までの期間の内いずれか短い期間</td></tr>
<tr><td>40歳以上
50歳未満</td><td>2年又は51歳の誕生日の前日までの期間の内いずれか短い期間</td></tr>
<tr><td>50歳以上</td><td>1年</td></tr>
<tr><td>一等航空士</td><td rowspan="4">－</td><td rowspan="4">－</td><td rowspan="4">1年</td></tr>
<tr><td>二等航空士</td></tr>
<tr><td>航空機関士</td></tr>
<tr><td>航空通信士</td></tr>
</table>

○心身の状態から上記有効期間は短縮される場合がある。

(2) 航空英語能力証明

本邦以外の国の領域を航行する操縦士は、業務に必要な航空英語に関する知識及び能力について航空英語能力証明を受ける必要がある。

（有効期間　ICAOによるレベル4　3年
レベル5　6年
レベル6　無期限）

(3) 計器飛行証明

航空機の姿勢、高度、位置及び針路の測定を計器にのみ依存して行う計器飛行等を行う場合には、計器飛行証明を受ける必要がある。

(4) 操縦教育証明

操縦士の技能証明を受けていない者及び限定された種類以外の航空機に乗り組んで操縦の練習を行う者に対して操縦の教育を行う場合には、操縦教育証明を受ける必要がある。

(5) 最近の飛行経験

航空運送事業の用に供する航空機の操縦士については、操縦する日から遡って90日間に離着陸を各3回以上行った経験が必要である。

(6) 特定操縦技能の審査

操縦技能証明（操縦士の資格）を有する者は、以下の行為を行うには、飛行前2年間のうちに特定操縦技能を有するかどうかについて、航空機の種類ごとに操縦技能審査員の審査を受け、合格する必要がある。

1. 航空機に乗り組んで行うその操縦
2. 必要な操縦技能証明を有さない者が行う操縦の練習の監督
3. 特定操縦技能審査に合格していない者が行う操縦の練習の監督
4. 必要な計器飛行証明を有さない者が行う計器飛行等の練習の監督

3. 技能証明取得経路

(1) 操縦士

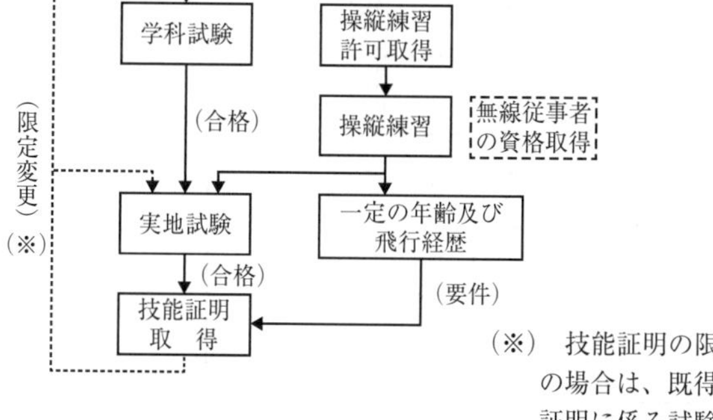

(※) 技能証明の限定変更の場合は、既得の技能証明に係る試験の科目と同一のものについては申請により試験を行わないことがある。

(2) 航空整備士、航空運航整備士
(一等、二等)

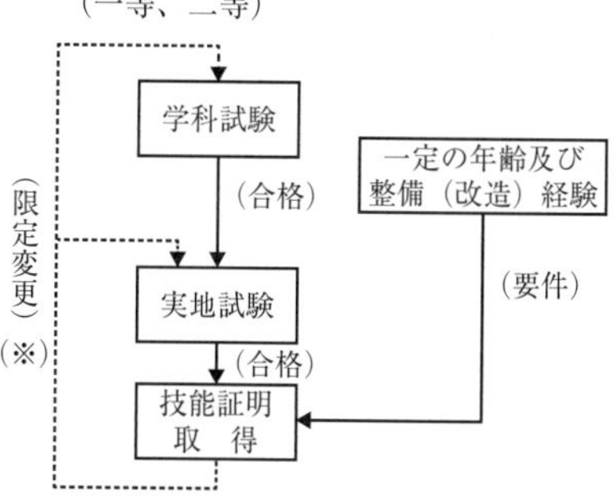

《航空従事者》

4. 航空身体検査証明取得経路

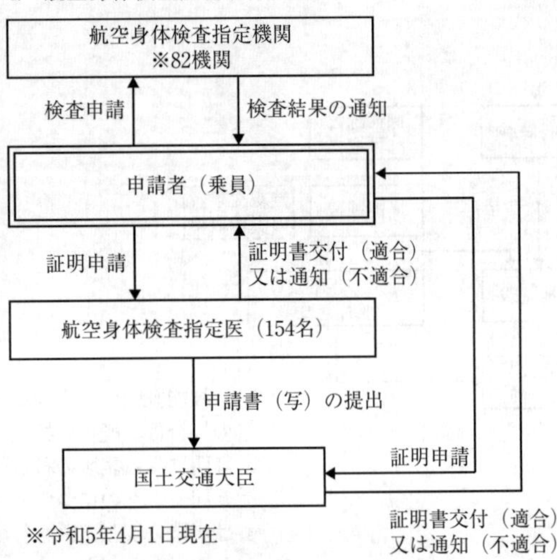

※令和5年4月1日現在

5. 計器飛行証明・操縦教育証明・航空英語能力証明取得経路

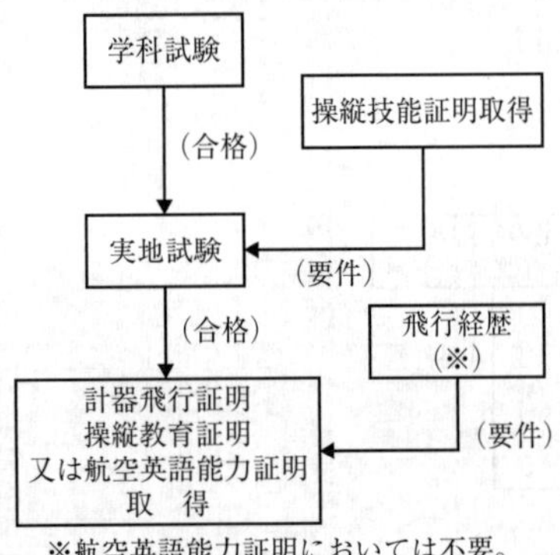

※航空英語能力証明においては不要。

6. 指定養成施設一覧

○指定航空従事者養成施設

	施設の名称	養成場所
操縦士	日本航空株式会社　運航本部　運航訓練部	羽田・中部・グアム・フェニックス
	全日本空輸株式会社　フライトオペレーションセンター	羽田・中部
	panda・Flight・Academy株式会社	羽田
	本田航空株式会社	大分、桶川
	公益財団法人日本学生航空連盟（滑空機のみ）	妻沼
	公益社団法人日本滑空協会（滑空機のみ）	板倉・宝珠花・静岡・山梨等
	航空自衛隊航空総隊航空救難団	小牧
	航空自衛隊航空教育集団	浜松・静浜・防府北・芦屋
	海上自衛隊教育航空集団	小月・徳島・鹿屋
	陸上自衛隊航空学校	伊勢・霞ヶ浦・宇都宮
	海上保安学校宮城分校操縦課程	岩沼
	学校法人東海大学　東海大学飛行訓練センター	グランドフォークス
	学校法人法政大学　法政大学飛行訓練センター	桶川・大分・岡南
	学校法人ヒラタ学園　航空事業本部	神戸
	岡山航空株式会社　岡山航空飛行訓練センター	岡南
整備士	株式会社JALエンジニアリング　人財開発部	羽田・成田・静岡・伊丹・岐阜・所沢・千歳・ツールーズ
	全日本空輸株式会社　整備センター教育訓練部	羽田・伊丹・成田・岐阜・所沢・千歳・ツールーズ
	学校法人神野学園中日本航空専門学校	岐阜
	学校法人浅野学園国際航空専門学校	所沢
	独立行政法人 高齢・障害・求職者雇用支援機構千葉支部 関東職業能力開発大学校附属 千葉職業能力開発短期大学校	成田
	学校法人日本航空学園日本航空大学校北海道	千歳
	海上保安学校宮城分校整備課程	岩沼
	学校法人日本コンピュータ学園 東日本航空専門学校	岩沼
	学校法人日本航空学園　(専)日本航空大学校	輪島
	学校法人君が淵学園崇城大学	熊本
	学校法人ヒラタ学園 大阪航空専門学校	堺
	学校法人朝日学園　成田国際航空専門学校	取手

○指定運航管理者養成施設

施設の名称	養成場所
日本航空株式会社　オペレーション業務部	天王洲アイル
全日本空輸株式会社　オペレーションマネジメントセンター　オペレーション業務部	羽田

（令和5年4月1日現在）

《航空従事者》

航空従事者就労実態調査

		操縦士														
	総計	定期運送用操縦士		旧上級事業用操縦士	事業用操縦士			准定期運送用操縦士	計	航空機関士	航空通信士	一等航空整備士		二等航空整備士		
		飛	回	士	飛	回	滑	飛				飛	回	飛	回	滑
就労者 特定本邦航空運送事業	11,617	4,598	0	0	2,426	2	0	386	7,412	75	630	1,471	1	410	99	0
就労者 特定本邦航空運送事業以外	6,188	500	9	0	726	755	6	0	1,996	11	70	409	455	485	606	3
就労者 航空機製造整備事業	5,939	1	0	0	21	28	1	0	51	0	17	3,509	52	436	93	0
就労者 官公庁関係	2,575	63	2	1	248	529	1	0	844	0	97	180	379	72	297	1
就労者 報道	169	0	0	0	22	25	0	0	47	0	2	14	10	10	19	0
就労者 その他	555	66	0	0	11	1	4	0	82	21	2	74	10	75	24	1
計	27,043	5,228	11	1	3,454	1,340	12	386	10,432	107	818	5,657	907	1,488	1,138	5

(注) (1) 操縦士等が保有している各証明の数。
(2)「飛」は飛行機、「回」は回転翼、「滑」は滑空機を表す。

令和5年1月1日現在

航空整備士												航空工場整備士	運航管理者	計器飛行証明		操縦教育証明		
旧二等航空整備士			旧三等航空整備士			一等航空運航整備士		二等航空運航整備士			計							
飛	回	滑	飛	回	滑	飛	回	飛	回	滑				飛	回	飛	回	滑
5	1	0	152	96	1	398	93	180	93	0	3,000	272	228	2,425	0	129	0	0
181	419	0	407	529	8	162	21	157	75	0	3,917	93	101	576	225	137	70	3
11	32	0	68	52	0	1,061	1	310	11	0	5,636	235	0	16	16	5	7	0
102	232	0	93	185	0	21	36	14	8	0	1,620	10	4	179	272	92	44	0
11	15	0	19	20	0	1	0	0	1	0	120	0	0	21	22	0	0	0
37	16	0	80	44	4	12	1	34	4	0	416	33	1	7	0	14	0	2
347	715	0	819	926	13	1,655	152	695	192	0	14,709	643	334	3,224	535	377	121	5

《航空従事者》

主要航空会社の職種別乗組員の内訳

区分			平成26年	平成27年	平成28年	平成29年	平成30年	平成31年	令和2年	令和3年	令和4年	令和5年	令和5年構成比
			人	人	人	人	人	人	人	人	人	人	%
操縦士	機長	日本人	3,227	3,259	3,346	3,461	3,539	3,574	3,703	3,735	3,861	3,954	93.4
		外国人	301	298	300	286	291	321	325	181	163	281	6.6
		計	3,528	3,557	3,646	3,747	3,830	3,895	4,028	3,916	4,024	4,235	100
	副操縦士	日本人	2,258	2,169	2,360	2,465	2,518	2,571	2,623	2,689	2,720	2,856	100.0
		外国人	131	129	145	177	190	196	192	68	68	0	0.0
		計	2,389	2,298	2,505	2,642	2,708	2,767	2,815	2,757	2,788	2,856	100
航空機関士		日本人	2	1	0	0	0	0	0	0	0	0	—
		外国人	0	0	0	0	0	0	0	0	0	0	—
		計	2	1	0	0	0	0	0	0	0	0	—
計		日本人	5,487	5,429	5,706	5,926	6,057	6,145	6,326	6,424	6,581	6,810	96.0
		外国人	432	427	445	463	481	517	517	249	231	281	4.0
		計	5,919	5,856	6,151	6,389	6,538	6,662	6,843	6,673	6,812	7,091	100

(注) (1) 各年は1月1日現在のものである。
(2) 主要航空会社：JAL、ANA、NCA、JTA、SKY、ADO、AJX、SNJ、SFJ、AKX、APJ、JJP、SJO、JAC、JAR、HAC、TZP

出身別主要航空会社操縦士供給表

区分	平成25年度	平成26年度	平成27年度	平成28年度	平成29年度	平成30年度	令和元年度	令和2年度	令和3年度	令和4年度
	人	人	人	人	人	人	人	人	人	人
航空大学校新卒	44	36	65	51	48	50	50	33	65	78
航空大学校既卒	25	36	26	24	10	19	8	11	4	11
防衛省民間活用	16	3	7	3	5	9	4	3	6	3
自社養成	12	8	48	53	64	103	122	97	93	82
外国人	115	96	66	76	60	63	94	14	7	96
本邦私立大学	63	49	54	76	69	74	97	98	70	51
民間飛行学校	—	—	—	—	28	35	32	20	20	13
その他	127	97	85	124	100	75	207	87	63	54
合計	402	325	351	407	384	428	614	363	328	388

(注) (1)「航空大学校新卒」は、各年度採用決定数を示す。
(2)「防衛省民間活用」は、防衛省退職者（有資格者）からの採用者。
(3)「自社養成」は、事業用操縦士（多発）・計器飛行証明までの仕上がり数を示す。
(4)「民間飛行学校」は、平成28年度以前は「その他」に含む。
(5)「その他」は、航空使用事業、他航空会社等からの採用者。

主要航空会社パイロットの年齢構成

（令和5年1月1日現在）

年齢	21	22	23	24	25	26	27	28	29	30	31	32	33	34	35	36	37
副操縦士	1	2	7	17	71	88	92	134	152	185	158	163	130	140	123	150	169
機長	0	0	0	0	0	0	0	0	2	1	8	19	24	33	33	41	45
計	1	2	7	17	71	88	92	134	154	186	166	182	154	173	156	191	214

年齢	38	39	40	41	42	43	44	45	46	47	48	49	50	51	52	53	54
副操縦士	141	114	109	106	84	62	35	24	22	23	23	23	35	48	28	34	27
機長	67	85	107	117	109	106	132	100	114	120	128	130	132	225	263	275	279
計	208	199	216	223	193	168	167	124	136	143	151	153	167	273	291	309	306

年齢	55	56	57	58	59	60	61	62	63	64	65	66	67	68	69	70	計
副操縦士	22	17	21	16	11	13	11	9	8	5	0	2	1	0	0	0	2,856
機長	320	205	213	185	136	120	83	78	84	57	18	22	19	0	0	0	4,235
計	342	222	234	201	147	133	94	87	92	62	18	24	20	0	0	0	7,091

LCC航空会社パイロットの年齢構成

（令和5年1月1日現在）

年齢	21	22	23	24	25	26	27	28	29	30	31	32	33	34	35	36	37
副操縦士	0	0	0	1	13	17	22	24	24	24	22	24	27	20	12	15	18
機長	0	0	0	0	0	0	0	0	0	0	2	2	3	8	4	4	5
計	0	0	0	1	13	17	22	24	24	24	24	26	30	28	16	19	23

年齢	38	39	40	41	42	43	44	45	46	47	48	49	50	51	52	53	54
副操縦士	11	8	13	11	2	7	5	3	11	8	2	6	8	8	4	2	5
機長	11	10	18	19	14	5	19	14	20	14	18	21	19	25	15	17	16
計	22	18	31	30	16	12	24	17	31	22	20	27	27	33	19	19	21

年齢	55	56	57	58	59	60	61	62	63	64	65	66	67	68	69	70	計
副操縦士	0	2	3	1	2	2	1	0	1	1	0	2	1	0	0	0	393
機長	14	12	8	6	8	11	5	4	4	5	6	7	4	0	0	0	397
計	14	14	11	7	10	13	6	4	5	6	6	9	5	0	0	0	790

（注）（1）LCC：APJ、JJP、SJO、TZP

《航空従事者》

主要航空会社の整備士の年齢構成

（令和5年1月1日現在）

年齢	20	21	22	23	24	25	26	27	28	29	30	31	32	33	34	35	36	37	38	39	40	41	42	43	44	45
航空工場整備士	0	1	3	0	5	0	2	2	1	3	5	7	4	12	16	14	18	9	12	13	8	9	14	7	15	15
二等航空運航整備士	1	9	31	36	38	28	12	18	11	8	13	11	21	18	25	30	43	25	12	17	9	6	3	1	3	2
一等航空運航整備士	0	4	11	22	48	78	78	62	58	46	37	46	55	57	72	60	64	45	48	29	21	22	22	18	18	12
旧三等航空整備士	0	1	3	0	5	0	1	1	1	1	2	3	2	5	6	4	5	1	1	4	1	8	9	6	9	10
旧二等航空整備士	0	0	0	0	0	0	0	0	0	0	0	0	0	0	0	0	0	0	0	0	0	0	0	0	0	1
二等航空整備士	0	2	22	40	60	78	43	33	32	37	27	36	36	39	48	42	39	37	26	27	12	10	11	3	4	2
一等航空整備士	0	1	7	5	14	35	63	73	83	94	81	102	103	121	163	176	187	171	158	123	117	95	81	61	70	75
合計	1	18	77	103	170	219	199	189	186	189	165	205	221	252	330	326	356	288	257	213	168	150	140	96	119	117

整備士数及び使用飛行機数の推移

年度	S63	H1	2	3	4	5	6	7	8	9	10	11	12	13	14	15	16
航空工場整備士	402	341	400	414	391	268	439	441	487	484	494	539	448	515	467	509	497
二等航空運航整備士														0	0	3	13
一等航空運航整備士														0	1	5	16
旧三等航空整備士	303	349	328	351	363	397	431	445	438	407	387	371	385	383	388	422	403
旧二等航空整備士	400	432	398	387	393	409	394	382	392	347	379	419	403	370	337	325	321
二等航空整備士														13	48	46	39
一等航空整備士	4,430	4,308	4,605	4,672	4,655	5,235	5,021	5,078	5,254	5,407	5,585	5,715	5,564	5,528	5,638	5,284	5,299
合計人数	5,535	5,430	5,731	5,824	5,802	6,309	6,285	6,346	6,571	6,645	6,845	7,044	6,800	6,809	6,879	6,594	6,588
使用飛行機数（うちLCC機数）	311	328	336	346	362	361	408	432	418	427	461	491	478	469	463	460	458

（注）（1）平成28年度以降は整備士が保有している各証明の数で延べ人数。
（2）上記の整備士数は飛行機に係る資格保有者の人数。

操縦士、整備士の養成・確保のための具体的方策

航空機操縦士、整備士について、LCC等が現に直面している短期的な不足や、我が国航空業界において見込まれる中長期的な不足に対応するため、以下の取り組み等を行っていくこととしている。

46	47	48	49	50	51	52	53	54	55	56	57	58	59	60	61	62	63	64	65	66	67	68	69	70	71	72	73	合計
9	9	11	11	10	14	29	24	21	16	12	9	7	5	17	26	19	9	0	4	6	11	5	2	2	0	0	0	483
0	1	1	1	1	0	3	2	2	1	2	1	1	1	1	0	3	2	0	1	2	7	3	1	2	0	0	0	470
9	1	6	15	15	9	14	30	30	24	32	24	12	12	19	44	49	16	3	5	11	28	9	6	3	0	0	0	1,459
8	4	11	10	6	5	10	11	5	8	9	3	5	4	2	3	5	5	2	1	2	7	3	2	2	0	0	0	222
1	0	2	2	2	0	1	5	3	1	1	2	3	2	0	1	1	3	0	0	0	0	0	0	0	0	0	0	31
5	1	1	2	4	3	5	3	4	3	5	1	2	2	1	1	3	2	1	1	2	7	3	1	2	0	0	0	811
52	43	79	125	180	169	242	236	246	160	135	120	85	77	97	169	160	75	28	35	71	86	27	19	8	5	1	2	4,991
84	59	111	166	218	200	304	311	311	213	196	160	115	103	137	244	240	112	34	47	94	146	50	31	19	5	1	2	8,467

17	18	19	20	21	22	23	24	25	26	27	28	29	30	31	R2	3	4	5
446	416	374	352	422	518	435	430	439	584	407	512	488	483	482	553	575	489	643
31	27	102	132	173	128	177	193	174	185	180	249	372	385	449	486	533	607	695
33	113	90	106	108	147	281	353	417	417	634	1,450	1,459	1,440	1,368	1,500	1,587	1,498	1,655
401	255	320	333	261	170	174	148	150	167	154	616	689	676	762	719	679	655	819
324	292	310	277	228	157	161	167	167	179	165	324	332	316	358	315	321	315	347
71	74	189	267	362	305	396	413	437	418	427	899	951	1,052	1,119	1,202	1,287	1,364	1,488
5,107	5,010	5,260	5,165	5,445	5,510	4,609	4,301	5,045	5,597	5,301	5,515	5,535	5,487	5,319	5,680	5,752	5,492	5,657
6,413	6,187	6,645	6,632	6,999	6,935	6,233	6,005	6,829	7,547	7,268	9,565	9,826	9,839	9,857	10,455	10,734	10,420	11,304
463	475	485	494	494	505	484	470	520 (16)	554 (31)	574 (43)	587 (48)	604 (52)	636 (61)	647 (71)	649 (64)	615 (66)	595 (61)	588 (61)

①操縦士の養成・確保

(1) 短期的課題—即戦力となる操縦士の確保

(2) 中長期的課題—若手操縦士の供給拡大

②整備士の養成・確保

(1) 短期的課題—即戦力となる整備士の確保

(2) 中長期的課題—若手整備士の供給拡大

③産学官の連携強化

関係者から成る協議会を通じ、産学官の連携を促進し、諸課題に係る検討を実施。

《飛行場》

法令に基づく飛行場の分類と数　(令和5年4月1日現在)

法律	飛行場の名称	飛行場の数	備考
航空法	陸上空港等(公共用)	89	
	陸上空港等(非公共用)	4	
	陸上ヘリポート(公共用)	12	
	陸上ヘリポート(非公共用)	89	
空港法	拠点空港	28	政令指定(成田国際空港、関西国際空港、大阪国際空港及び中部国際空港は法律指定)
	地方管理空港	54	
自衛隊法	陸上飛行場	31	(国土交通大臣の指定)
	(うち航空法による「公共用施設の指定」をした飛行場)	(6)	
	陸上ヘリポート	4	
日米安保条約第6条に基づく航空法の特例法	米軍の陸上飛行場	6	(日米合同委員会の合意)
	(うち民間航空と共用する飛行場)	(2)	
公共用飛行場周辺における航空機騒音による障害の防止等に関する法律	特定飛行場	14	政令指定(成田国際空港及び大阪国際空港は法律指定)
	周辺整備空港	2	政令指定
特定空港周辺航空機騒音対策特別措置法	特定空港	1	政令指定(成田国際空港)
関税法	税関空港	32	政令指定
出入国管理及び難民認定法	出入国港	32	法務省令による指定
検疫法	検疫飛行場	30	政令指定
家畜伝染病予防法	(動物検疫)指定飛行場	45	農林水産省令による指定
植物防疫法	(植物防疫)指定飛行場	46	農林水産省令による指定

《メ　モ》

《飛行場》

飛行場一覧表

<table>
<tr><th colspan="2">種別</th><th>設置・管理者</th><th>名称</th><th>数</th><th>備考</th></tr>
<tr><td rowspan="5">拠点空港（国際航空輸送網又は国内航空輸送網の拠点となる空港）</td><td rowspan="3">会社管理空港</td><td>成田国際空港株式会社</td><td>*<u>成田国際</u></td><td>1</td><td rowspan="3">公共用</td></tr>
<tr><td>新関西国際空港株式会社</td><td>*関西国際、*<u>大阪国際</u></td><td>2</td></tr>
<tr><td>中部国際空港株式会社</td><td>*中部国際</td><td>1</td></tr>
<tr><td>国管理空港</td><td>国土交通大臣</td><td>*<u>東京国際</u>、*新千歳、*稚内、
釧路、<u>函館</u>、*<u>仙台</u>、*<u>新潟</u>、
*広島、*高松、*<u>松山</u>、
<u>高知</u>、<u>福岡</u>、*北九州、
長崎、<u>熊本</u>、*<u>大分</u>、*<u>宮崎</u>、
<u>鹿児島</u>、<u>那覇</u></td><td>19</td><td rowspan="2">公共用</td></tr>
<tr><td>特定地方管理空港</td><td>国土交通大臣
地方公共団体</td><td>*旭川、*帯広、*秋田、*山形、
*山口宇部</td><td>5</td></tr>
<tr><td colspan="2">地方管理空港
(国際航空輸送網又は国内航空輸送網を形成する上で重要な役割を果たす空港)</td><td>地方公共団体</td><td>*利尻、礼文、*奥尻、*中標津、
*紋別、*女満別、*青森、*花巻、
*大館能代、*庄内、*福島、*大島、
*新島、*神津島、*三宅島、*八丈島、
佐渡、*富山、*能登、福井、*松本、
*静岡、*神戸、*南紀白浜、*鳥取、
*隠岐、*出雲、*石見、*岡山、
*佐賀、*対馬、小値賀、*福江、
上五島、*壱岐、*種子島、*屋久島、
*奄美、*喜界、*徳之島、*沖永良部、
*与論、粟国、*久米島、慶良間、
*南大東、*北大東、伊江島、*宮古、
*下地島、*多良間、*新石垣、波照間、
*与那国</td><td>54</td><td>公共用</td></tr>
<tr><td colspan="2">全空港計</td><td></td><td></td><td>82</td><td></td></tr>
</table>

(注) (1) アンダーラインは「公共用飛行場周辺における航空機騒音による障害の防止等に関する法律」による特定飛行場

(2) *印は定期便の就航する飛行場（運休中のものを除く）

《飛行場》

（令和5年4月1日現在）

種別	設置・管理者	名称	数	備考
共用空港	防衛大臣	*札幌、千歳、*百里、*小松、*美保、*徳島	6	公共用施設の指定
	米軍	*三沢、*岩国	2	日米合同委員会の合意
その他の空港	地方公共団体	*調布、*名古屋、*但馬、岡南、*天草、大分県央	6	公共用
	国土交通大臣	八尾	1	
非公共用飛行場	地方公共団体	三島村薩摩硫黄島	1	非公共用
	民間	鹿部、竜ヶ崎、ホンダエアポート	3	
ヘリポート	地方公共団体等	豊富、米沢、群馬、高崎、栃木、東京都東京、静岡、津市伊勢湾、若狭、奈良県、広島、枕崎	12	公共用
		北海道警察、宮城県庁、福島県警察、群馬県警察、横浜、神奈川県警察、山梨県警察、石川県警察、岐阜県立多治見病院、兵庫県警察、富山市民病院、富山県立中央病院、愛知県警察、三重県立総合医療センター、三重県警察、滋賀県警察、近畿地方整備局屋上、京都府、京都消防、京都府警察、兵庫県庁、岡山県庁、徳島県警察、大分県庁、沖縄県警察、熊本県警察、茨城県庁、島根県立中央病院、和歌山県立医科大学附属病院、さいたま広域防災拠点、高知県警察本部、高岡市民病院屋上、青森県庁、警視庁本部屋上、砺波総合病院、岩手県警察盛岡、兵庫県立災害医療センター、福井県立病院、岐阜県警察、大垣市民病院、岐阜県総合医療センター、山梨県立中央病院、中央合同庁舎第2号館、滋賀県警察本部、三木防災、三重県立志摩病院、大阪府警察本部、浜松市消防、福岡市立こども病院、仙台合同庁舎東北地方整備局、長崎県庁	51	非公共用
	民間	前山下妻、みかも、プラス、朝日・川越、東京朝日、浦安、つくば、日本航空学園双葉、アークヒルズ、芝浦、済生会熊本病院、大阪航空日野、島精機、小倉C・C、明石川崎、NHK広島、NHK福岡、SBS静岡、久留米大学、宮崎病院、NTT神戸中央ビル、福岡県済生会福岡総合病院、中濃厚生病院、周南、NHK大阪、高知医療センター、トヨタ名駅、長崎医療センター、福岡和白病院、アルペン丸の内、九州大学病院、聖マリア病院、千葉西総合病院、佐久総合病院佐久医療センター、佐賀大学医学部付属病院、米盛病院、美樹、大阪	38	

《飛行場》

飛行場分布図

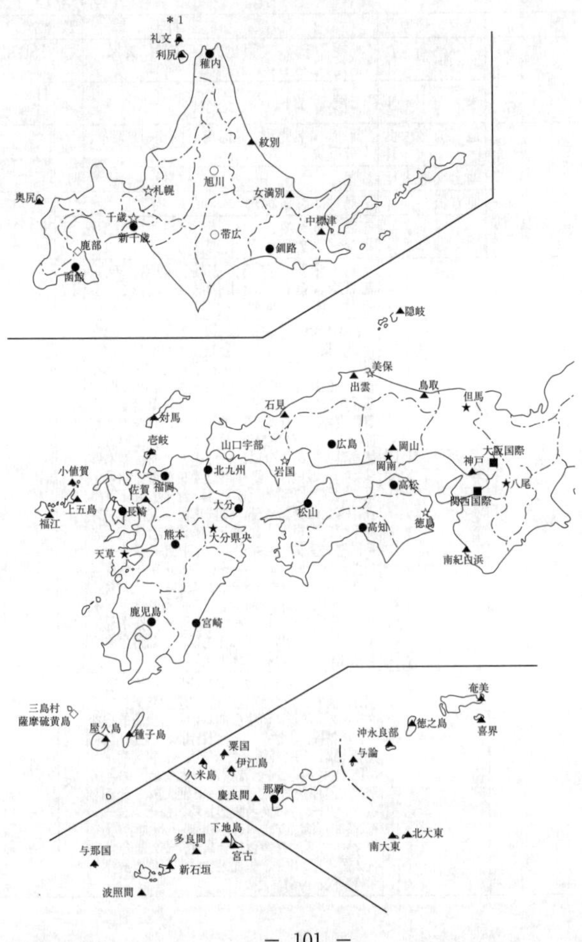

＊1
礼文
利尻
稚内
紋別
旭川
札幌
女満別
奥尻
千歳
新千歳
中標津
帯広
鹿部
釧路
函館
隠岐
美保
出雲
鳥取
但馬
石見
対馬
壱岐
山口宇部
広島
岡山
岡南
大阪国際
神戸
岩国
小値賀
北九州
福岡
佐賀
高松
八尾
上五島
長崎
大分
松山
関西国際
福江
大分県央
熊本
高知
徳島
天草
南紀白浜
鹿児島
宮崎
三島村
薩摩硫黄島
屋久島
種子島
奄美
徳之島
喜界
粟国
沖永良部
与論
伊江島
久米島
慶良間
那覇
下地島
多良間
宮古
北大東
南大東
与那国
新石垣
波照間

《飛行場》

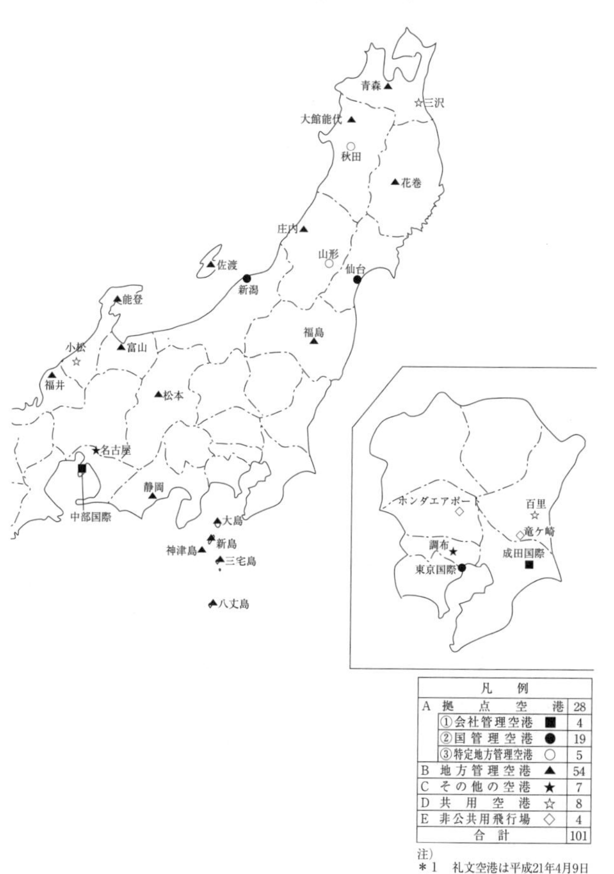

凡例			
A	拠点空港		28
	①会社管理空港	■	4
	②国管理空港	●	19
	③特定地方管理空港	○	5
B	地方管理空港	▲	54
C	その他の空港	★	7
D	共用空港	☆	8
E	非公共用飛行場	◇	4
合計			101

注)
＊1　礼文空港は平成21年4月9日から令和8年3月31日まで供用を休止。
ヘリポートは除く。
（令和5年4月1日現在）

《飛行場》

ヘリポート分布図

	凡　例			
		供用	未供用	合計
△	公共用ヘリポート	12	−	12
▲	非公共用ヘリポート	86	3	89

(令和5年4月1日現在)

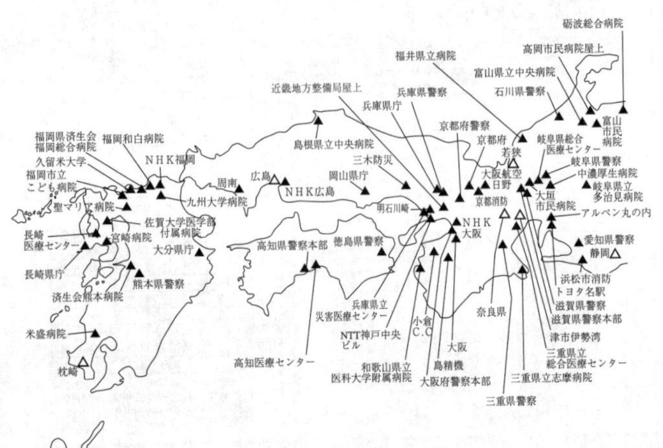

《飛行場》

豊富
北海道警察
青森県庁
岩手県警察盛岡
仙台合同庁舎
東北地方整備局
米沢
宮城県庁
福島県警
みかも
プラス
佐久
総合病院
高崎
群馬県警察
群馬
栃木
茨城県庁
山梨県立
中央病院
さいたま広域
防災拠点
朝日・川越
東京朝日
つくば
千葉西総合病院
前山下妻
日本航空
学園双葉
芝浦
警視庁本部屋上
横浜
中央合同庁舎
第2号館
SBS静岡
浦安
美樹
東京都東京
アークヒルズ
神奈川県警察
沖縄県警察
山梨県警察

《飛行場》

飛　行　場　概　要

種別		名　称	設置管理者	滑走路 (m)	供用 開始期日
拠点空港	会社管理空港	成田国際	成田国際空港株式会社	(A)　4,000×60 (B)　2,500×60 (3,500×60) (C)　(3,500×45)	S53. 5. 20 H21. 10. 22 (R11. 3. 31) (R11. 3. 31)
		中部国際	中部国際空港株式会社	3,500×60	H17. 2. 17
		関西国際	新関西国際空港株式会社	(A)　3,500×60 (B)　4,000×60	H6. 9. 4 H19. 8. 2
		大阪国際		(A)　1,828×45 (B)　3,000×60	S33. 3. 18 S45. 2. 5
	国管理空港	東京国際	国土交通大臣	(A)　3,000×60 (B)　2,500×60 (C)　3,360×60 (D)　2,500×60	S63. 7. 2 H12. 3. 23 H26. 12. 11 H22. 10. 21
		新千歳	国土交通大臣	(A)　3,000×60 (B)　3,000×60	S63. 7. 20 H8. 4. 26
		稚　内	国土交通大臣	2,200×45	H21. 11. 19
		釧　路	国土交通大臣	2,500×45	H12. 11. 30
		函　館	国土交通大臣	3,000×45	H11. 3. 25
		仙　台	国土交通大臣	(A)　1,200×45 (B)　3,000×45	S46. 12. 1 H10. 3. 26
		新　潟	国土交通大臣	(A)　1,314×45 (B)　2,500×45	S38. 10. 1 H8. 3. 28
		広　島	国土交通大臣	3,000×60	H13. 1. 25
		高　松	国土交通大臣	2,500×60	H1. 12. 16
		松　山	国土交通大臣	2,500×45	H3. 12. 12
		高　知	国土交通大臣	2,500×45	H16. 2. 19
		福　岡	国土交通大臣	(A)　2,800×60 (B)　(2,500×60) (C)奈多地区35×30 (D)奈多地区35×30	S47. 4. 1 (R7. 3. 31) R2. 3. 26 R2. 3. 26
		北九州	国土交通大臣	2,500×60	H18. 3. 16
		長　崎	国土交通大臣	3,000×60	S55. 4. 1
		熊　本	国土交通大臣	3,000×45	S55. 4. 1
		大　分	国土交通大臣	3,000×45	S63. 10. 31

無線施設等設置状況										灯火施設設置状況										
NDB	VOR	DME	TACAN	ILS	ASR	SSR	PAR	ASDE	ATIS	飛行場灯台	進入灯	進入角指示灯	進入路指示灯	滑走路灯	滑走路末端識別灯	滑走路中心線灯	接地帯灯	誘導路灯	停止線灯	風向灯
	○	○		○	○	○		○	○	○	○	○		○		○	○	○	○	○
	○	○		○	○	○		○	○	○	○	○		○		○	○	○	○	○
	○	○		○	○	○		○	○	○	○	○		○		○	○	○	○	○
	○	○		○	○	○		○	○	○	○	○	○	○	○	○	○	○		○
	○	○		○	○	○		○	○	○	○	○	○	○	○	○	○	○	○	○
	○	○		○					○	○	○	○		○		○	○	○	○	○
	○	○		○						○	○	○		○		○	○	○		○
	○	○		○						○	○	○		○	○	○	○	○	○	○
	○	○		○	○	○			○	○	○	○	○	○		○	○	○		○
	○	○		○	○	○			○	○	○	○		○	○	○	○	○	○	○
	○		○	○	○	○			○	○	○	○		○	○	○	○	○		○
	○	○		○	○	○			○	○	○	○		○		○	○	○	○	○
	○	○		○	○	○			○	○	○	○		○		○	○	○		○
	○	○		○		○			○	○	○	○		○	○	○		○		○
	○	○		○	○	○			○	○	○	○		○		○	○	○		○
	○		○	○	○	○		○	○	○	○	○		○		○	○	○		○
	○	○		○		○				○	○	○		○		○	○	○	○	○
	○	○		○	○	○			○	○	○	○		○		○	○	○		○
	○	○		○	○	○			○	○	○	○	○	○		○	○	○	○	○
	○	○		○	○	○			○	○	○	○		○		○	○	○		○

《飛行場》

種別		名称	設置管理者	滑走路 (m)	供用開始期日
拠点空港	国管理空港	宮崎	国土交通大臣	2,500×45	H2. 3. 24
		鹿児島	国土交通大臣	3,000×45	S55. 10. 2
		那覇	国土交通大臣	(A) 3,000×45 (B) 2,700×60	S61. 3. 13 R2. 3. 26
	特定地方管理空港	旭川	(設置者) 国土交通大臣 (管理者) 旭川市	2,500×60	H9. 2. 1
		帯広	(設置者) 国土交通大臣 (管理者) 帯広市	2,500×45	S60. 11. 21
		秋田	(設置者) 国土交通大臣 (管理者) 秋田県	2,500×60	S56. 6. 26
		山形	(設置者) 国土交通大臣 (管理者) 山形県	2,000×45	S56. 4. 1
		山口宇部	(設置者) 国土交通大臣 (管理者) 山口県	2,500×45	H13. 3. 22
地方管理空港		利尻	北海道	1,800×45	H11. 6. 1
		礼文	北海道	800×25	S53. 6. 1
		奥尻	北海道	1,500×45	H18. 3. 25
		中標津	北海道	2,000×45	H9. 3. 2
		紋別	北海道	2,000×45	H11. 11. 11
		女満別	北海道	2,500×45	H12. 2. 24
		青森	青森県	3,000×60	H17. 4. 14
		花巻	岩手県	2,500×45	H17. 3. 17
		大館能代	秋田県	2,000×45	H10. 7. 18
		庄内	山形県	2,000×45	H3. 10. 1
		福島	福島県	2,500×60	H10. 12. 3
		大島	東京都	1,800×45	H14. 10. 31
		新島	東京都	800×25	S62. 7. 2
		神津島	東京都	800×25	H4. 7. 1
		三宅島	東京都	1,200×30	S51. 11. 15
		八丈島	東京都	2,000×45	H16. 9. 30
		佐渡	新潟県	890×25	S46. 6. 1
		富山	富山県	2,000×45	S59. 3. 18
		能登	石川県	2,000×45	H15. 7. 7
		福井	福井県	1,200×30	S41. 6. 30
		松本	長野県	2,000×45	H6. 7. 26
		静岡	静岡県	2,500×60	H21. 6. 4
		神戸	神戸市	2,500×60	H18. 2. 16

無線施設等設置状況										灯火施設設置状況										
NDB	VOR	DME	TACAN	ILS	ASR	SSR	PAR	ASDE	ATIS	飛行場灯台	進入灯	進入角指示灯	進入路指示灯	滑走路灯	滑走路末端識別灯	滑走路中心線灯	接地帯灯	誘導路灯	停止線灯	風向灯
	○	○		○	○	○			○	○	○	○		○	○	○		○	○	○
	○	○	○	○	○	○			○	○	○	○	○	○		○	○	○	○	○
	○		○	○	○	○	○	○	○	○	○	○		○		○	○	○	○	○
	○	○		○		○				○	○	○		○		○	○	○		○
	○	○		○		○				○	○	○		○		○	○	○		○
	○	○		○		○				○	○	○		○		○	○	○		○
	○	○		○						○	○	○		○		○	○	○		○
	○	○		○						○	○	○		○		○	○	○		○
	○	○		○						○	○	○	○	○	○	○		○		○
												□			□					
	○	○								○		○		○	○			○		○
	○	○		○						○	○	○		○		○	○	○		○
	○	○		○						○	○	○		○		○	○	○		○
	○	○		○		○				○	○	○		○		○	○	○		○
	○	○		○		○				○	○	○		○		○	○	○	○	○
	○	○		○						○	○	○		○		○	○	○		○
	○	○		○						○	○	○		○		○	○	○		○
	○	○		○						○	○	○		○		○	○	○		○
	○	○		○						○	○	○		○		○	○	○		○
	○	○		○						○	○	○	○	○	○	○		○		○
												○			○					
												○			○					
	○	○								○		○		○	○			○		○
	○	○		○						○	○	○	○	○	○	○		○		○
												○			○					
	○	○		○						○	○	○	○	○	○	○		○		○
	○	○		○						○	○	○		○		○	○	○		○
												○			○					
	○	○								○	○	○	○	○	○	○		○		○
	○	○		○						○	○	○		○		○	○	○		○
	○	○		○					○	○	○	○		○		○	○	○		○

《飛行場》

種別	名称	設置管理者	滑走路 (m)	供用開始期日
地方管理空港	南紀白浜	和歌山県	2,000×45	H12. 9. 7
	鳥取	鳥取県	2,000×45	H2. 7. 9
	隠岐	島根県	2,000×45	H18. 7. 6
	出雲	島根県	2,000×45	H3. 3. 7
	石見	島根県	2,000×45	H5. 7. 2
	岡山	岡山県	3,000×45	H13. 10. 4
	佐賀	佐賀県	2,000×45	H10. 7. 28
	対馬	長崎県	1,900×45	S58. 4. 1
	小値賀	長崎県	800×25	S60. 12. 20
	福江	長崎県	2,000×45	S63. 10. 1
	上五島	長崎県	800×25	S56. 4. 2
	壱岐	長崎県	1,200×30	S41. 7. 10
	種子島	鹿児島県	2,000×45	H18. 3. 16
	屋久島	鹿児島県	1,500×45	S51. 12. 20
	奄美	鹿児島県	2,000×45	S63. 7. 10
	喜界	鹿児島県	1,200×30	S43. 5. 1
	徳之島	鹿児島県	2,000×45	S55. 6. 1
	沖永良部	鹿児島県	1,350×45	H17. 5. 12
	与論	鹿児島県	1,200×30	S51. 5. 1
	粟国	沖縄県	800×25	S53. 7. 6
	久米島	沖縄県	2,000×45	H9. 7. 18
	慶良間	沖縄県	800×25	H6. 11. 10
	南大東	沖縄県	1,500×45	H9. 7. 20
	北大東	沖縄県	1,500×45	H9. 10. 9
	伊江島	沖縄県	1,500×45	S50. 7. 20
	宮古	沖縄県	2,000×45	S58. 7. 1
	下地島	沖縄県	3,000×60	S54. 7. 5
	多良間	沖縄県	1,500×45	H15. 10. 10
	新石垣	沖縄県	2,000×45	H25. 3. 7
	波照間	沖縄県	800×25	S51. 5. 18
	与那国	沖縄県	2,000×45	H19. 3. 15
共用空港	札幌	防衛大臣	1,500×45	※H16. 3. 18
	千歳	防衛大臣	2,700×45 3,000×60	※S36. 12. 20 ※S48. 11. 2
	三沢	米軍	3,050×45	――――

無線施設等設置状況										灯火施設設置状況										
NDB	VOR	DME	TACAN	ILS	ASR	SSR	PAR	ASDE	ATIS	飛行場灯台	進入灯	進入角指示灯	進入路指示灯	滑走路灯	滑走路末端識別灯	滑走路中心線灯	接地帯灯	誘導路灯	停止線灯	風向灯
	○	○		○						○	○	○	○	○	○	○		○		○
	○	○		○						○	○	○		○		○	○	○		○
	○	○		○						○		○	○	○	○	○		○		○
	○	○		○						○	○	○	○	○	○	○		○		○
	○	○		○						○	○	○		○		○	○	○		○
	○	○		○						○	○	○		○		○	○	○		○
	○	○		○						○	○	○		○		○	○	○		○
	○	○		○						○		○	○	○	○	○		○		○
												○			○					
	○	○		○						○	○	○	○	○		○		○		○
												○			○					
	○	○								○		○		○	○			○		○
	○	○		○						○	○	○		○		○	○	○		○
	○	○								○		○		○	○			○		○
	○	○		○						○	○	○		○		○	○	○		○
												○			○					
	○	○		○						○	○	○	○	○	○	○		○		○
	○		○									○			○					
	○	○										○			○					
												○			○					
	○		○	○						○		○		○	○	○		○		○
												○			○					
	○	○								○		○		○	○			○		○
										○		○		○	○			○		○
	○		○	○						○	○	○		○		○	○	○		○
	○	○		○	○	○				○	○	○		○		○	○	○		○
												○			○					
	○	○		○	○	○			○	○	○	○		○		○	○	○		○
												○			○					
	○	○		○						○	○	○	○	○	○	○		○		○
	○	○			○	○	○			○		○		○	○	○		○		○
			○	○	○	○	○	○		○	○	○		○				○		○
	○		○	○	○	○	○	○	○	○	○	○		○				○		

《飛行場》

種別	名称	設置管理者	滑走路 (m)	供用開始期日
共用空港	百里	防衛大臣	(A) 2,700×45 (B) 2,700×45	※H22. 3. 11
	小松	防衛大臣	2,700×45	※S36. 12. 20
	美保	防衛大臣	2,500×45	※H21. 12. 17
	岩国	米軍	2,440×60	H24. 12. 13
	徳島	防衛大臣	2,500×45	H22. 4. 8
その他の空港	調布	東京都	800×30	H13. 3. 31
	名古屋	愛知県	2,740×45	H17. 2. 17
	但馬	兵庫県	1,200×30	H6. 5. 18
	岡南	岡山県	1,200×30	S63. 3. 11
	天草	熊本県	1,000×30	H12. 3. 23
	大分県央	大分県	800×25	H9. 8. 14
	八尾	国土交通大臣	(A) 1,490×45 (B) 1,200×30	S35. 7. 11 S35. 7. 11
非公共用飛行場	鹿部	トヨタ自動車㈱	890×30	H4. 8. 24
	竜ヶ崎	川田工業㈱	800×35	S44. 11. 11
	ホンダエアポート	本田航空㈱	600×25	S45. 12. 1
	三島村薩摩硫黄島	三島村	600×25	S48. 10. 4

無線施設等設置状況										灯火施設設置状況										
NDB	VOR	DME	TACAN	ILS	ASR	SSR	PAR	ASDE	ATIS	飛行場灯台	進入灯	進入角指示灯	進入路指示灯	滑走路灯	滑走路末端識別灯	滑走路中心線灯	接地帯灯	誘導路灯	停止線灯	風向灯
	○		○	○	○	○	○			○	○	○		○	○	○		○		○
	○		○	○	○	○	○	○		○	○	○		○				○		○
	○		○	○	○	○	○			○	○	○		○	○			○		○
			○	○	○	○	○		○	○	○	○		○	○	○		○		○
○	○		○	○	○	○	○		○	○	○	○		○	○	○		○		○
												○			○					
	○		○	○	○	○				○	○	○		○		○	○	○		○
				○						○		○		○	○			○		○
										○		○		○	○			○		○
	○	○								○		○		○	○			○		○
												○			○					
	○	○								○		○		○	○			○		○
										○		○		○	○			○		○

《飛行場》

種別	名称	設置管理者	滑走路 (m)	供用開始期日
公共用ヘリポート	豊富	豊富町	25×20	H8. 6. 6
	米沢	山形県	25×20 25×20	H4. 4. 1
	群馬	群馬県	25×20	S63. 8. 25
	高崎	高崎市	25×20	H元. 6. 2
	栃木	栃木県	35×30	H2. 6. 1
	東京都東京	東京都	90×30	S47. 6. 15
	静岡	静岡市	35×30 35×30	H4. 8. 20
	津市伊勢湾	津市	35×30 35×30	H5. 10. 14
	若狭	福井県	35×30	H3. 4. 10
	奈良県	奈良県	35×30 35×30	H10. 12. 12
	広島	広島県	35×30	H24. 11. 15
	枕崎	枕崎市	25×20	H26. 9. 18
非公共用ヘリポート	北海道警察	北海道	(屋) 21×18	H7. 10. 16
	宮城県庁	宮城県	(屋) 15.8×15.8	H20. 2. 1
	仙台合同庁舎東北地方整備局	国土交通省東北地方整備局	(屋) 24×20	H27. 12. 3
	福島県警察	福島県	25×20	S57. 12. 1
	群馬県警察	群馬県	(屋) 17×15 17×15	H9. 3. 14
	神奈川県警察	神奈川県	(屋) 18×15 18×15	H4. 5. 12
	山梨県警察	山梨県	22×18	S58. 5. 1
	横浜	横浜市	42×30	S57. 4. 1
	みかも	(株)藤坂	40×20	S62. 4. 12
	プラス	プラス(株)	20×18 20×18	H5. 6. 26
	東京朝日	(株)朝日新聞社	(屋) 18×18	S56. 4. 1
	アークヒルズ	森ビル(株)	(屋) 18×16 18×16	H12. 12. 20
	芝浦	東京倉庫運輸(株)	(屋) 21×21	S41. 9. 10
	朝日・川越	朝日航洋(株)	30×25	S56. 2. 1
	浦安	エクセル航空(株)	25×20 25×20	H7. 12. 14
	日本航空学園双葉	学校法人日本航空学園	25×20 25×20	H8. 5. 1
	前山下妻	前山倉庫(株)	25×20	H6. 11. 22

無線施設等設置状況										灯火施設設置状況						
NDB	VOR	DME	TACAN	ILS	ASR	SSR	PAR	ASDE	ATIS	飛行場灯台	進入角指示灯	誘導路灯	着陸区域照明灯	境界灯	境界誘導灯	風向灯
										○		○		○	○	○
										○		○	○	○	○	○
										○		○	○	○		○
										○		○		○	○	○
										○		○		○	○	○
										○		○		○	○	○
										○			○	○	○	○
													○	○	○	○
										○		○		○	○	○
										○		○		○	○	○
												○	○	○	○	○
													○	○	○	○
														□		□
										○			○	○	○	○

《飛行場》

種別	名称	設置管理者	滑走路 (m)	供用開始期日
非公共用ヘリポート	SBS静岡	(株)静岡新聞社	㊧ 20×17	H9. 11. 1
	石川県警察	石川県	22×18	S61. 12. 12
	岐阜県立多治見病院	岐阜県	㊧ 16×16 / 16×16	H8. 9. 1
	富山市民病院	富山市	㊧ 16×14 / 16×14	S58. 11. 18
	富山県立中央病院	富山県	㊧ 21×18	H4. 6. 1
	三重県警察	三重県	㊧ 15.7×13.6	H11. 4. 1
	三重県立総合医療センター	三重県立総合医療センター	㊧ 22×18	H6. 9. 1
	滋賀県警察	滋賀県	22×18	S63. 8. 31
	京都府	京都府	21×18	S57. 5. 11
	京都消防	京都市	17×15	S47. 3. 28
	兵庫県庁	兵庫県	㊧ 20.6×17	H2. 3. 30
	兵庫県警察	〃	㊧ 21×17 / 21×17	H8. 12. 25
	岡山県庁	岡山県	㊧ 16×16	H3. 4. 30
	徳島県警察	徳島県	㊧ 21×18 / 21×18	H2. 1. 25
	茨城県庁	茨城県	㊧ 21×17	H11. 3. 27
	島根県立中央病院	島根県	㊧ 21×18	H11. 5. 17
	大分県庁	大分県	㊧ 17×15 / 17×15	H5. 10. 13
	熊本県警察	熊本県	㊧ 21×17	H9. 9. 1
	沖縄県警察	沖縄県	㊧ 18×15	H6. 3. 18
	島精機	(株)島精機製作所	㊧ 16×13	H3. 7. 5
	済生会熊本病院	社会福祉法人済生会熊本病院	㊧ 21×17	H7. 4. 1
	小倉C.C.	(株)中村組	㊧ 17×15 / 17×15	H3. 12. 18
	NHK福岡	日本放送協会福岡放送局	㊧ 17.2×15.2	H4. 11. 1
	明石川崎	川崎重工業(株)	22×18	H20. 8. 30
	久留米大学	学校法人久留米大学	㊧ 21×18 / 21×18	H9. 4. 1
	大阪航空日野	大阪航空(株)	23×20	H20. 6. 30
	愛知県警察	愛知県	㊧ 22.5×19 / 22.5×19	H6. 6. 15
	NHK広島	日本放送協会広島放送局	㊧ 17×16	H6. 9. 1

無線施設等設置状況										灯火施設設置状況						
NDB	VOR	DME	TACAN	ILS	ASR	SSR	PAR	ASDE	ATIS	飛行場灯台	進入角指示灯	誘導路灯	着陸区域照明灯	境界灯	境界誘導灯	風向灯
													○	○		○
										○				○	○	○
										○			○	○	○	○
													○	○	○	○
														○		○
										○				○		○
										○		○	○	○	○	○
										○			○	○	○	○
										○			○	○	○	○
										○			○	○	○	○
										○			○	○	○	○
										○			○	○	○	○
													○	○		○
													○	○	○	○
										○			○	○	○	○
														○	○	○

《飛行場》

種別	名　称	設置管理者	滑走路（m）	供用開始期日
非公共用ヘリポート	京都府警察	京都府	屋 20.9×17.6	H8. 1. 25
	高岡市民病院屋上	高岡市	屋 21×17	H11. 9. 20
	和歌山県立医科大学附属病院	公立大学法人和歌山県立医科大学	屋 21×17 21×17	H11. 4. 15
	宮崎病院	(医)三佼会宮崎病院	屋 21×18	H11. 8. 1
	高知県警察本部	高知県	屋 21×17 21×17	H12. 5. 1
	さいたま広域防災拠点	国土交通省関東地方整備局	屋 24×20 24×20	H12. 2. 7
	青森県庁	青森県	屋 21×17	H12. 7. 1
	中濃厚生病院	岐阜県厚生農業共同組合連合会	屋 21×17 21×17	H12. 7. 19
	NTT神戸中央ビル	西日本電信電話(株)	屋 17.5×15 17.5×15	H12. 4. 1
	警視庁本部屋上	警視庁	屋 23×19 23×19	H13. 10. 10
	周南	福谷産業(株)	25×20	H14. 4. 1
	福岡県済生会福岡総合病院	済生会福岡総合病院	屋 18×18	H12. 7. 4
	NHK大阪	日本放送協会大阪放送局	屋 17×15 17×15	H13. 10. 1
	砺波総合病院	砺波市	屋 21×17	H15. 9. 5
	岩手県警察盛岡	岩手県	屋 23×18.2	H14. 11. 1
	兵庫県立災害医療センター	兵庫県	屋 21×17 21×17	H15. 8. 1
	福井県立病院	福井県	屋 21×17	H16. 4. 1
	岐阜県警察	岐阜県	屋 21×17	H18. 4. 19
	大垣市民病院	大垣市	屋 21×21 21×21	H19. 3. 28
	岐阜県総合医療センター	地方独立行政法人岐阜県総合医療センター	屋 24×20 24×20	H19. 6. 11
	山梨県立中央病院	山梨県	屋 21×17 21×17	H17. 3. 1
	高知医療センター	高知県・高知市病院企業団	屋 21×18	H17. 2. 1
	中央合同庁舎第2号館	総務省	屋 24×20 24×20	H16. 7. 16
	トヨタ名駅	トヨタ自動車(株)	屋 24×24	H18. 12. 11
	長崎医療センター	独立法人国立病院機構長崎医療センター	屋 21×17	H16. 12. 26
	福岡和白病院	医療法人財団池友会福岡和白病院	屋 21×17 21×17	H17. 4. 20
	滋賀県警察本部	滋賀県	屋 21×17 21×17	H20. 12. 20
	三木防災	兵庫県	45×35 45×35	H17. 9. 1
	三重県立志摩病院	三重県	屋 21×21 21×21	H20. 3. 28
	アルペン丸の内	(株)アルペン	屋 20×20 20×20	H20. 5. 15
	大阪府警察本部	大阪府	屋 21×17 21×17	H20. 7. 14

無線施設等設置状況										灯火施設設置状況						
NDB	VOR	DME	TACAN	ILS	ASR	SSR	PAR	ASDE	ATIS	飛行場灯台	進入角指示灯	誘導路灯	着陸区域照明灯	境界灯	境界誘導灯	風向灯
										○			○	○	○	○
										○			○	○	○	○
													○	○	○	○
										○			○	○	○	○
													○	○	○	○
										○			○	○	○	○
										○	○		○	○	○	○
										○	○		○	○	○	○
										○			○	○	○	○
										○			○	○	○	○
													○	○	○	○
										○			○	○	○	○
										○			○	○	○	○
										○			○	○	○	○
										○			○	○	○	○
													○	○	○	○
										○		○		○	○	○
										○			○	○	○	○
										○			○	○	○	○
										○			○	○	○	○

《飛行場》

種別	名　称	設置管理者	滑走路 (m)	供用開始期日
非公共用ヘリポート	九州大学病院	国立大学法人九州大学九州大学病院	㊧ 21×18	H20. 7. 15
	浜松市消防	浜　松　市	{23×23 {23×23	H22. 2. 1
	聖マリア病院	社会医療法人雪の聖母会	㊧ 21×21	H25. 1. 1
	千葉西総合病院	医療法人徳洲会	㊧ 17.5×17.5	H25. 3. 24
	佐久総合病院 佐久医療センター	長野県厚生農業協同組合連合会	㊧ 21×21	H26. 2. 22
	佐賀大学医学部付属病院	国立大学法人佐賀大学	㊧ 24×21	H26. 5. 31
	米盛病院	社会医療法人緑泉会	㊧ 21×20	H26. 8. 15
	福岡市立こども病院	地方独立行政法人福岡市立病院機構	㊧ 21×17	H26. 10. 11
	長崎県庁	長　崎　県	㊧ 21×21	H30. 2. 13
	美　樹	美樹観光株式会社	21×17	H30. 7. 11
	大　阪	小川航空（株）	{35×30 {35×30	R1. 7. 8
	近畿地方整備局屋上	国土交通省近畿地方整備局	㊧ {24×24 {24×24	R4.11.21
	つくば	つくば航空（株）	35×30	R5. 1.26

（注）(1) （　）内は、建設中又は建設予定のもの。

(2) ※印は航空法第56条の4の規定により公共用施設として指定又は変更された施設の供用の期日を示す。

(3) 供用開始期日は、供用開始告示（供用が開始されていないものについては原則設置許可告示）上のものである。

無線施設等設置状況										灯火施設設置状況						
NDB	VOR	DME	TACAN	ILS	ASR	SSR	PAR	ASDE	ATIS	飛行場灯台	進入角指示灯	誘導路灯	着陸区域照明灯	境界灯	境界誘導灯	風向灯
										○			○	○	○	○
										○		○	○	○	○	○
										○			○	○	○	○
										○			○	○	○	○
													○	○	○	○
										○			○	○	○	○
										○			○	○	○	○
													○	○	○	○
													○	○	○	○
												○	○	○	○	○
													○	○	○	○

(4) 施設の設置状況の欄中における表示は次のとおりである。
○：既設（令和5年4月1日現在）
×：計画中
□：休止中

(5) 供用開始期日は、一覧表で示された長さ及び幅を有する滑走路の供用開始日である。なお、（　）は供用開始予定日である。

(6) ㊖は屋上ヘリポートである。

(7) 礼文空港は、平成21年4月9日から令和8年3月31日まで供用を休止。

(8) プラスヘリポートは、平成22年11月1日から令和5年10月31日まで供用を休止。芝浦ヘリポートは、令和5年7月1日から令和6年6月30日まで供用を休止。アークヒルズヘリポートは令和3年6月1日から令和6年12月31日まで供用を休止。

《飛行場》

民間機乗り入れ空港の運用時間

空港	運用時間	利用時間	空港	運用時間	利用時間
〔成田国際〕	24	(6:00~0:00)	〔山形〕	12	8:00~20:00
〔東京国際〕	24	24H	〔山口宇部〕	14	7:30~21:30
〔中部国際〕	24	24H	利尻	8	9:00~17:00
〔関西国際〕	24	24H			3/25~10/30 については、8:30~17:00
〔大阪国際〕	14	7:00~21:00	礼文※	5	10:00~15:00
〔新千歳〕	24	24H	奥尻	8	9:00~17:00
〔稚内〕	10	8:30~18:30	〔中標津〕	10	8:30~18:30
〔釧路〕	13	8:00~21:00	〔紋別〕	8	9:00~17:00
〔函館〕	13	7:30~20:30	〔女満別〕	13	8:00~21:00
〔仙台〕	14.5	7:30~22:00	〔青森〕	14.5	7:30~22:00
〔新潟〕	14	7:30~21:30	〔花巻〕	11.5	8:00~19:30
八尾	11.5	8:00~19:30	〔庄内〕	15	7:00~22:00
〔広島〕	15	7:30~22:30	〔大館能代〕	11.5	8:00~19:30
〔高松〕	15	7:00~22:00	〔福島〕	13	8:00~21:00
〔松山〕	15	7:00~22:00	大島	8	8:30~16:30
〔高知〕	14	7:00~21:00			3/1~9/30 については、8:30~17:30
〔福岡〕	24	(7:00~22:00)	新島	8	8:30~16:30
〔北九州〕	24	24H			4/21~5/10、7/16~8/31 については、8:30~17:15
〔長崎〕	15	7:00~22:00	三宅島	8	9:00~17:00
〔熊本〕	14	7:30~21:30			4/21~5/10、7/16~8/31 については、9:00~17:15
〔大分〕	15	7:30~22:30	神津島	8	8:30~16:30
〔宮崎〕	14	7:30~21:30			4/21~5/10、7/16~8/31 については、8:30~17:15
〔鹿児島〕	15	7:00~22:00	〔八丈島〕	10	8:00~18:00
〔那覇〕	24	24H	〔静岡〕	14.5	7:30~22:00
〔旭川〕	13	8:00~21:00	佐渡	8.5	8:45~17:15
〔帯広〕	13	8:00~21:00	〔富山〕	14.5	7:00~21:30
〔秋田〕	15	7:00~22:00	〔能登〕	11.5	8:00~19:30

(注) (1)〔　　〕を付した空港は、民間定期路線としてジェット機が就航している空港である。〔63空港〕

(2)（　　）を付した利用時間は、航空機の通常の離着陸をその時間帯に制限しているものである。

（航空保安業務提供時間）と利用時間

令和5年7月1日現在

空　港	運用時間	利用時間
福井	8	9:00～17:00
〔松本〕	10.5	8:30～19:00
〔南紀白浜〕	11.5	8:30～20:00
〔鳥取〕	14.5	7:00～21:30
隠岐	8	9:00～17:00
〔出雲〕	13	7:30～20:30
〔石見〕	11.5	8:00～19:30
〔岡山〕	15	7:00～22:00
〔神戸〕	16	7:00～23:00
〔佐賀〕	17.5	6:30～0:00
〔対馬〕	13.5	7:30～21:00
小値賀	6	10:00～16:00
福江	11.5	8:00～19:30
上五島	6	10:00～16:00
壱岐	11	8:00～19:00
種子島	10	8:30～18:30
屋久島	11	8:30～19:30
〔奄美〕	11.5	8:00～19:30
喜界	10	8:30～18:30
〈10/1～3/31については、	9	8:30～17:30〉
〔徳之島〕	11	8:30～19:30
沖永良部	10	8:30～18:30
〈10/1～3/31については、	9	8:30～17:30〉
与論	10	8:30～18:30
〈10/1～3/31については、	9	8:30～17:30〉
粟国	10	8:00～18:00
〔久米島〕	11.5	8:00～19:30

空　港	運用時間	利用時間
南大東	10	8:00～18:00
北大東	10	8:00～18:00
伊江島	(土)4.5 (日)7.5 (月)～(金)	12:15～16:45 9:15～16:45 運用休止
〔宮古〕	13	8:00～21:00
〔下地島〕	11.5	8:00～19:30
多良間	10	8:00～18:00
〔新石垣〕	13	8:00～21:00
波照間	10	8:00～18:00
与那国	11.5	8:00～19:30
慶良間	10	8:00～18:00
〔札幌〕	13	7:30～20:30
〔三沢〕	11.5	8:30～20:00
〔百里〕	13.5	7:30～21:00
〔小松〕	15	7:30～22:30
〔美保〕	15	7:00～22:00
〔岩国〕	15	7:30～22:30
〔徳島〕	14.5	7:00～21:30
調布	平日 9.5 休日 7	8:30～17:00 10:00～17:00
	但し、航空運送事業者については、 4/1～8/31 9/1～3/31	 8:30～18:00 8:30～17:00
但馬	10	8:30～18:30
岡南	10	8:30～18:30
天草	12.8	7:40～20:30
〔名古屋〕	15	7:00～22:00

※礼文空港は、平成21年4月9日から供用休止。

《飛行場》

空港別着陸回数の推移

（単位：回）

種別		名称		令和2年度	令和3年度	令和4年度	令和4年度一日当たり着陸回数
拠点空港	会社管理空港	成田国際	国際	42,850（42）	51,790（121）	62,746（121）	172
			国内	10,789（38）	17,617（163）	26,771（152）	74
			計	53,639（41）	69,407（129）	89,517（129）	246
		関西国際	国際	15,659（21）	17,997（115）	28,228（157）	78
			国内	13,245（54）	17,751（134）	25,732（145）	71
			計	28,904（29）	35,748（124）	53,960（151）	148
		大阪国際空港	国際	0（0）	0（—）	0（—）	0
			国内	40,464（59）	52,912（131）	68,812（130）	189
			計	40,464（59）	52,912（131）	68,812（130）	189
		中部国際	国際	2,848（12）	3,614（127）	5,683（157）	16
			国内	18,081（55）	22,017（122）	29,079（132）	80
			計	20,929（37）	25,631（122）	34,762（136）	96
		会社管理空港計	国際	61,357（31）	73,401（120）	96,657（132）	265
			国内	82,579（53）	110,297（134）	150,394（136）	413
			計	143,936（41）	183,698（128）	247,051（134）	677
	国管理空港	東京国際	国際	9,911（23）	13,444（136）	23,338（174）	64
			国内	103,080（56）	139,467（135）	183,215（131）	502
			計	112,991（50）	152,911（135）	206,553（135）	566
		新千歳	国際	418（4）	343（82）	2,764（806）	8
			国内	36,623（55）	48,587（133）	65,961（136）	181
			計	37,041（48）	48,930（132）	68,725（140）	189
		稚内	国際	0（—）	0（—）	0（—）	0
			国内	782（55）	1,067（136）	1,367（128）	4
			計	782（55）	1,067（136）	1,367（128）	4
		釧路	国際	3（27）	1（33）	21（2100）	1
			国内	3,873（72）	4,337（112）	5,345（123）	15
			計	3,876（72）	4,338（112）	5,366（124）	15
		函館	国際	2（0）	2（100）	5（250）	1
			国内	6,251（75）	7,008（112）	7,911（113）	22
			計	6,253（70）	7,010（112）	7,916（113）	22
		仙台	国際	10（1）	14（140）	58（414）	1
			国内	18,709（68）	22,347（119）	26,687（119）	74
			計	18,719（64）	22,361（119）	26,745（120）	74
		新潟	国際	0（0）	5（—）	22（—）	1
			国内	8,231（65）	9,127（111）	12,321（135）	34
			計	8,231（63）	9,132（111）	12,343（135）	34
		広島	国際	0（0）	2（—）	56（—）	1
			国内	5,457（51）	7,433（136）	10,066（135）	28
			計	5,457（45）	7,435（136）	10,122（136）	28
		高松	国際	1（0）	0（0）	130（—）	1
			国内	5,126（60）	6,455（126）	8,692（135）	24
			計	5,127（54）	6,455（126）	8,822（137）	25
		松山	国際	0（0）	0（—）	13（—）	1
			国内	8,483（57）	10,563（125）	14,166（134）	39
			計	8,483（55）	10,563（125）	14,179（134）	39
		高知	国際	0（0）	0（—）	0（—）	0
			国内	5,547（55）	7,349（132）	9,848（134）	27
			計	5,547（55）	7,349（132）	9,848（134）	27

空港別着陸回数の推移

(単位：回)

種別		名称		令和2年度	令和3年度	令和4年度	令和4年度一日当たり着陸回数
拠点空港	国管理空港	福岡	国際	993 (5)	1,232 (124)	7,731 (628)	22
			国内	45,023 (64)	58,045 (129)	71,756 (124)	197
			計	46,016 (52)	59,277 (129)	79,487 (134)	218
		北九州	国際	138 (11)	191 (138)	253 (132)	1
			国内	4,885 (59)	6,454 (132)	8,013 (124)	22
			計	5,023 (53)	6,645 (132)	8,266 (124)	23
		長崎	国際	22 (7)	0 (0)	3 (—)	1
			国内	9,432 (62)	12,205 (129)	15,788 (129)	44
			計	9,454 (61)	12,205 (129)	15,791 (129)	44
		熊本	国際	0 (0)	1 (—)	69 (—)	1
			国内	14,288 (69)	17,875 (125)	21,278 (119)	59
			計	14,288 (67)	17,876 (125)	21,347 (119)	59
		大分	国際	0 (0)	0 (—)	6 (—)	1
			国内	6,933 (63)	10,266 (148)	13,882 (135)	39
			計	6,933 (62)	10,266 (148)	13,888 (135)	39
		宮崎	国際	0 (0)	0 (—)	22 (—)	1
			国内	12,758 (59)	16,302 (128)	21,438 (132)	59
			計	12,758 (58)	16,302 (128)	21,460 (132)	59
		鹿児島	国際	16 (1)	18 (113)	57 (317)	1
			国内	21,789 (66)	26,606 (122)	32,671 (123)	90
			計	21,805 (64)	26,624 (122)	32,728 (123)	90
		那覇	国際	68 (1)	136 (200)	1,533 (1127)	5
			国内	50,229 (74)	59,091 (118)	71,917 (122)	198
			計	50,297 (63)	59,227 (118)	73,450 (124)	202
		国管理空港計	国際	11,582 (13)	15,389 (133)	36,081 (234)	99
			国内	367,499 (61)	470,584 (128)	602,322 (128)	1,651
			計	379,081 (55)	485,973 (128)	638,403 (131)	1,750
	特定地方管理空港	旭川	国際	1 (0)	0 (0)	5 (—)	1
			国内	1,805 (54)	2,402 (133)	2,827 (118)	8
			計	1,806 (51)	2,402 (133)	2,832 (118)	8
		帯広	国際	0 (0)	0 (—)	1 (—)	1
			国内	5,965 (75)	6,803 (114)	7,767 (114)	22
			計	5,965 (75)	6,803 (114)	7,768 (114)	22
		秋田	国際	0 (0)	0 (—)	1 (—)	1
			国内	4,771 (54)	5,994 (126)	8,752 (146)	24
			計	4,771 (54)	5,994 (126)	8,753 (146)	24
		山形	国際	0 (0)	0 (—)	0 (—)	0
			国内	2,370 (60)	3,198 (135)	3,837 (120)	11
			計	2,370 (58)	3,198 (135)	3,837 (120)	11
		山口宇部	国際	0 (0)	0 (—)	0 (—)	0
			国内	2,478 (60)	3,004 (121)	4,114 (137)	12
			計	2,478 (59)	3,004 (121)	4,114 (137)	12
		特定地方管理空港計	国際	1 (0)	0 (0)	7 (—)	1
			国内	17,389 (62)	21,401 (123)	27,297 (128)	75
			計	17,390 (61)	21,401 (123)	27,304 (128)	75
拠点空港計			国際	72,940 (25)	88,790 (122)	132,745 (150)	364
			国内	467,467 (60)	602,282 (129)	780,018 (130)	2,138
			計	540,407 (50)	691,072 (128)	912,763 (132)	2,501

《飛行場》

空港別着陸回数の推移

(単位：回)

種別	名称		令和2年度	令和3年度	令和4年度	令和4年度一日当たり着陸回数
地方管理空港	利尻	国際	0 (—)	0 (—)	0 (—)	0
		国内	488 (90)	523 (107)	563 (108)	2
		計	488 (90)	523 (107)	563 (108)	2
	礼文	国際	0 (—)	0 (—)	0 (—)	0
		国内	0 (—)	0 (—)	0 (—)	0
		計	0 (—)	0 (—)	0 (—)	0
	奥尻	国際	0 (—)	0 (—)	0 (—)	0
		国内	359 (91)	357 (99)	363 (102)	1
		計	359 (91)	357 (99)	363 (102)	1
	中標津	国際	0 (—)	0 (—)	0 (—)	0
		国内	903 (56)	1,204 (133)	1,646 (137)	5
		計	903 (56)	1,204 (133)	1,646 (137)	5
	紋別	国際	0 (—)	0 (—)	0 (—)	0
		国内	311 (77)	361 (116)	376 (104)	2
		計	311 (77)	361 (116)	376 (104)	2
	女満別	国際	0 (0)	1 (—)	0 (—)	0
		国内	2,910 (63)	4,505 (155)	5,852 (130)	17
		計	2,910 (63)	4,506 (155)	5,852 (130)	17
	青森	国際	0 (0)	0 (—)	11 (—)	1
		国内	4,745 (58)	6,453 (136)	8,475 (131)	24
		計	4,745 (56)	6,453 (136)	8,486 (132)	24
	花巻	国際	0 (0)	0 (—)	0 (—)	0
		国内	3,152 (58)	4,367 (139)	5,698 (130)	16
		計	3,152 (56)	4,367 (139)	5,698 (130)	16
	大館能代	国際	0 (—)	0 (—)	0 (—)	0
		国内	372 (47)	499 (134)	1,061 (213)	3
		計	372 (47)	499 (134)	1,061 (213)	3
	庄内	国際	0 (0)	0 (—)	1 (—)	1
		国内	1,230 (54)	1,422 (116)	2,156 (152)	6
		計	1,230 (54)	1,422 (116)	2,157 (152)	6
	福島	国際	0 (0)	0 (—)	5 (—)	1
		国内	2,911 (68)	4,018 (138)	3,976 (99)	11
		計	2,911 (66)	4,018 (138)	3,981 (99)	11
	大島	国際	0 (—)	0 (—)	0 (—)	0
		国内	1,841 (82)	2,034 (110)	2,295 (113)	7
		計	1,841 (82)	2,034 (110)	2,295 (113)	7
	新島	国際	0 (—)	0 (—)	0 (—)	0
		国内	917 (80)	1,136 (124)	1,428 (126)	4
		計	917 (80)	1,136 (124)	1,428 (126)	4
	神津島	国際	0 (—)	0 (—)	0 (—)	0
		国内	700 (87)	854 (122)	995 (117)	3
		計	700 (87)	854 (122)	995 (117)	3
	三宅島	国際	0 (—)	0 (—)	0 (—)	0
		国内	1,407 (85)	1,554 (110)	1,709 (110)	5
		計	1,407 (85)	1,554 (110)	1,709 (110)	5
	八丈島	国際	0 (—)	0 (—)	0 (—)	0
		国内	1,453 (74)	1,663 (114)	2,135 (128)	6
		計	1,453 (74)	1,663 (114)	2,135 (128)	6

空港別着陸回数の推移

(単位：回)

種別	名称		令和2年度	令和3年度	令和4年度	令和4年度一日当たり着陸回数
地方管理空港	佐渡	国際	0（—）	0（—）	0（—）	0
		国内	81（54）	36（44）	110（306）	1
		計	81（54）	36（44）	110（306）	1
	富山	国際	0（0）	0（—）	0（—）	0
		国内	1,866（56）	2,395（128）	3,017（126）	9
		計	1,866（48）	2,395（128）	3,017（126）	9
	能登	国際	0（0）	0（—）	0（—）	0
		国内	999（64）	1,132（113）	1,368（121）	4
		計	999（64）	1,132（113）	1,368（121）	4
	福井	国際	0（—）	0（—）	0（—）	0
		国内	2,016（58）	2,891（143）	3,488（121）	10
		計	2,016（58）	2,891（143）	3,488（121）	10
	松本	国際	0（0）	0（—）	0（—）	0
		国内	3,028（91）	3,698（122）	3,945（107）	11
		計	3,028（90）	3,698（122）	3,945（107）	11
	静岡	国際	2（0）	0（0）	10（—）	1
		国内	2,417（54）	3,590（149）	4,526（126）	13
		計	2,419（42）	3,590（148）	4,536（126）	13
	神戸	国際	3（33）	2（67）	1（50）	1
		国内	11,611（71）	15,017（129）	17,232（115）	48
		計	11,614（71）	15,019（129）	17,233（115）	48
	南紀白浜	国際	0（—）	0（—）	0（—）	0
		国内	1,860（77）	1,963（106）	2,346（120）	7
		計	1,860（77）	1,963（106）	2,346（120）	7
	鳥取	国際	0（0）	0（—）	0（—）	0
		国内	1,660（65）	1,893（114）	2,683（142）	8
		計	1,660（64）	1,893（114）	2,683（142）	8
	隠岐	国際	0（—）	0（—）	0（—）	0
		国内	645（82）	795（123）	831（105）	3
		計	645（82）	795（123）	831（105）	3
	出雲	国際	0（0）	0（—）	0（—）	0
		国内	4,382（64）	5,423（124）	6,600（122）	19
		計	4,382（64）	5,423（124）	6,600（122）	19
	石見	国際	0（—）	0（—）	0（—）	0
		国内	455（53）	550（121）	963（175）	3
		計	455（53）	550（121）	963（175）	3
	岡山	国際	0（0）	0（—）	4（—）	1
		国内	2,407（52）	3,292（137）	4,584（139）	13
		計	2,407（40）	3,292（137）	4,588（139）	13
	佐賀	国際	0（0）	0（—）	0（—）	0
		国内	2,911（68）	2,902（100）	3,841（132）	11
		計	2,911（60）	2,902（100）	3,841（132）	11
	対馬	国際	0（—）	0（—）	0（—）	0
		国内	2,479（74）	2,673（108）	3,127（117）	9
		計	2,479（74）	2,673（108）	3,127（117）	9
	小値賀	国際	0（—）	0（—）	0（—）	0
		国内	110（85）	80（73）	59（74）	1
		計	110（85）	80（73）	59（74）	1

《飛行場》

空港別着陸回数の推移

（単位：回）

種別	名称		令和2年度	令和3年度	令和4年度	令和4年度一日当たり着陸回数
地方管理空港	福江	国際	0（—）	0（—）	0（—）	0
		国内	1,811（69）	2,101（116）	1,957（93）	6
		計	1,811（69）	2,101（116）	1,957（93）	6
	上五島	国際	0（—）	0（—）	0（—）	0
		国内	75（119）	60（80）	113（188）	1
		計	75（119）	60（80）	113（188）	1
	壱岐	国際	0（—）	0（—）	0（—）	0
		国内	736（93）	767（104）	829（108）	3
		計	736（93）	767（104）	829（108）	3
	種子島	国際	0（—）	0（—）	0（—）	0
		国内	1,450（79）	1,700（117）	1,965（116）	6
		計	1,450（79）	1,700（117）	1,965（116）	6
	屋久島	国際	0（—）	0（—）	0（—）	0
		国内	1,697（73）	2,261（133）	2,392（106）	7
		計	1,697（73）	2,261（133）	2,392（106）	7
	奄美	国際	0（—）	0（—）	0（—）	0
		国内	6,117（77）	7,295（119）	7,670（105）	22
		計	6,117（77）	7,295（119）	7,670（105）	22
	喜界	国際	0（—）	0（—）	0（—）	0
		国内	1,391（76）	1,703（122）	1,595（94）	5
		計	1,391（76）	1,703（122）	1,595（94）	5
	徳之島	国際	0（—）	0（—）	0（—）	0
		国内	2,492（92）	2,895（116）	2,927（101）	9
		計	2,492（92）	2,895（116）	2,927（101）	9
	沖永良部	国際	0（—）	0（—）	0（—）	0
		国内	1,844（86）	2,029（110）	2,153（106）	6
		計	1,844（86）	2,029（110）	2,153（106）	6
	与論	国際	0（—）	0（—）	0（—）	0
		国内	1,416（96）	1,501（106）	1,549（103）	5
		計	1,416（96）	1,501（106）	1,549（103）	5
	粟国	国際	0（—）	0（—）	0（—）	0
		国内	202（95）	201（100）	145（72）	1
		計	202（95）	201（100）	145（72）	1
	久米島	国際	0（—）	0（—）	0（—）	0
		国内	2,135（81）	2,047（96）	2,528（123）	7
		計	2,135（81）	2,047（96）	2,528（123）	7
	慶良間	国際	0（—）	0（—）	0（—）	0
		国内	39（76）	55（141）	65（118）	1
		計	39（76）	55（141）	65（118）	1
	南大東	国際	0（—）	0（—）	0（—）	0
		国内	693（91）	703（101）	745（106）	3
		計	693（91）	703（101）	745（106）	3
	北大東	国際	0（—）	0（—）	0（—）	0
		国内	370（96）	376（102）	375（100）	2
		計	370（96）	376（102）	375（100）	2
	伊江島	国際	0（—）	0（—）	0（—）	0
		国内	337（936）	611（181）	10（2）	1
		計	337（936）	611（181）	10（2）	1

空港別着陸回数の推移

（単位：回）

種別	名称		令和2年度	令和3年度	令和4年度	令和4年度一日当たり着陸回数
地方管理空港	宮古	国際	0（—）	0（—）	4（—）	1
		国内	5,976（72）	7,166（120）	9,181（128）	26
		計	5,976（72）	7,166（120）	9,185（128）	26
	下地島	国際	0（0）	0（—）	0（—）	0
		国内	1,049（145）	1,611（154）	2,004（124）	6
		計	1,049（126）	1,611（154）	2,004（124）	6
	多良間	国際	0（—）	0（—）	0（—）	0
		国内	530（73）	542（102）	707（130）	2
		計	530（73）	542（102）	707（130）	2
	新石垣	国際	0（0）	0（—）	2（—）	1
		国内	8,809（73）	10,829（123）	13,620（126）	38
		計	8,809（71）	10,829（123）	13,622（126）	38
	波照間	国際	0（—）	0（—）	0（—）	0
		国内	6（67）	6（100）	14（233）	1
		計	6（67）	6（100）	14（233）	1
	与那国	国際	0（—）	0（—）	0（—）	0
		国内	1,166（78）	1,140（98）	1,492（131）	5
		計	1,166（78）	1,140（98）	1,492（131）	5
	地方管理空港計	国際	5（0）	3（60）	38（1267）	1
		国内	102,967（70）	126,879（123）	151,484（119）	416
		計	102,972（68）	126,882（123）	151,522（119）	416
共用空港	札幌	国際	0（0）	0（—）	0（—）	0
		国内	6,939（83）	7,416（107）	7,810（105）	22
		計	6,939（83）	7,416（107）	7,810（105）	22
	三沢	国際	0（—）	0（—）	0（—）	0
		国内	991（54）	1,572（159）	2,015（128）	6
		計	991（54）	1,572（159）	2,015（128）	6
	百里	国際	0（0）	0（—）	5（—）	1
		国内	1,461（54）	1,875（128）	2,739（146）	8
		計	1,461（45）	1,875（128）	2,744（146）	8
	小松	国際	49（5）	52（106）	53（102）	1
		国内	3,644（49）	4,206（115）	6,301（150）	18
		計	3,693（44）	4,258（115）	6,354（149）	18
	美保	国際	0（0）	1（—）	1（—）	1
		国内	1,387（55）	1,679（121）	2,518（150）	7
		計	1,387（50）	1,680（121）	2,519（150）	7
	岩国	国際	0（—）	0（—）	1（—）	1
		国内	739（34）	1,027（139）	2,103（205）	6
		計	739（34）	1,027（139）	2,104（205）	6
	徳島	国際	0（0）	0（—）	2（—）	1
		国内	2,477（49）	3,290（133）	4,726（144）	13
		計	2,477（48）	3,290（133）	4,728（144）	13
	共用空港計	国際	49（3）	53（108）	62（117）	1
		国内	17,638（59）	21,065（119）	28,212（134）	78
		計	17,687（56）	21,118（119）	28,274（134）	78

《飛行場》

空港別着陸回数の推移

（単位：回）

種別	名称		令和2年度	令和3年度	令和4年度	令和4年度一日当たり着陸回数
その他の空港	調布	国際	0（—）	0（—）	0（—）	0
		国内	5,382（84）	5,761（107）	6,411（111）	18
		計	5,382（84）	5,761（107）	6,411（111）	18
	名古屋	国際	12（16）	3（25）	28（933）	1
		国内	17,083（82）	18,985（111）	20,284（107）	56
		計	17,095（82）	18,988（111）	20,312（107）	56
	但馬	国際	0（—）	0（—）	0（—）	0
		国内	1,468（78）	1,574（107）	1,822（116）	5
		計	1,468（78）	1,574（107）	1,822（116）	5
	岡南	国際	0（—）	0（—）	0（—）	0
		国内	4,089（108）	4,350（106）	4,954（114）	14
		計	4,089（108）	4,350（106）	4,954（114）	14
	天草	国際	0（—）	0（—）	0（—）	0
		国内	1,541（123）	1,525（99）	1,525（100）	5
		計	1,541（123）	1,525（99）	1,525（100）	5
	大分県央	国際	0（—）	0（—）	0（—）	0
		国内	672（92）	606（90）	638（105）	2
		計	672（92）	606（90）	638（105）	2
	八尾	国際	2（200）	2（100）	0（0）	0
		国内	9,149（92）	10,031（110）	10,061（100）	28
		計	9,151（92）	10,033（110）	10,061（100）	28
	その他の空港計	国際	14（18）	5（36）	28（560）	1
		国内	39,384（88）	42,832（109）	45,695（107）	126
		計	39,398（88）	42,837（109）	45,723（107）	126
総計		国際	73,008（25）	88,851（122）	132,873（150）	365
		国内	627,456（63）	793,058（126）	1,005,404（127）	2,755
		計	700,464（54）	881,909（126）	1,138,277（129）	3,119

（注）(1)（　）内は前年対比（%）で小数点以下四捨五入
(2) 共用飛行場については、自衛隊機及び米軍機を除く。
(3) 1日当たりの着陸回数の表中、計については端数処理の関係で必ずしも当該表の数値の合計と一致しない。
(4)（資料）国土交通省「空港管理状況調書」

空港別乗降客数の推移

（単位：人）

種別		名称		令和2年度	令和3年度	令和4年度	令和4年度一日あたり
拠点空港	会社管理空港	成田国際	国際	1,012,777（ 3）	1,745,228（172）	11,694,523（670）	32,040
			国内	1,984,001（ 27）	4,127,396（208）	6,957,058（169）	19,061
			計	2,996,778（ 8）	5,872,624（196）	18,651,581（318）	51,101
		関西国際	国際	204,834（ 1）	269,396（132）	5,131,055（1905）	14,058
			国内	2,051,220（ 31）	3,361,329（164）	6,357,351（189）	17,418
			計	2,256,054（ 8）	3,630,725（161）	11,488,406（316）	31,476
		大阪国際空港	国際	0（ —）	0（ —）	0（ —）	0
			国内	5,812,333（ 37）	7,499,346（129）	12,989,945（173）	35,589
			計	5,812,333（ 37）	7,499,346（129）	12,989,945（173）	35,589
		中部国際	国際	19,415（ 0）	55,091（284）	823,223（1494）	2,256
			国内	1,995,997（ 31）	2,773,991（139）	5,193,371（187）	14,229
			計	2,015,412（ 16）	2,829,082（140）	6,016,594（213）	16,484
		会社管理空港計	国際	1,237,026（ 2）	2,069,715（167）	17,648,801（853）	48,353
			国内	11,843,551（ 33）	17,762,062（150）	31,497,725（177）	86,296
			計	13,080,577（ 14）	19,831,777（152）	49,146,526（248）	134,649
	国管理空港	東京国際	国際	414,876（ 2）	830,532（200）	6,809,701（820）	18,657
			国内	20,606,398（ 32）	28,872,019（147）	53,062,196（184）	145,376
			計	21,021,274（ 26）	29,702,551（148）	59,871,897（202）	164,033
		新千歳	国際	10（ 0）	101（1010）	929,509（920306）	2,547
			国内	6,436,335（ 33）	9,229,169（143）	16,946,826（184）	46,430
			計	6,436,345（ 28）	9,229,270（143）	17,876,335（194）	48,977
		稚内	国際	0（ —）	0（ —）	0（ —）	0
			国内	58,776（ 30）	80,672（137）	158,014（196）	433
			計	58,776（ 30）	80,672（137）	158,014（196）	433
		釧路	国際	0（ 0）	0（ —）	0（ —）	0
			国内	339,569（ 41）	431,811（127）	691,850（160）	1,896
			計	339,569（ 41）	431,811（127）	691,850（160）	1,896
		函館	国際	0（ 0）	0（ —）	0（ —）	0
			国内	586,440（ 38）	779,102（133）	1,375,936（177）	3,770
			計	586,440（ 35）	779,102（133）	1,375,936（177）	3,770
		仙台	国際	0（ 0）	2（ —）	15,031（ —）	42
			国内	1,217,890（ 36）	1,651,407（136）	2,778,942（168）	7,614
			計	1,217,890（ 33）	1,651,409（136）	2,793,973（169）	7,655
		新潟	国際	0（ 0）	0（ —）	6,525（ —）	18
			国内	295,085（ 29）	387,341（131）	804,381（208）	2,204
			計	295,085（ 26）	387,341（131）	810,906（209）	2,222
		広島	国際	0（ 0）	0（ —）	11,059（ —）	31
			国内	737,312（ 27）	984,153（133）	2,036,571（207）	5,580
			計	737,312（ 25）	984,153（133）	2,047,630（208）	5,610
		高松	国際	78（ 0）	0（ 0）	37,388 -	103
			国内	419,638（ 24）	656,763（157）	1,330,398（203）	3,645
			計	419,716（ 21）	656,763（156）	1,367,786（208）	3,748
		松山	国際	0（ 0）	0（ —）	3,699（ —）	11
			国内	769,307（ 26）	1,144,412（149）	2,231,880（195）	6,115
			計	769,307（ 26）	1,144,412（149）	2,235,579（195）	6,125
		高知	国際	0（ 0）	0（ —）	0（ —）	0
			国内	485,375（ 31）	720,203（148）	1,309,656（182）	3,589
			計	485,375（ 31）	720,203（148）	1,309,656（182）	3,589

《飛行場》

空港別乗降客数の推移

(単位：人)

種別		名称		令和2年度	令和3年度	令和4年度	令和4年度一日あたり
拠点空港	国管理空港	福岡	国際	16,831 (0)	26,229 (156)	2,259,514 (8615)	6,191
			国内	6,485,437 (37)	9,440,303 (146)	15,708,402 (166)	43,037
			計	6,502,268 (28)	9,466,532 (146)	17,967,916 (190)	49,228
		北九州	国際	0 (0)	0 (—)	2,131 (—)	6
			国内	326,745 (24)	489,939 (150)	849,256 (173)	2,327
			計	326,745 (20)	489,939 (150)	851,387 (174)	2,333
		長崎	国際	3 (0)	0 (0)	126 (—)	1
			国内	888,631 (29)	1,336,966 (150)	2,572,945 (192)	7,050
			計	888,634 (28)	1,336,966 (150)	2,573,071 (192)	7,050
		熊本	国際	0 (0)	0 (—)	18,894 (—)	52
			国内	848,976 (27)	1,357,911 (160)	2,623,904 (193)	7,189
			計	848,976 (26)	1,357,911 (160)	2,642,798 (195)	7,241
		大分	国際	0 (0)	0 (—)	10 (—)	1
			国内	557,651 (31)	854,088 (153)	1,469,799 (172)	4,027
			計	557,651 (30)	854,088 (153)	1,469,809 (172)	4,027
		宮崎	国際	0 (0)	0 (—)	6,485 (—)	18
			国内	922,850 (29)	1,412,182 (153)	2,568,026 (182)	7,036
			計	922,850 (29)	1,412,182 (153)	2,574,511 (182)	7,054
		鹿児島	国際	387 (0)	0 (0)	11,302 (—)	31
			国内	1,833,792 (34)	2,677,894 (146)	4,667,519 (174)	12,788
			計	1,834,179 (32)	2,677,894 (146)	4,678,821 (175)	12,819
		那覇	国際	487 (0)	3,678 (755)	408,546 (11108)	1,120
			国内	6,588,217 (38)	7,994,473 (121)	15,820,837 (198)	43,345
			計	6,588,704 (32)	7,998,151 (121)	16,229,383 (203)	44,465
		国管理空港計	国際	432,672 (1)	860,542 (199)	10,519,920 (1222)	28,822
			国内	50,404,424 (33)	70,500,808 (143)	129,007,338 (183)	353,445
			計	50,837,096 (28)	71,361,350 (143)	139,527,258 (196)	382,267
	特定地方管理空港	旭川	国際	0 (0)	0 (—)	1,498 (—)	5
			国内	289,418 (28)	459,295 (159)	856,911 (187)	2,348
			計	289,418 (27)	459,295 (159)	858,409 (187)	2,352
		帯広	国際	0 (0)	0 (—)	0 (—)	0
			国内	198,526 (30)	295,408 (149)	550,052 (186)	1,507
			計	198,526 (30)	295,408 (149)	550,052 (186)	1,507
		秋田	国際	0 (0)	0 (—)	0 (—)	0
			国内	278,549 (21)	422,673 (152)	956,016 (226)	2,620
			計	278,549 (21)	422,673 (152)	956,016 (226)	2,620
		山形	国際	0 (0)	0 (—)	0 (—)	0
			国内	84,743 (26)	160,930 (190)	298,236 (185)	818
			計	84,743 (24)	160,930 (190)	298,236 (185)	818
		山口宇部	国際	0 (0)	0 (—)	0 (—)	0
			国内	250,252 (26)	366,944 (147)	702,434 (191)	1,925
			計	250,252 (26)	366,944 (147)	702,434 (191)	1,925
		特定地方管理空港計	国際	0 (0)	0 (—)	1,498 (—)	5
			国内	1,101,488 (26)	1,705,250 (155)	3,363,649 (197)	9,216
			計	1,101,488 (25)	1,705,250 (155)	3,365,147 (197)	9,220
	拠点空港計		国際	1,669,698 (2)	2,930,257 (175)	28,170,219 (961)	77,179
			国内	63,349,463 (33)	89,968,120 (144)	163,868,712 (182)	448,956
			計	65,019,161 (23)	92,898,377 (145)	192,038,931 (207)	526,135

空港別乗降客数の推移

(単位：人)

種別	名称		令和2年度	令和3年度	令和4年度	令和4年度一日あたり
地方管理空港	利尻	国際	0 (—)	0 (—)	0 (—)	0
		国内	23,530 (53)	29,207 (124)	47,432 (162)	130
		計	23,530 (53)	29,207 (124)	47,432 (162)	130
	礼文	国際	0 (—)	0 (—)	0 (—)	0
		国内	0 (—)	0 (—)	0 (—)	0
		計	0 (—)	0 (—)	0 (—)	0
	奥尻	国際	0 (—)	0 (—)	0 (—)	0
		国内	7,674 (66)	9,682 (126)	12,709 (131)	35
		計	7,674 (66)	9,682 (126)	12,709 (131)	35
	中標津	国際	0 (—)	0 (—)	0 (—)	0
		国内	60,151 (29)	85,854 (143)	149,043 (174)	409
		計	60,151 (29)	85,854 (143)	149,043 (174)	409
	紋別	国際	0 (—)	0 (—)	0 (—)	0
		国内	23,754 (33)	37,814 (159)	51,335 (136)	141
		計	23,754 (33)	37,814 (159)	51,335 (136)	141
	女満別	国際	0 (0)	0 (—)	0 (—)	0
		国内	297,207 (37)	467,935 (157)	733,633 (157)	2,010
		計	297,207 (37)	467,935 (157)	733,633 (157)	2,010
	青森	国際	0 (0)	0 (—)	1,904 (—)	6
		国内	334,386 (30)	498,475 (149)	979,366 (196)	2,684
		計	334,386 (28)	498,475 (149)	981,270 (197)	2,689
	花巻	国際	0 (0)	0 (—)	0 (—)	0
		国内	143,212 (32)	208,783 (146)	385,774 (185)	1,057
		計	143,212 (29)	208,783 (146)	385,774 (185)	1,057
	大館能代	国際	0 (—)	0 (—)	0 (—)	0
		国内	25,541 (17)	46,982 (184)	149,773 (319)	411
		計	25,541 (17)	46,982 (184)	149,773 (319)	411
	庄内	国際	0 (0)	0 (—)	0 (—)	0
		国内	83,971 (20)	121,863 (145)	270,655 (222)	742
		計	83,971 (20)	121,863 (145)	270,655 (222)	742
	福島	国際	0 (0)	0 (—)	1,125 (—)	4
		国内	69,391 (29)	98,662 (142)	182,242 (185)	500
		計	69,391 (26)	98,662 (142)	183,367 (186)	503
	大島	国際	0 (—)	0 (—)	0 (—)	0
		国内	14,205 (59)	17,514 (123)	23,817 (136)	66
		計	14,205 (59)	17,514 (123)	23,817 (136)	66
	新島	国際	0 (—)	0 (—)	0 (—)	0
		国内	18,660 (59)	24,522 (131)	30,081 (123)	83
		計	18,660 (59)	24,522 (131)	30,081 (123)	83
	神津島	国際	0 (—)	0 (—)	0 (—)	0
		国内	13,513 (62)	18,318 (136)	24,677 (135)	68
		計	13,513 (62)	18,318 (136)	24,677 (135)	68
	三宅島	国際	0 (—)	0 (—)	0 (—)	0
		国内	17,068 (59)	21,709 (127)	28,069 (129)	77
		計	17,068 (59)	21,709 (127)	28,069 (129)	77
	八丈島	国際	0 (—)	0 (—)	0 (—)	0
		国内	97,157 (47)	125,822 (130)	199,580 (159)	547
		計	97,157 (47)	125,822 (130)	199,580 (159)	547

《飛行場》

空港別乗降客数の推移

(単位：人)

種別	名称		令和2年度	令和3年度	令和4年度	令和4年度一日あたり
地方管理空港	佐渡	国際	0 (—)	0 (—)	0 (—)	0
		国内	0 (—)	0 (—)	0 (—)	0
		計	0 (—)	0 (—)	0 (—)	0
	富山	国際	0 (0)	0 (—)	0 (—)	0
		国内	67,136 (15)	100,050 (149)	251,509 (251)	690
		計	67,136 (12)	100,050 (149)	251,509 (251)	690
	能登	国際	0 (0)	0 (—)	0 (—)	0
		国内	28,421 (17)	46,470 (164)	111,212 (239)	305
		計	28,421 (17)	46,470 (164)	111,212 (239)	305
	福井	国際	0 (—)	0 (—)	0 (—)	0
		国内	0 (—)	0 (—)	0 (—)	0
		計	0 (—)	0 (—)	0 (—)	0
	松本	国際	0 (0)	0 (—)	0 (—)	0
		国内	75,990 (49)	130,056 (171)	228,537 (176)	627
		計	75,990 (48)	130,056 (171)	228,537 (176)	627
	静岡	国際	0 (0)	0 (—)	2,485 (—)	7
		国内	120,307 (25)	195,452 (162)	360,493 (184)	988
		計	120,307 (16)	195,452 (162)	362,978 (186)	995
	神戸	国際	0 (0)	3 (—)	9 (—)	1
		国内	1,213,380 (37)	1,752,626 (144)	3,109,106 (177)	8,519
		計	1,213,380 (37)	1,752,629 (144)	3,109,115 (177)	8,519
	南紀白浜	国際	0 (—)	0 (—)	0 (—)	0
		国内	85,155 (48)	140,201 (165)	231,319 (165)	634
		計	85,155 (48)	140,201 (165)	231,319 (165)	634
	鳥取	国際	0 (0)	0 (—)	0 (—)	0
		国内	92,362 (24)	133,264 (144)	285,544 (214)	783
		計	92,362 (23)	133,264 (144)	285,544 (214)	783
	隠岐	国際	0 (—)	0 (—)	0 (—)	0
		国内	26,557 (42)	35,444 (133)	61,416 (173)	169
		計	26,557 (42)	35,444 (133)	61,416 (173)	169
	出雲	国際	0 (0)	0 (—)	0 (—)	0
		国内	311,202 (31)	440,201 (141)	838,254 (190)	2,297
		計	311,202 (31)	440,201 (141)	838,254 (190)	2,297
	石見	国際	0 (—)	0 (—)	0 (—)	0
		国内	25,378 (18)	38,057 (150)	109,604 (288)	301
		計	25,378 (18)	38,057 (150)	109,604 (288)	301
	岡山	国際	0 (0)	0 (—)	695 (—)	2
		国内	265,771 (21)	392,214 (148)	874,277 (223)	2,396
		計	265,771 (18)	392,214 (148)	874,972 (223)	2,398
	佐賀	国際	0 (0)	0 (—)	0 (—)	0
		国内	113,507 (19)	145,413 (128)	345,955 (238)	948
		計	113,507 (16)	145,413 (128)	345,955 (238)	948
	対馬	国際	0 (—)	0 (—)	0 (—)	0
		国内	155,244 (61)	170,663 (110)	233,326 (137)	640
		計	155,244 (61)	170,663 (110)	233,326 (137)	640
	小値賀	国際	0 (—)	0 (—)	0 (—)	0
		国内	0 (0)	0 (—)	0 (—)	0
		計	0 (0)	0 (—)	0 (—)	0

空港別乗降客数の推移

(単位：人)

種別	名称		令和2年度	令和3年度	令和4年度	令和4年度一日あたり
地方管理空港	福江	国際	0 (—)	0 (—)	0 (—)	0
		国内	74,307 (45)	99,685 (134)	154,121 (155)	423
		計	74,307 (45)	99,685 (134)	154,121 (155)	423
	上五島	国際	0 (—)	0 (—)	0 (—)	0
		国内	0 (—)	0 (—)	0 (—)	0
		計	0 (—)	0 (—)	0 (—)	0
	壱岐	国際	0 (—)	0 (—)	0 (—)	0
		国内	22,595 (68)	25,843 (114)	33,517 (130)	92
		計	22,595 (68)	25,843 (114)	33,517 (130)	92
	種子島	国際	0 (—)	0 (—)	0 (—)	0
		国内	42,879 (49)	57,472 (134)	90,141 (157)	247
		計	42,879 (49)	57,472 (134)	90,141 (157)	247
	屋久島	国際	0 (—)	0 (—)	0 (—)	0
		国内	94,183 (63)	127,574 (135)	186,763 (146)	512
		計	94,183 (63)	127,574 (135)	186,763 (146)	512
	奄美	国際	0 (—)	0 (—)	0 (—)	0
		国内	447,265 (51)	609,947 (136)	805,650 (132)	2,208
		計	447,265 (51)	609,947 (136)	805,650 (132)	2,208
	喜界	国際	0 (—)	0 (—)	0 (—)	0
		国内	47,884 (55)	57,489 (120)	73,916 (129)	203
		計	47,884 (55)	57,489 (120)	73,916 (129)	203
	徳之島	国際	0 (—)	0 (—)	0 (—)	0
		国内	109,855 (54)	143,709 (131)	186,238 (130)	511
		計	109,855 (54)	143,709 (131)	186,238 (130)	511
	沖永良部	国際	0 (—)	0 (—)	0 (—)	0
		国内	65,500 (57)	80,122 (122)	101,757 (127)	279
		計	65,500 (57)	80,122 (122)	101,757 (127)	279
	与論	国際	0 (—)	0 (—)	0 (—)	0
		国内	38,354 (51)	56,872 (148)	75,924 (133)	209
		計	38,354 (51)	56,872 (148)	75,924 (133)	209
	粟国	国際	0 (—)	0 (—)	0 (—)	0
		国内	670 (79)	1,192 (178)	1,057 (89)	3
		計	670 (79)	1,192 (178)	1,057 (89)	3
	久米島	国際	0 (—)	0 (—)	0 (—)	0
		国内	134,180 (52)	139,201 (104)	203,445 (146)	558
		計	134,180 (52)	139,201 (104)	203,445 (146)	558
	慶良間	国際	0 (—)	0 (—)	0 (—)	0
		国内	135 (65)	119 (88)	234 (197)	1
		計	135 (65)	119 (88)	234 (197)	1
	南大東	国際	0 (—)	0 (—)	0 (—)	0
		国内	37,962 (78)	40,396 (106)	44,009 (109)	121
		計	37,962 (78)	40,396 (106)	44,009 (109)	121
	北大東	国際	0 (—)	0 (—)	0 (—)	0
		国内	22,233 (96)	25,218 (113)	25,081 (99)	69
		計	22,233 (96)	25,218 (113)	25,081 (99)	69
	伊江島	国際	0 (—)	0 (—)	0 (—)	0
		国内	720 (—)	862 (120)	32 (4)	1
		計	720 (—)	862 (120)	32 (4)	1

《飛行場》

空港別乗降客数の推移

（単位：人）

種別	名称		令和2年度	令和3年度	令和4年度	令和4年度一日あたり
地方管理空港	宮古	国際	0 (—)	0 (—)	0 (—)	0
		国内	802,650 (46)	902,666 (112)	1,525,671 (169)	4,180
		計	802,650 (46)	902,666 (112)	1,525,671 (169)	4,180
	下地島	国際	0 (0)	0 (—)	0 (—)	0
		国内	115,424 (109)	221,504 (192)	367,708 (166)	1,008
		計	115,424 (91)	221,504 (192)	367,708 (166)	1,008
	多良間	国際	0 (—)	0 (—)	0 (—)	0
		国内	24,648 (53)	27,938 (113)	38,525 (138)	106
		計	24,648 (53)	27,938 (113)	38,525 (138)	106
	新石垣	国際	0 (0)	0 (—)	448 (—)	2
		国内	1,160,480 (47)	1,415,620 (122)	2,421,644 (171)	6,635
		計	1,160,480 (45)	1,415,620 (122)	2,422,092 (171)	6,636
	波照間	国際	0 (—)	0 (—)	0 (—)	0
		国内	0 (—)	0 (—)	0 (—)	0
		計	0 (—)	0 (—)	0 (—)	0
	与那国	国際	0 (—)	0 (—)	0 (—)	0
		国内	62,140 (61)	66,733 (107)	93,143 (140)	256
		計	62,140 (61)	66,733 (107)	93,143 (140)	256
	地方管理空港計	国際	0 (0)	3 (—)	6,666 (—)	19
		国内	7,113,894 (38)	9,633,415 (135)	16,737,314 (174)	45,856
		計	7,113,894 (36)	9,633,418 (135)	16,743,980 (174)	45,874
共用空港	札幌	国際	0 (—)	0 (—)	0 (—)	0
		国内	162,337 (61)	195,896 (121)	320,286 (163)	878
		計	162,337 (61)	195,896 (121)	320,286 (163)	878
	三沢	国際	0 (—)	0 (—)	0 (—)	0
		国内	81,995 (27)	153,719 (187)	307,812 (200)	844
		計	81,995 (27)	153,719 (187)	307,812 (200)	844
	百里	国際	0 (0)	0 (—)	1,143 (—)	4
		国内	208,570 (33)	279,745 (134)	595,393 (213)	1,632
		計	208,570 (27)	279,745 (134)	596,536 (213)	1,635
	小松	国際	0 (0)	0 (—)	0 (—)	0
		国内	384,886 (24)	542,668 (141)	1,143,850 (211)	3,134
		計	384,886 (21)	542,668 (141)	1,143,850 (211)	3,134
	美保	国際	0 (0)	0 (—)	96 (—)	1
		国内	137,591 (24)	199,214 (145)	399,348 (200)	1,095
		計	137,591 (22)	199,214 (145)	399,444 (201)	1,095
	岩国	国際	0 (—)	0 (—)	185 (—)	1
		国内	77,006 (16)	132,760 (172)	362,610 (273)	994
		計	77,006 (16)	132,760 (172)	362,795 (273)	994
	徳島	国際	0 (0)	0 (—)	466 (—)	2
		国内	259,876 (23)	397,599 (153)	839,163 (211)	2,300
		計	259,876 (23)	397,599 (153)	839,629 (211)	2,301
	共用空港計	国際	0 (0)	0 (—)	1,890 (—)	6
		国内	1,312,261 (26)	1,901,601 (145)	3,968,462 (209)	10,873
		計	1,312,261 (24)	1,901,601 (145)	3,970,352 (209)	10,878

空港別乗降客数の推移

(単位：人)

種別	名称		令和2年度	令和3年度	令和4年度	令和4年度一日あたり
その他の空港	調布	国際	0 (—)	0 (—)	0 (—)	0
		国内	54,647 (58)	72,413 (133)	97,667 (135)	268
		計	54,647 (58)	72,413 (133)	97,667 (135)	268
	名古屋	国際	47 (8)	6 (13)	151 (2517)	1
		国内	339,332 (38)	505,640 (149)	842,634 (167)	2,309
		計	339,379 (38)	505,646 (149)	842,785 (167)	2,309
	但馬	国際	0 (—)	0 (—)	0 (—)	0
		国内	15,648 (39)	21,048 (135)	29,616 (141)	82
		計	15,648 (39)	21,048 (135)	29,616 (141)	82
	岡南	国際	0 (—)	0 (—)	0 (—)	0
		国内	8 (100)	19 (238)	4 (21)	1
		計	8 (100)	19 (238)	4 (21)	1
	天草	国際	0 (—)	0 (—)	0 (—)	0
		国内	16,613 (42)	26,648 (160)	38,742 (145)	107
		計	16,613 (42)	26,648 (160)	38,742 (145)	107
	大分県央	国際	0 (—)	0 (—)	0 (—)	0
		国内	0 (—)	0 (—)	1 (—)	1
		計	0 (—)	0 (—)	1 (—)	1
	八尾	国際	0 (—)	0 (—)	0 (—)	0
		国内	0 (—)	0 (—)	0 (—)	0
		計	0 (—)	0 (—)	0 (—)	0
	その他の空港計	国際	47 (8)	6 (13)	151 (2517)	1
		国内	426,248 (40)	625,768 (147)	1,008,664 (161)	2,764
		計	426,295 (40)	625,774 (147)	1,008,815 (161)	2,764
総計		国際	1,669,745 (2)	2,930,266 (175)	28,178,926 (962)	77,203
		国内	72,201,866 (33)	102,128,904 (143)	185,583,152 (182)	508,447
		計	73,871,611 (24)	105,059,170 (144)	213,762,078 (203)	585,650

(注) (1) ( ) 内は前年対比（%）で小数点以下四捨五入。
(2) 千人以下は四捨五入。
(3) 表中の計は、端数処理の関係で必ずしも表中の数値の合計と一致しない。
(4) (資料) 国土交通省「空港管理状況調書」

《飛行場》

国管理空港の空港別着陸料等収入　（単位：百万円）

空港名	令和3年度 収入額	空港名	令和3年度 収入額
東京国際	23,510	宮崎	250
新千歳	48	鹿児島	458
稚内	4	那覇	1,180
釧路	44	札幌（丘珠）	11
函館	90	三沢	29
新潟	73	百里	54
広島	149	小松	129
松山	197	美保	44
高知	123	岩国	28
北九州	230	徳島	86
長崎	239	八尾	19
大分	170		

（注）(1) 金額は、着陸料、停留料及び保安料の合計額。
(2) 百万円以下は四捨五入。

空港別貨物取扱量の推移

(単位:トン)

種別		名称		令和2年度	令和3年度	令和4年度	令和4年度一日あたり取扱量
拠点空港	会社管理空港	成田国際	国際	2,087,657 (102)	2,609,321 (125)	2,197,371 (84)	6,021
			国内	1,555 (7)	1,466 (94)	1,359 (93)	4
			計	2,089,212 (101)	2,610,787 (125)	2,198,730 (84)	6,024
		関西国際	国際	716,269 (97)	822,302 (115)	753,697 (92)	2,065
			国内	5,055 (35)	5,463 (108)	8,536 (156)	24
			計	721,324 (95)	827,765 (115)	762,233 (92)	2,089
		大阪国際	国際	0 (−)	0 (−)	0 (−)	0
			国内	75,735 (64)	81,327 (107)	87,935 (108)	241
			計	75,735 (64)	81,327 (107)	87,935 (108)	241
		中部国際	国際	103,575 (60)	111,699 (108)	117,396 (105)	322
			国内	10,408 (58)	9,101 (87)	8,973 (99)	25
			計	113,983 (60)	120,800 (106)	126,369 (105)	347
		会社管理空港計	国際	2,907,501 (98)	3,543,322 (122)	3,068,464 (87)	8,407
			国内	92,753 (53)	97,357 (105)	106,803 (110)	293
			計	3,000,254 (96)	3,640,679 (121)	3,175,267 (87)	8,700
	国管理空港	東京国際	国際	307,062 (55)	419,178 (137)	368,809 (88)	1,011
			国内	387,831 (61)	401,026 (103)	462,947 (115)	1,269
			計	694,893 (58)	820,204 (118)	831,756 (101)	2,279
		新千歳	国際	12,714 (79)	13,074 (103)	6,298 (48)	18
			国内	102,343 (67)	106,048 (104)	120,232 (113)	330
			計	115,057 (68)	119,122 (104)	126,530 (106)	347
		稚内	国際	0 (−)	0 (−)	0 (−)	0
			国内	13 (14)	36 (277)	176 (489)	1
			計	13 (14)	36 (277)	176 (489)	1
		釧路	国際	0 (−)	0 (−)	0 (−)	0
			国内	1,120 (52)	981 (88)	1,526 (156)	5
			計	1,120 (52)	981 (88)	1,526 (156)	5
		函館	国際	0 (−)	0 (−)	0 (−)	0
			国内	2,371 (41)	2,948 (124)	3,308 (112)	10
			計	2,371 (41)	2,948 (124)	3,308 (112)	10
		仙台	国際	0 (0)	0 (−)	5 (−)	1
			国内	1,552 (32)	1,273 (82)	1,405 (110)	4
			計	1,552 (31)	1,273 (82)	1,410 (111)	4
		新潟	国際	0 (0)	0 (−)	0 (−)	0
			国内	53 (42)	50 (94)	72 (144)	1
			計	53 (21)	50 (94)	72 (144)	1
		広島	国際	0 (0)	0 (−)	5 (−)	1
			国内	6,263 (36)	5,820 (93)	7,084 (122)	20
			計	6,263 (36)	5,820 (93)	7,089 (122)	20
		高松	国際	0 (0)	0 (−)	0 (−)	0
			国内	1,983 (34)	1,713 (86)	1,998 (117)	6
			計	1,983 (34)	1,713 (86)	1,998 (117)	6
		松山	国際	0 (0)	0 (−)	0 (−)	0
			国内	2,613 (35)	2,601 (100)	3,540 (136)	10
			計	2,613 (35)	2,601 (100)	3,540 (136)	10
		高知	国際	0 (−)	0 (−)	0 (−)	0
			国内	1,662 (58)	1,841 (111)	2,023 (110)	6
			計	1,662 (58)	1,841 (111)	2,023 (110)	6

《飛行場》

空港別貨物取扱量の推移　（単位：トン）

種別		名称		令和2年度	令和3年度	令和4年度	令和4年度一日あたり取扱量
拠点空港	国管理空港	福岡	国際	21,243 (45)	26,507 (125)	25,626 (97)	71
			国内	111,669 (57)	119,084 (107)	122,392 (103)	336
			計	132,912 (55)	145,591 (110)	148,018 (102)	406
		北九州	国際	13,678 (260)	19,606 (143)	15,156 (77)	42
			国内	1,684 (45)	2,185 (130)	2,310 (106)	7
			計	15,362 (171)	21,791 (142)	17,466 (80)	48
		長崎	国際	1 (3)	2 (200)	5 (250)	1
			国内	2,756 (22)	2,581 (94)	4,138 (160)	12
			計	2,757 (22)	2,583 (94)	4,143 (160)	12
		熊本	国際	0 (−)	0 (−)	0 (−)	0
			国内	5,221 (34)	4,485 (86)	7,713 (172)	22
			計	5,221 (34)	4,485 (86)	7,713 (172)	22
		大分	国際	0 (−)	0 (−)	0 (−)	0
			国内	2,648 (44)	3,005 (113)	3,709 (123)	11
			計	2,648 (44)	3,005 (113)	3,709 (123)	11
		宮崎	国際	0 (0)	0 (−)	0 (−)	0
			国内	4,074 (66)	4,326 (106)	4,319 (100)	12
			計	4,074 (66)	4,326 (106)	4,319 (100)	12
		鹿児島	国際	753 (44)	193 (26)	334 (173)	1
			国内	11,526 (47)	14,324 (124)	16,741 (117)	46
			計	12,279 (47)	14,517 (118)	17,075 (118)	47
		那覇	国際	1,146 (1)	1,775 (155)	1,284 (72)	4
			国内	160,166 (79)	169,518 (106)	183,734 (108)	504
			計	161,312 (53)	171,293 (106)	185,018 (108)	507
		国管理空港計	国際	356,597 (49)	480,335 (135)	417,522 (87)	1,144
			国内	807,548 (62)	843,845 (104)	949,367 (113)	2,602
			計	1,164,145 (57)	1,324,180 (114)	1,366,889 (103)	3,745
	特定地方管理空港	旭川	国際	0 (−)	0 (−)	0 (−)	0
			国内	1,604 (30)	1,946 (121)	3,197 (164)	9
			計	1,604 (30)	1,946 (121)	3,197 (164)	9
		帯広	国際	0 (−)	0 (−)	0 (−)	0
			国内	583 (30)	353 (61)	2,815 (797)	8
			計	583 (30)	353 (61)	2,815 (797)	8
		秋田	国際	0 (−)	0 (−)	0 (−)	0
			国内	427 (33)	518 (121)	478 (92)	2
			計	427 (33)	518 (121)	478 (92)	2
		山形	国際	0 (−)	0 (−)	0 (−)	0
			国内	0 (0)	14 (−)	13 (−)	1
			計	0 (0)	14 (−)	13 (−)	1
		山口宇部	国際	0 (−)	0 (−)	0 (−)	0
			国内	1,759 (64)	1,667 (95)	1,757 (105)	5
			計	1,759 (64)	1,667 (95)	1,757 (105)	5
		特定地方管理空港計	国際	0 (−)	0 (−)	0 (−)	0
			国内	4,373 (38)	4,498 (103)	8,260 (184)	23
			計	4,373 (38)	4,498 (103)	8,260 (184)	23
	拠点空港計		国際	3,264,098 (88)	4,023,657 (123)	3,485,986 (87)	9,551
			国内	904,674 (61)	945,700 (105)	1,064,430 (113)	2,917
			計	4,168,772 (80)	4,969,357 (119)	4,550,416 (92)	12,467

空港別貨物取扱量の推移

(単位：トン)

種別	名称		令和2年度	令和3年度	令和4年度	令和4年度一日あたり取扱量
地方管理空港	利尻	国際	0 (－)	0 (－)	0 (－)	0
		国内	0 (0)	0 (－)	0 (－)	0
		計	0 (0)	0 (－)	0 (－)	0
	礼文	国際	0 (－)	0 (－)	0 (－)	0
		国内	0 (－)	0 (－)	0 (－)	0
		計	0 (－)	0 (－)	0 (－)	0
	奥尻	国際	0 (－)	0 (－)	0 (－)	0
		国内	1 (－)	1 (100)	0 (0)	0
		計	1 (－)	1 (100)	0 (0)	0
	中標津	国際	0 (－)	0 (－)	0 (－)	0
		国内	34 (15)	88 (259)	131 (149)	1
		計	34 (15)	88 (259)	131 (149)	1
	紋別	国際	0 (－)	0 (－)	0 (－)	0
		国内	0 (－)	2 (－)	0 (－)	0
		計	0 (－)	2 (－)	0 (－)	0
	女満別	国際	0 (－)	0 (－)	0 (－)	0
		国内	965 (65)	970 (101)	991 (102)	3
		計	965 (65)	970 (101)	991 (102)	3
	青森	国際	0 (0)	0 (－)	0 (－)	0
		国内	549 (34)	533 (97)	597 (112)	2
		計	549 (34)	533 (97)	597 (112)	2
	花巻	国際	0 (－)	0 (－)	0 (－)	0
		国内	93 (59)	150 (161)	149 (99)	1
		計	93 (59)	150 (161)	149 (99)	1
	大館能代	国際	0 (－)	0 (－)	0 (－)	0
		国内	140 (77)	153 (109)	136 (89)	1
		計	140 (77)	153 (109)	136 (89)	1
	庄内	国際	0 (－)	0 (－)	0 (－)	0
		国内	365 (56)	294 (81)	442 (150)	2
		計	365 (56)	294 (81)	442 (150)	2
	福島	国際	0 (－)	0 (－)	0 (－)	0
		国内	17 (19)	4 (24)	9 (225)	1
		計	17 (19)	4 (24)	9 (225)	1
	大島	国際	0 (－)	0 (－)	0 (－)	0
		国内	12 (100)	12 (100)	12 (100)	1
		計	12 (100)	12 (100)	12 (100)	1
	新島	国際	0 (－)	0 (－)	0 (－)	0
		国内	13 (93)	13 (100)	12 (92)	1
		計	13 (93)	13 (100)	12 (92)	1
	神津島	国際	0 (－)	0 (－)	0 (－)	0
		国内	0 (－)	0 (－)	0 (－)	0
		計	0 (－)	0 (－)	0 (－)	0
	三宅島	国際	0 (－)	0 (－)	0 (－)	0
		国内	0 (－)	0 (－)	0 (－)	0
		計	0 (－)	0 (－)	0 (－)	0
	八丈島	国際	0 (－)	0 (－)	0 (－)	0
		国内	431 (52)	491 (114)	632 (129)	2
		計	431 (52)	491 (114)	632 (129)	2

《飛行場》

空港別貨物取扱量の推移　(単位：トン)

種別	名称		令和2年度	令和3年度	令和4年度	令和4年度一日あたり取扱量
地方管理空港	佐渡	国際	0 (−)	0 (−)	0 (−)	0
		国内	0 (−)	0 (−)	0 (−)	0
		計	0 (−)	0 (−)	0 (−)	0
	富山	国際	1 (4)	0 (0)	0 (−)	0
		国内	254 (36)	287 (113)	251 (87)	1
		計	255 (35)	287 (113)	251 (87)	1
	能登	国際	0 (−)	0 (−)	0 (−)	0
		国内	3 (60)	2 (67)	4 (200)	1
		計	3 (60)	2 (67)	4 (200)	1
	福井	国際	0 (−)	0 (−)	0 (−)	0
		国内	0 (−)	0 (−)	0 (−)	0
		計	0 (−)	0 (−)	0 (−)	0
	松本	国際	0 (−)	0 (−)	0 (−)	0
		国内	0 (−)	0 (−)	0 (−)	0
		計	0 (−)	0 (−)	0 (−)	0
	静岡	国際	0 (0)	0 (−)	0 (−)	0
		国内	34 (8)	1 (3)	12 (1200)	1
		計	34 (3)	1 (3)	12 (1200)	1
	神戸	国際	0 (−)	0 (−)	0 (−)	0
		国内	0 (−)	0 (−)	0 (−)	0
		計	0 (−)	0 (−)	0 (−)	0
	南紀白浜	国際	0 (−)	0 (−)	0 (−)	0
		国内	4 (29)	8 (200)	12 (150)	1
		計	4 (29)	8 (200)	12 (150)	1
	鳥取	国際	0 (−)	0 (−)	0 (−)	0
		国内	294 (54)	296 (101)	304 (103)	1
		計	294 (54)	296 (101)	304 (103)	1
	隠岐	国際	0 (−)	0 (−)	0 (−)	0
		国内	0 (−)	0 (−)	0 (−)	0
		計	0 (−)	0 (−)	0 (−)	0
	出雲	国際	0 (−)	0 (−)	0 (−)	0
		国内	307 (33)	284 (93)	363 (128)	1
		計	307 (33)	284 (93)	363 (128)	1
	石見	国際	0 (−)	0 (−)	0 (−)	0
		国内	0 (−)	0 (−)	0 (−)	0
		計	0 (−)	0 (−)	0 (−)	0
	岡山	国際	0 (0)	0 (−)	0 (−)	0
		国内	1,397 (27)	1,732 (124)	2,194 (127)	7
		計	1,397 (26)	1,732 (124)	2,194 (127)	7
	佐賀	国際	0 (−)	0 (−)	0 (−)	0
		国内	476 (54)	784 (165)	521 (66)	2
		計	476 (54)	784 (165)	521 (66)	2
	対馬	国際	0 (−)	0 (−)	0 (−)	0
		国内	173 (71)	167 (97)	167 (100)	1
		計	173 (71)	167 (97)	167 (100)	1
	小値賀	国際	0 (−)	0 (−)	0 (−)	0
		国内	0 (−)	0 (−)	0 (−)	0
		計	0 (−)	0 (−)	0 (−)	0

空港別貨物取扱量の推移

(単位：トン)

種別	名称		令和2年度	令和3年度	令和4年度	令和4年度一日あたり取扱量
地方管理空港	福江	国際	0 (－)	0 (－)	0 (－)	0
		国内	120 (83)	117 (98)	120 (103)	1
		計	120 (83)	117 (98)	120 (103)	1
	上五島	国際	0 (－)	0 (－)	0 (－)	0
		国内	0 (－)	0 (－)	0 (－)	0
		計	0 (－)	0 (－)	0 (－)	0
	壱岐	国際	0 (－)	0 (－)	0 (－)	0
		国内	0 (－)	0 (－)	0 (－)	0
		計	0 (－)	0 (－)	0 (－)	0
	種子島	国際	0 (－)	0 (－)	0 (－)	0
		国内	119 (104)	142 (119)	143 (101)	1
		計	119 (104)	142 (119)	143 (101)	1
	屋久島	国際	0 (－)	0 (－)	0 (－)	0
		国内	79 (87)	93 (118)	84 (90)	1
		計	79 (87)	93 (118)	84 (90)	1
	奄美	国際	0 (－)	0 (－)	0 (－)	0
		国内	663 (73)	685 (103)	686 (100)	2
		計	663 (73)	685 (103)	686 (100)	2
	喜界	国際	0 (－)	0 (－)	0 (－)	0
		国内	117 (81)	125 (107)	115 (92)	1
		計	117 (81)	125 (107)	115 (92)	1
	徳之島	国際	0 (－)	0 (－)	0 (－)	0
		国内	167 (85)	173 (104)	156 (90)	1
		計	167 (85)	173 (104)	156 (90)	1
	沖永良部	国際	0 (－)	0 (－)	0 (－)	0
		国内	95 (99)	93 (98)	84 (90)	1
		計	95 (99)	93 (98)	84 (90)	1
	与論	国際	0 (－)	0 (－)	0 (－)	0
		国内	54 (113)	50 (93)	49 (98)	1
		計	54 (113)	50 (93)	49 (98)	1
	粟国	国際	0 (－)	0 (－)	0 (－)	0
		国内	0 (－)	0 (－)	0 (－)	0
		計	0 (－)	0 (－)	0 (－)	0
	久米島	国際	0 (－)	0 (－)	0 (－)	0
		国内	1,242 (83)	1,346 (108)	1,403 (104)	4
		計	1,242 (83)	1,346 (108)	1,403 (104)	4
	慶良間	国際	0 (－)	0 (－)	0 (－)	0
		国内	0 (－)	0 (－)	0 (－)	0
		計	0 (－)	0 (－)	0 (－)	0
	南大東	国際	0 (－)	0 (－)	0 (－)	0
		国内	330 (119)	398 (121)	337 (85)	1
		計	330 (119)	398 (121)	337 (85)	1
	北大東	国際	0 (－)	0 (－)	0 (－)	0
		国内	113 (135)	137 (121)	118 (86)	1
		計	113 (135)	137 (121)	118 (86)	1
	伊江島	国際	0 (－)	0 (－)	0 (－)	0
		国内	0 (－)	0 (－)	0 (－)	0
		計	0 (－)	0 (－)	0 (－)	0

《飛行場》

空港別貨物取扱量の推移 (単位：トン)

種別	名称		令和2年度	令和3年度	令和4年度	令和4年度一日あたり取扱量
地方管理空港	宮古	国際	0 (－)	0 (－)	0 (－)	0
		国内	11,361 (96)	12,574 (111)	13,347 (106)	37
		計	11,361 (96)	12,574 (111)	13,347 (106)	37
	下地島	国際	0 (－)	0 (－)	0 (－)	0
		国内	0 (－)	278 (－)	360 (－)	1
		計	0 (－)	278 (－)	360 (－)	1
	多良間	国際	0 (－)	0 (－)	0 (－)	0
		国内	219 (88)	237 (108)	300 (127)	1
		計	219 (88)	237 (108)	300 (127)	1
	新石垣	国際	0 (－)	0 (－)	0 (－)	0
		国内	13,657 (79)	15,757 (115)	17,531 (111)	49
		計	13,657 (79)	15,757 (115)	17,531 (111)	49
	波照間	国際	0 (－)	0 (－)	0 (－)	0
		国内	0 (－)	0 (－)	0 (－)	0
		計	0 (－)	0 (－)	0 (－)	0
	与那国	国際	0 (－)	0 (－)	0 (－)	0
		国内	342 (77)	387 (113)	399 (103)	2
		計	342 (77)	387 (113)	399 (103)	2
	地方管理空港計	国際	1 (0)	0 (0)	0 (－)	0
		国内	34,240 (72)	38,864 (114)	42,171 (109)	116
		計	34,241 (71)	38,864 (114)	42,171 (109)	116
共用空港	札幌	国際	0 (－)	0 (－)	0 (－)	0
		国内	0 (0)	0 (－)	0 (－)	0
		計	0 (0)	0 (－)	0 (－)	0
	三沢	国際	0 (－)	0 (－)	0 (－)	0
		国内	180 (39)	340 (189)	627 (184)	2
		計	180 (39)	340 (189)	627 (184)	2
	百里	国際	0 (0)	0 (－)	0 (－)	0
		国内	0 (－)	0 (－)	0 (－)	0
		計	0 (0)	0 (－)	0 (－)	0
	小松	国際	5,570 (99)	5,162 (93)	4,941 (96)	14
		国内	960 (48)	730 (76)	950 (130)	3
		計	6,530 (86)	5,892 (90)	5,891 (100)	17
	美保	国際	0 (－)	0 (－)	0 (－)	0
		国内	566 (40)	683 (121)	806 (118)	3
		計	566 (40)	683 (121)	806 (118)	3
	岩国	国際	0 (－)	0 (－)	0 (－)	0
		国内	151 (91)	212 (140)	308 (145)	1
		計	151 (91)	212 (140)	308 (145)	1
	徳島	国際	0 (－)	0 (－)	0 (－)	0
		国内	746 (32)	841 (113)	972 (116)	3
		計	746 (32)	841 (113)	972 (116)	3
	共用空港計	国際	5,570 (95)	5,162 (93)	4,941 (96)	14
		国内	2,603 (41)	2,806 (108)	3,663 (131)	11
		計	8,173 (67)	7,968 (97)	8,604 (108)	24

空港別貨物取扱量の推移

(単位：トン)

種別	名称		令和2年度	令和3年度	令和4年度	令和4年度一日あたり取扱量
その他の空港	調布	国際	0 (－)	0 (－)	0 (－)	0
		国内	32 (84)	34 (106)	30 (88)	1
		計	32 (84)	34 (106)	30 (88)	1
	名古屋	国際	0 (－)	0 (－)	0 (－)	0
		国内	0 (－)	0 (－)	0 (－)	0
		計	0 (－)	0 (－)	0 (－)	0
	但馬	国際	0 (－)	0 (－)	0 (－)	0
		国内	0 (－)	0 (－)	0 (－)	0
		計	0 (－)	0 (－)	0 (－)	0
	岡南	国際	0 (－)	0 (－)	0 (－)	0
		国内	0 (－)	0 (－)	0 (－)	0
		計	0 (－)	0 (－)	0 (－)	0
	天草	国際	0 (－)	0 (－)	0 (－)	0
		国内	0 (－)	0 (－)	0 (－)	0
		計	0 (－)	0 (－)	0 (－)	0
	大分県央	国際	0 (－)	0 (－)	0 (－)	0
		国内	0 (－)	0 (－)	0 (－)	0
		計	0 (－)	0 (－)	0 (－)	0
	八尾	国際	0 (－)	0 (－)	0 (－)	0
		国内	0 (－)	0 (－)	0 (－)	0
		計	0 (－)	0 (－)	0 (－)	0
	その他の空港計	国際	0 (－)	0 (－)	0 (－)	0
		国内	32 (84)	34 (106)	30 (88)	1
		計	32 (84)	34 (106)	30 (88)	1
総計		国際	3,269,669 (88)	4,028,819 (123)	3,490,927 (87)	9,565
		国内	941,549 (61)	987,404 (105)	1,110,294 (112)	3,042
		計	4,211,218 (80)	5,016,223 (119)	4,601,221 (92)	12,607

(注) (1) (　) 内は前年対比 (%) で小数点以下四捨五入。
(2) 1日当たり取扱量の表中、計については、端数処理の関係で必ずしも表中の数値の合計と一致しない。
(3) (資料) 国土交通省「空港管理状況調書」

《飛行場》

世界の主要空港一覧表

順位	空港名	国名	都市名
1	Hartsfield-Jackson Atlanta International Airport	アメリカ	アトランタ
2	Dallas-Fort Worth International Airport	アメリカ	ダラスフォートワース
3	Denver International Airport	アメリカ	デンバー
4	Chicago-O'Hare International Airport	アメリカ	シカゴ
5	Los Angeles International Airport	アメリカ	ロサンゼルス
6	Charlotte/Douglas International Airport	アメリカ	シャーロット
7	Orlando International Airport	アメリカ	オーランド
8	Guangzhou Bai Yun International Airport	中国	広州
9	Chengdu Shuangliu International Airport	中国	成都
10	Harry Reid International Airport	アメリカ	ラスベガス
11	Phoenix Sky Harbor International Airport	アメリカ	フェニックス
12	Miami International Airport	アメリカ	マイアミ
13	Indira Gandhi International Airport	インド	ニューデリー
14	Istanbul International Airport	トルコ	イスタンブール
15	Shenzhen Baoan International Airport	中国	深圳
16	Seattle-Tacoma International Airport	アメリカ	シアトル
17	Aeropuerto Internacional de la Ciudad de México "Lic Benito Juárez"	メキシコ	メキシコシティ
18	Chongqing Jiangbei International Airport	中国	重慶
19	Hongqiao International Airport	中国	上海
20	Beijing Capital International Airport	中国	北京

（出典）滑走路本数及び滑走路長：2023年6月現在の各国「AIP aeronautical information publication」等による
乗降客数及び発着回数：「ACI Annual World Airport Traffic Dataset, 2022 Edition」

滑走路本数	滑走路1	滑走路2	滑走路3	滑走路4	滑走路5	滑走路6	滑走路7	滑走路8	乗降客数（千人）	発着回数（千回）
5	2743	2743	3777	3048	2743				75,705	708
7	2743	2835	4084	2591	4084	4084	4085		62,466	652
6	3658	3658	3658	4877	3658	3658			58,829	581
8	2286	2461	3432	2286	3428	3292	3963	2286	54,020	684
4	2721	3318	3939	3382					48,007	507
4	2287	3048	2645	2743					43,302	520
4	3659	3659	3048	2743					40,351	310
3	3600	3800	3800						40,259	362
2	3600	3600							40,117	301
4	4424	3208	2978	2739					39,754	487
3	3502	3139	2377						38,847	408
4	3967	3202	2853	2621					37,302	388
3	3813	4430	2816						37,140	327
5	3750	3750	4100	4100	3060				36,988	280
2	3400	3800							36,358	318
3	3627	2873	2591						36,154	375
2	4094	3920							36,057	328
3	3200	3600	3800						35,766	281
2	3400	3300							33,207	231
3	3800	3800	3200						32,639	298

《飛行場》

空港整備五箇年（七箇年）計画の推移 （単位：億円）

区分	第1次	第2次	第3次	第4次	第5次	第6次	第7次
計画期間	42~46年度	46~50年度	51~55年度	56~60年度	61~平成2年度	3~7年度	8~14年度
計画投資額	1,150	5,600	9,200	17,100	19,200	31,900	36,000
実績投資額	634	4,312	8,345	10,666	20,972	33,194	38,174
達成率(%)	55.1	77.0 (82.1)	90.7 (95.9)	62.4 (65.8)	109.2 (116.5)	104.1 (109.9)	106.0 (112.3)

（注）(1)「達成率」の欄の（　）内は、予備費、調整費を除いた計画投資額に対する達成率。
(2) 第1次空港整備五箇年計画については、「計画投資額」は42～46年度の五箇年計画の額であるのに対し、「実績投資額」は同計画が四箇年で改定されたことに伴い、42～45年度の四箇年間の額となっている。
(3) 第7次空港整備七箇年計画については、「実績投資額」及び「達成率」は、平成8～14年度最終実施額による。

年度別空港整備事業費の推移

(単位：百万円)

空港名＼年度			R2	R3	R4	R5
拠点空港	会社管理空港	成田国際空港	4,557	7,667	17,570	15,556
		中部国際空港	1,989	776	891	908
		関西国際空港	4,711	3,052	2,626	2,810
		大阪国際空港	2,973	1,816	2,189	2,015
	国管理空港	東京国際空港	70,008	50,194	48,778	55,290
		上記を除く国管理空港	98,805	71,372	85,003	83,021
		特定地方管理空港	4,426	2,233	2,423	2,434
地方管理空港			9,167	8,766	10,519	13,748
その他飛行場			2,723	2,936	2,812	2,195
空港調査費			569	575	597	622
環境対策費			1,674	1,299	1,504	1,063
合計			201,603	150,687	174,912	179,662

(注) (1) 本表は国の歳出分を計上したもので国の補助事業に係る地方公共団体等の負担額は計上されていない。
(2) その他飛行場欄は札幌，三沢，百里，小松，美保，岩国，徳島，名古屋，岡南，天草、八尾に係る分である。
(3) 後進地域特例法適用団体補助率差額は地方管理空港の欄で整理している。
(4) 金額は当初実施計画額である。
(5) 計数は、端数処理の関係で合計額に一致しないところがある。

《飛行場》

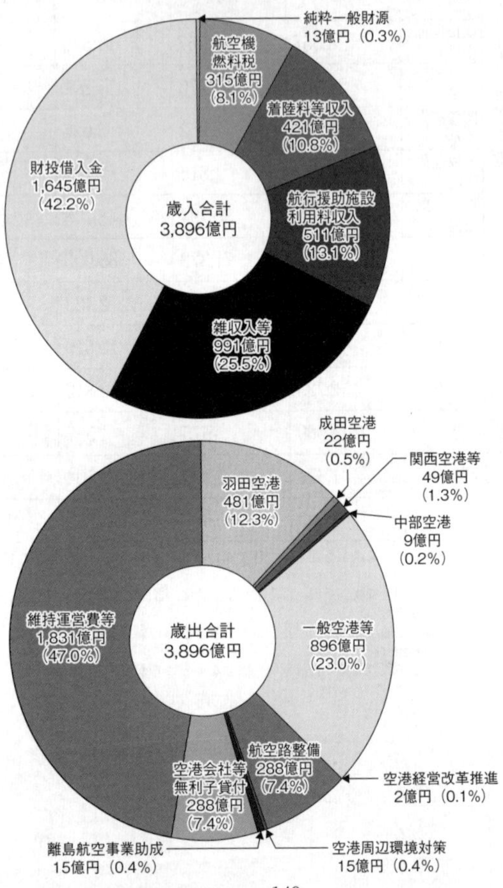
空港整備勘定の歳入・歳出
【令和４年度予算】
純粋一般財源
13億円（0.3%）
航空機
燃料税
315億円
(8.1%)
着陸料等収入
421億円
(10.8%)
航行援助施設
利用料収入
511億円
(13.1%)
雑収入等
991億円
(25.5%)
財投借入金
1,645億円
(42.2%)
歳入合計
3,896億円
成田空港
22億円
(0.5%)
関西空港等
49億円
(1.3%)
中部空港
9億円
(0.2%)
羽田空港
481億円
(12.3%)
一般空港等
896億円
(23.0%)
維持運営費等
1,831億円
(47.0%)
歳出合計
3,896億円
航空路整備
288億円
(7.4%)
空港会社等
無利子貸付
288億円
(7.4%)
空港経営改革推進
2億円（0.1%）
離島航空事業助成
15億円（0.4%）
空港周辺環境対策
15億円（0.4%）

空港整備勘定の歳入・歳出

【令和５年度予算】

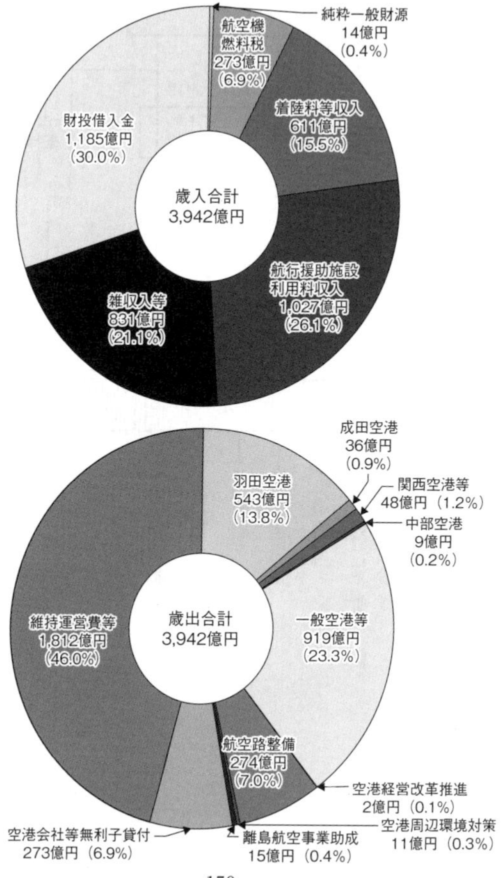

《飛行場》

自動車安全特別会計空港整備勘定のしくみ（令和5年度）

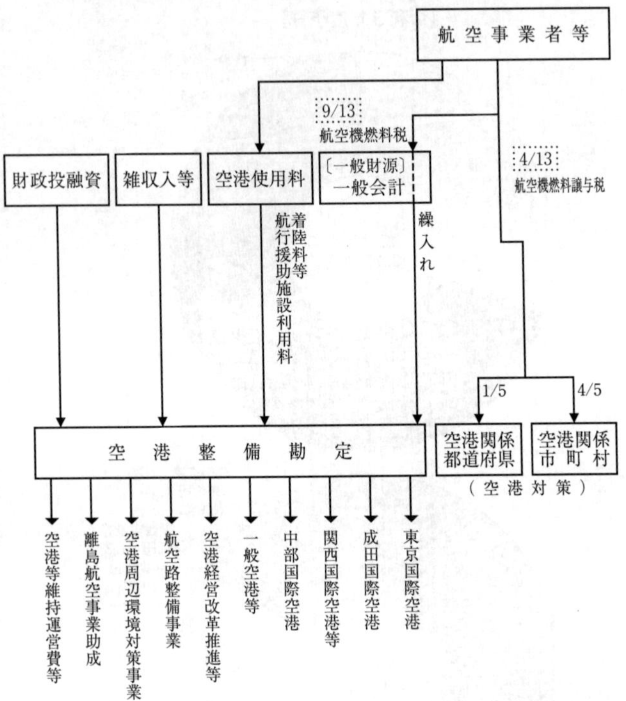

（注）［点線枠］書きは令和5年度の措置

空港使用料等に関する制度

（令和5年4月1日現在）

名　　称	根拠法令	徴収目的等
空港の使用料 着陸料 停留料 保安料	国土交通大臣が設置し、及び管理する空港の使用料に関する告示（昭和45年運輸省告示第76号） （45. 4. 1から適用）	空港の諸施設使用等の対価である。この徴収金は、自動車安全特別会計（空港整備勘定）の歳入の一つに充てられる。 （特別会計に関する法律附則第259条の3第5項）
航行援助施設利用料	航行援助施設利用料に関する告示（昭和46年運輸省告示第238号） （46. 8. 1から適用）	航行援助施設（レーダー、無線設備、管制通信施設等）の使用についての対価である。この徴収金は、自動車安全特別会計（空港整備勘定）の歳入の一つに充てられる。（特別会計に関する法律附則第259条の3第5項）
航空機燃料税	航空機燃料税法（昭和47年法律第7号） （47. 4. 1から適用）	空港及び航空路施設の整備、航空機騒音対策等の財源に充てるため、この税の収入見込額11/13※が自動車安全特別会計（空港整備勘定）に繰り入れられ、残りが譲与税として空港関係地方公共団体に譲与される。（特別会計に関する法律附則第259条の5、航空機燃料譲与税法）

※令和5年度については9/13

《飛行場》

自動車安全特別会計空港整備勘定の収支推移

（単位：億円）

	区分	25	26	27	28	29	30	元	2	3	4	5
歳出	国際拠点空港	333	431	422	641	709	810	884	1,143	636	722	766
	東京国際空港	203	291	292	498	609	712	733	700	502	488	553
	成田国際空港	42	29	44	49	39	52	81	346	77	176	156
	関西国際空港等	74	87	83	83	38	29	31	77	49	49	48
	中部国際空港	14	24	3	12	24	17	39	20	8	9	9
	一般空港等	253	731	743	819	838	1,112	1,014	1,153	827	896	919
	空港経営改革推進等	2	6	6	6	6	7	6	4	33	129	145
	空港等機能高質化事業	46	—	—	—	—	—	—	—	—	—	—
	航空安全・保安対策	226	—	—	—	—	—	—	—	—	—	—
	航空路整備事業	174	255	270	319	322	356	352	375	288	288	274
	空港周辺環境対策事業	35	40	30	21	30	50	29	17	13	15	11
	離島航空事業助成	5	15	53	64	48	28	27	6	20	15	15
	空港等維持運営費等	2,203	2,178	2,171	1,975	1,937	1,947	1,976	3,926	2,103	1,831	1,812
	合計	3,277	3,656	3,695	3,845	3,891	4,309	4,288	6,623	3,919	3,896	3,942
歳入	一般会計より受入	772	897	877	851	809	785	894	562	163	328	287
	一般財源	270	313	345	340	286	271	372	16	15	13	14
	航空機燃料税	502	584	532	511	523	514	522	547	148	315	273
	空港使用料収入	1,959	2,018	2,081	2,104	2,263	2,306	2,373	2,499	1,046	932	1,638
	着陸料等収入	703	704	756	794	866	881	827	882	410	421	611
	航行援助施設利用料収入	1,256	1,314	1,325	1,310	1,396	1,425	1,547	1,617	636	511	1,027
	雑収入等	546	741	737	890	819	1,218	1,020	3,562	1,531	991	831
	財政投融資	—	—	—	—	—	—	—	—	1,178	1,645	1,185
	合計	3,277	3,656	3,695	3,845	3,891	4,309	4,288	6,623	3,919	3,896	3,942

（注）(1) 特別会計に関する法律（平成19年法律第23号）に基づき、従来の空港整備特別会計は社会資本整備事業特別会計に統合され、平成20年度からは「空港整備勘定」として計上していたが、特別会計に関する法律等の一部を改正する等の法律（平成25年法律第76号）に基づき平成25年度をもって廃止され、平成26年度からは自動車安全特別会計空港整備勘定に計上している。

(2)「一般会計より受入」には、沖縄総合事務局及び北海道開発局の一般会計に計上の工事諸費を含み、平成26年度以降は地方整備局及び国土技術政策総合研究所の工事諸費を含む。

(3) 平成25年度の計数には、社会資本整備事業特別会計業務勘定に計上の業務取扱費等を含む。

(4) 本表には、新しい日本のための優先課題推進枠（26年度305億円、27年度140億円、28年度121億円、29年度123億円、30年度134億円、元年度120億円）、防災・減災、国土強靱化のための3か年緊急対策（元年度139億円、2年度93億円）を含む。

(5) この他、平成25年度〜令和3年度には、NTT-Aの償還関連経費（各年度26億円）がある。

(6) 平成25年度の「航空安全・保安対策」に係る分については、「空港等維持運営費等」から外に区分して計上している。

(7)「空港等維持運営費等」には、財政投融資等の借入金償還経費を含む。

(8)「東京国際空港」には無利子貸付金（4年度7億円、5年度10億円）を含む。

(9)「成田国際空港」には無利子貸付金（3年度50億円、4年度154億円、5年度120億円）を含む。

(10)「空港経営改革推進等」には無利子貸付金（3年度30億円、4年度127億円、5年度143億円）を含む。

(11)「一般空港等」には空港等災害復旧事業費（3年度3億円、4年度3億円、5年度3億円）を含む。

(12) 計数は、端数処理の関係で合計額に一致しないところがある。

空港整備事業費における国の負担率及び補助率一覧表

空港の種類		設置管理者	負担補助の別	施設	新設又は改良					災害復旧	地方空港整備特別事業
					一般	北海道	離島	奄美	沖縄		
拠点空港	東京国際空港	国土交通大臣	負担	基本施設	100 (%)	—	—	—	—	100	—
				附帯施設	100	—	—	—	—	100	—
	国管理空港 上記空港を除く	国土交通大臣	負担	基本施設	2/3	85	80	—	95	80	—
				附帯施設	100	100	100	—	100	100	—
	特定地方管理空港	(管)地方公共団体 (設)国土交通大臣	負担	基本施設	55	2/3	80	—	90	80	—
			補助		—	—	—	—	—	—	40以内
			補助	附帯施設	55以内	2/3以内	80	—	90	80以内	0
地方管理空港		地方公共団体	負担	基本施設	50	60	80	80	90	80	—
			補助		—	—	—	—	—	—	40以内
			補助	附帯施設	50以内	60以内	80	80	90	80以内	0
共用空港 自衛隊		防衛大臣	負担	基本施設	2/3	85	—	—	—	80	—
				附帯施設	100	100	—	—	—	100	—

(注) (1) 拠点空港のうち、成田国際空港は成田国際空港株式会社が、中部国際空港は中部国際空港株式会社が、関西国際空港及び大阪国際空港は新関西国際空港株式会社が設置管理者である。

(2) 基本施設とは、滑走路、着陸帯、誘導路、エプロン、照明施設及び政令で定める空港用地をいう。

(3) 附帯施設とは、排水施設、護岸、道路、自動車駐車場及び橋をいう。

(4) 一般、北海道及び災害復旧については、「空港法」及び「同法施行令」による。

(5) 離島の特例は、「離島振興法」による。

(6) 奄美群島の特例は、「奄美群島振興開発特別措置法」及び「同法施行令」による

(7) 沖縄の特例は、「沖縄振興特別措置法」及び「同法施行令」による。

(8) 後進地域の地方公共団体については、「後進地域の開発に関する公共事業に係る国の負担割合の特例に関する法律」により、負担金の軽減又は補助金の嵩上げが行われる。

《飛行場》

(9) 地方空港整備特別事業とは、空港法附則第6条の規定により国が補助することができる滑走路延長工事、ILSの高カテゴリー化に伴う照明施設等を整備する事業をいう。

〈参　考〉

地方公共団体が設置管理者であって全国的航空ネットワーク機能を補完する空港の整備

地方公共団体が設置管理者であって全国的航空ネットワーク機能を補完する空港の整備について、整備費の40%を補助する制度がある。

空港施設の所有者

種別		設置者	管理者	基本施設（滑走路・誘導路・エプロン）	管制施設	旅客ターミナルビル
拠点空港	東京国際空港	国（国土交通大臣）	国（国土交通大臣）	国（国土交通大臣）	国（国土交通大臣）	民間
	成田国際空港	成田国際空港株式会社	成田国際空港株式会社	成田国際空港株式会社	国（国土交通大臣）	成田国際空港株式会社
	関西国際空港 大阪国際空港	新関西国際空港株式会社	新関西国際空港株式会社	新関西国際空港株式会社	国（国土交通大臣）	新関西国際空港株式会社
	中部国際空港	中部国際空港株式会社	中部国際空港株式会社	中部国際空港株式会社	国（国土交通大臣）	中部国際空港株式会社
	上記空港を除く国管理空港	国（国土交通大臣）	国（国土交通大臣）	国（国土交通大臣）	国（国土交通大臣）	民間
	特定地方管理空港	国（国土交通大臣）	地方公共団体	地方公共団体	国（国土交通大臣）	民間
地方管理空港		地方公共団体	地方公共団体	地方公共団体	国（国土交通大臣）	地方公共団体 民間

新関空会社概要

会　社　名　新関西国際空港株式会社
本店所在地　大阪府泉南郡田尻町泉州空港中1番地
設立年月日　2012年4月1日
資　本　金　3,000億（2023年3月31日現在）
株式構成　政府：100％
従　業　員　32人（2023年3月31日現在）
主な役員　代表取締役社長：保田　亨
代表取締役副社長：新垣　慶太

経営状況（2022年度連結）
営業収益　56,349百万円　（対前年比104％）
営業利益　18,023百万円　（対前年比122％）
経常利益　11,474百万円　（対前年比152％）
当期純利益（※）　3,124百万円　（対前年比451％）
※親会社株主に帰属する当期純利益
（注1）関西国際空港と大阪国際空港の合計
（注2）2016年4月1日から、関西エアポート株式会社へ両空港の運営権を設定し、新関空会社の業務は関西エアポート株式会社が行う空港運営のモニタリング及びコンセッション後も新関空会社に残る業務のみとなっている。

空港の従業員について

従業員数
関西国際空港14,598人（2017年度の前回調査より2,765人減少）
大阪国際空港6,229人（2018年度の前回調査より249人増加）

事業者数
関西国際空港358者（2017年度の前回調査より3者増加）
大阪国際空港139者（2018年度の前回調査より27者増加）

出典：2021年度関西国際空港、大阪国際空港、神戸空港従業員調査（関西エアポート株式会社が実施）

中部会社概要

会　社　名	中部国際空港株式会社
本店所在地	愛知県常滑市セントレア一丁目1番地
設立年月日	1998年5月1日 （1998年7月1日中部国際空港等の設置及び管理を行う者として指定される）
資　本　金	836億6,800万円（2023年4月1日現在）
株式構成	政府：40% 地方公共団体：10% 民間：50%
従　業　員	308人（2023年4月1日現在）
主な役員	代表取締役社長：犬塚　力 代表取締役副社長：櫻井　俊樹

経営状況 （2022年度連結）	売上高	24,509百万円	（対前年比150.0%）
	営業利益	△6,749百万円	（対前年比―%）
	経常利益	△7,203百万円	（対前年比―%）
	当期純利益（※）	△7,398百万円	（対前年比―%）
	※親会社株主に帰属する当期純利益		

空港の従業員について

従業員数	8,568人（2017年度の前回調査より1,698人減少）
事業者数	294社（2017年度の前回調査より55社減少）

出典：（第8回）中部国際空港島内従業員実態調査

（中部国際空港株式会社及び愛知県企業庁が2021年度に共同実施）

《飛行場》

成田会社概要

会社名	成田国際空港株式会社
本店所在地	千葉県成田市古込字古込1番地1
設立年月日	2004年4月1日
資本金	1,197億円（2023年4月1日現在）
株式構成	政府：100％
従業員	851人（2023年4月1日現在）
主な役員（2023年6月21日現在）	代表取締役社長：田村　明比古 代表取締役副社長：長谷川　芳幸 専務取締役：玉木　康彦

経営状況（2022年度連結）	営業収益	131,325百万円	（対前年比158.4％）
	営業利益	△31,788百万円	（対前年比－％）
	経常利益	△48,297百万円	（対前年比－％）
	当期純利益※	△50,218百万円	（対前年比－％）

※親会社株主に帰属する当期純利益

空港の従業員について

従業員数	43,271人（平成26年度（前回調査）より2,620人増加）
事業者数	673社（平成26年度（前回調査）より14社減少）

出典：平成29年度成田空港内従業員実態調査（成田国際空港株式会社が定期的に実施）

成田国際空港の概要

(1) 位置

千葉県成田市（芝山町、多古町に跨がる）

(2) 事業

①規　　模　(ⅰ) 滑走路　4,000m　1本
　　　　　　　　　　　　2,500m　1本
　　　　　　　　（計画：4,000m　1本
　　　　　　　　　　　　3,500m　2本）

　　　　　　(ⅱ) 面　積　2,297ha
　　　　　　　（更なる機能強化による拡張用地1,099haを含む）

②開 港 日　昭和53年5月20日

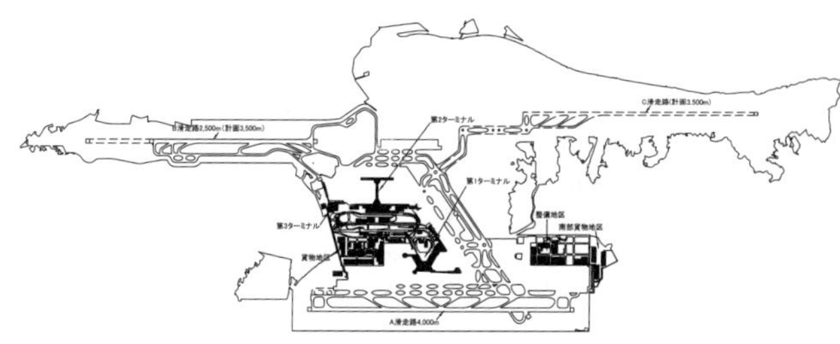

《飛行場》

(3) 位置及びアクセス図

地点	交通機関	乗車時間
東京	京成（スカイライナー）経由	45分
	JR（成田エクスプレス）	50分
	高速バス	62分
新宿	京成（スカイライナー）経由	57分
	JR（成田エクスプレス）	75分
	高速バス	82分
上野	京成（スカイライナー）	41分
	京成（アクセス特急）	56分
	京成（京成本線）	73分
日暮里	京成（スカイライナー）	36分
	京成（アクセス特急）	52分
	京成（京成本線）	69分
羽田空港	京成（スカイライナー）経由	67分
	高速バス	65分
横浜	京成（スカイライナー）経由	71分
	JR（成田エクスプレス）	85分
	高速バス	85分
千葉	JR（成田エクスプレス）	25分
	JR（総武線快速）	39分
大宮	京成（スカイライナー）経由	64分

※乗車時間は最短時間。なお、鉄道乗車時間には乗換時間を含まない。

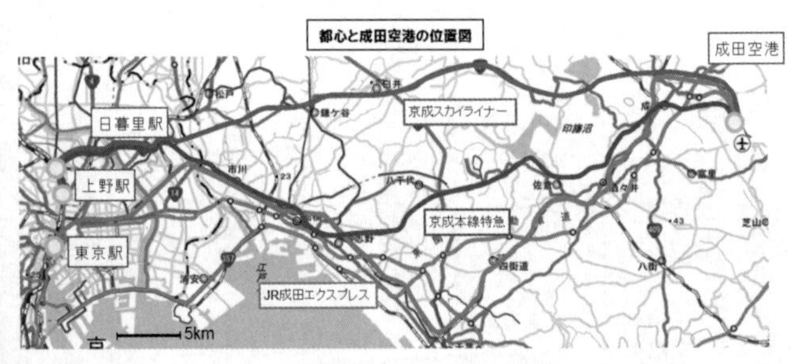

《メ　モ》

《飛行場》

成田国際空港運用状況（2022年度）

区　分	1978.5.21-2022.3.31までの計	2022年 確定値					
		4月	5月	6月	7月	8月	9月
航空機発着回数（回）	6,453,470	12,672 (116)	13,164 (131)	13,196 (137)	14,472 (130)	15,241 (130)	14,376 (130)
国際線	5,734,527	8,680 (102)	8,862 (109)	9,383 (116)	9,846 (118)	10,024 (125)	9,993 (118)
旅客便	4,734,782	4,954 (140)	5,162 (149)	5,325 (151)	5,879 (139)	6,399 (153)	6,041 (143)
貨物便	903,079	3,559 (76)	3,496 (81)	3,807 (88)	3,728 (95)	3,380 (93)	3,624 (89)
その他	96,666	167 (54)	204 (61)	251 (121)	239 (112)	245 (120)	328 (200)
国内線	718,943	3,992 (169)	4,302 (217)	3,813 (248)	4,626 (164)	5,217 (141)	4,383 (167)
旅客便	688,674	3,957 (171)	4,269 (222)	3,770 (251)	4,592 (165)	5,193 (143)	4,333 (167)
貨物便	5,881	0 (0)	1 —	0 —	0 —	0 —	0 —
その他	24,388	35 (97)	32 (56)	43 (113)	34 (92)	24 (46)	50 (132)
航空旅客数（人）	1,122,369,565	966,363 (273)	1,112,410 (337)	1,178,870 (394)	1,436,302 (284)	1,677,282 (255)	1,456,710 (310)
国際線	1,035,396,778	488,767 (425)	582,301 (513)	691,750 (504)	843,005 (452)	945,053 (436)	843,943 (513)
日本人	561,317,927	110,109 (384)	133,528 (499)	179,202 (576)	257,082 (632)	340,194 (670)	292,864 (721)
外国人	281,196,577	160,486 (302)	159,763 (428)	166,094 (384)	210,847 (289)	226,027 (314)	226,455 (411)
通過客	192,882,274	218,172 (655)	289,010 (584)	346,454 (552)	375,076 (514)	378,832 (402)	324,624 (472)
国内線	86,972,787	477,596 (200)	530,109 (245)	487,120 (301)	593,297 (186)	732,229 (166)	612,767 (200)
国際航空貨物量（t）	69,911,284	204,731 (94)	194,829 (95)	200,554 (96)	201,426 (91)	186,506 (88)	190,544 (87)
積込	32,628,315	94,921 (90)	90,911 (94)	96,900 (96)	94,286 (91)	87,293 (87)	89,433 (87)
輸　出	23,181,348	69,626 (88)	62,481 (93)	69,169 (95)	66,105 (93)	58,191 (84)	63,369 (86)
仮陸揚	9,446,967	25,295 (95)	28,430 (96)	27,731 (99)	28,181 (86)	29,102 (92)	26,064 (90)
取卸	37,282,969	109,810 (98)	103,918 (96)	103,654 (96)	107,140 (91)	99,213 (89)	101,111 (87)
輸　入	28,046,389	82,948 (102)	75,451 (100)	75,393 (96)	77,036 (93)	68,372 (87)	73,453 (87)
仮陸揚	9,236,580	26,862 (88)	28,467 (87)	28,261 (94)	30,104 (86)	30,841 (94)	27,658 (89)
給油量（kℓ）	185,146,122	217,532 (104)	225,405 (116)	226,750 (119)	237,841 (121)	238,234 (121)	232,466 (117)

（注） 1.（　）内数値は、前年同期比。2. 航空機発着回数は、回転翼機を除く。
3. 国内線旅客数は、回転翼機によるものを除く。

成田国際空港株式会社　広報部

			2023年			年度計	日平均	累　計
10月	11月	12月	1月	2月	3月			
15,030	15,084	16,330	16,024	15,072	17,176	177,837	487	6,631,307
(126)	(123)	(124)	(128)	(146)	(134)	(129)		
10,471	10,844	11,773	11,599	11,223	12,784	125,482	344	5,860,009
(115)	(117)	(122)	(129)	(144)	(139)	(121)		
6,887	7,230	8,377	8,884	8,293	9,395	82,826	227	4,817,608
(153)	(159)	(175)	(191)	(200)	(200)	(164)		
3,307	3,365	3,119	2,500	2,722	3,107	39,714	109	942,793
(75)	(75)	(67)	(61)	(78)	(72)	(79)		
277	249	277	215	208	282	2,942	8	99,608
(140)	(117)	(126)	(89)	(145)	(139)	(111)		
4,559	4,240	4,557	4,425	3,849	4,392	52,355	143	771,298
(164)	(140)	(131)	(126)	(150)	(121)	(154)		
4,524	4,199	4,511	4,374	3,801	4,351	51,874	142	740,548
(164)	(140)	(133)	(126)	(151)	(122)	(155)		
0	0	0	0	0	0	1	0	5,882
—	—	—	—	—	—	(11)		
35	41	46	51	48	41	480	1	24,868
(106)	(95)	(71)	(124)	(109)	(73)	(89)		
1,657,978	1,791,972	2,154,977	2,213,323	2,191,822	2,678,675	20,516,684	56,210	1,142,886,249
(309)	(294)	(296)	(358)	(434)	(311)	(317)		
1,039,116	1,245,891	1,582,330	1,677,914	1,637,922	1,981,634	13,559,626	37,150	1,048,956,404
(617)	(627)	(582)	(707)	(824)	(590)	(578)		
298,828	278,755	332,584	318,097	363,590	514,268	3,419,101	9,367	564,737,028
(691)	(622)	(555)	(594)	(886)	(667)	(635)		
433,768	685,864	948,834	1,036,401	1,005,614	1,255,750	6,515,903	17,852	287,712,480
(732)	(1,109)	(1,370)	(1,961)	(2,081)	(1,282)	(901)		
306,520	281,272	300,912	323,416	268,718	211,616	3,624,622	9,930	196,506,896
(465)	(306)	(210)	(247)	(246)	(131)	(334)		
618,862	546,081	572,647	535,409	553,900	697,041	6,957,058	19,060	93,929,845
(168)	(133)	(126)	(141)	(181)	(133)	(169)		
191,519	176,346	178,345	140,077	154,883	177,611	2,197,371	6,020	72,108,655
(83)	(78)	(76)	(67)	(79)	(78)	(84)		
90,530	82,222	83,428	61,846	71,126	81,044	1,023,940	2,805	33,652,255
(84)	(81)	(79)	(67)	(76)	(78)	(84)		
63,120	57,243	57,485	40,099	48,010	52,923	707,821	1,939	23,889,169
(83)	(81)	(76)	(64)	(69)	(69)	(82)		
27,410	24,979	25,943	21,747	23,116	28,121	316,119	866	9,763,086
(86)	(81)	(86)	(73)	(98)	(103)	(90)		
100,989	94,124	94,917	78,231	83,757	96,567	1,173,431	3,215	38,456,400
(81)	(75)	(73)	(67)	(82)	(78)	(84)		
70,909	66,744	65,230	54,307	57,490	63,986	831,319	2,278	28,877,708
(79)	(73)	(67)	(64)	(74)	(67)	(81)		
30,080	27,380	29,687	23,924	26,267	32,581	342,112	937	9,578,692
(89)	(83)	(92)	(76)	(108)	(115)	(91)		
239,801	236,804	256,594	243,499	232,379	258,788	2,846,093	7,798	187,992,215
(110)	(104)	(107)	(104)	(113)	(112)	(112)		

4. 国際航空貨物量は、東京税関の資料による。
5. 給油量は、単位未満を四捨五入して表示している。

関西国際空港の概要

(1) 位　　置
　大阪湾南東部の泉州沖海上（陸岸から約5㎞）
(2) 一期事業
　①規　　模（ｉ）滑走路　3,500m　1本
　　　　　　（ii）面　積　約510ha
　②開 港 日 平成6年9月4日
(3) 二期事業
　①規　　模（ｉ）滑走路　4,000m　1本
　　　　　　（ii）面　積　約545ha
　②供 用 日 平成19年8月2日

> 関西国際空港については、2007年8月2日に2本目の滑走路が供用され、我が国初の完全24時間運用が可能な国際拠点空港となりました。

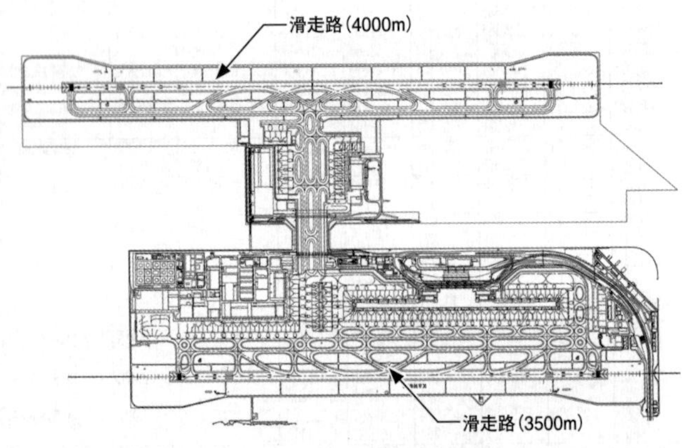

(4) 位置及びアクセス図（鉄道、道路、海上アクセス）

主要地点	所要時間等
大阪（梅田）	◎鉄道 約45分（JR特急「はるか」） ◎リムジンバス 約50分(※)
なんば	◎鉄道 約35分（南海電鉄特急「ラピート」） ◎リムジンバス(OCAT)約48分
天王寺	◎鉄道 約30分（JR特急「はるか」）
新大阪	◎鉄道 約50分（JR特急「はるか」）
京都	◎鉄道 約75分（JR特急「はるか」） ◎リムジンバス 約85分
神戸（三ノ宮）	◎鉄道 約70分（JR神戸線新快速・大阪乗換・JR特急「はるか」） ◎リムジンバス 約65分 ◎高速船(神戸空港より)約30分
和歌山	◎鉄道 約35分（JR紀州路快速・日根野乗換・関空快速） ◎リムジンバス 約40分
奈良	◎鉄道 約65分（JR大和路快速・天王寺乗換・JR特急「はるか」） ◎リムジンバス 約85分
淡路島(洲本)	◎リムジンバス 約120分
高松	◎鉄道 約155分(JR快速「マリンライナー」・岡山乗換・新幹線・新大阪乗換・JR特急「はるか」) ◎リムジンバス 約215分
大阪国際空港	◎リムジンバス 約70分

(※) 2015年7月のダイヤ改正により、関西国際空港から大阪駅前まで24時間毎時間のアクセスが可能となり、国内空港では初めての空港アクセス24時間化が実現。
(注) 所要時間は最短（目安）で、乗換時間を含まず。経路は一例。

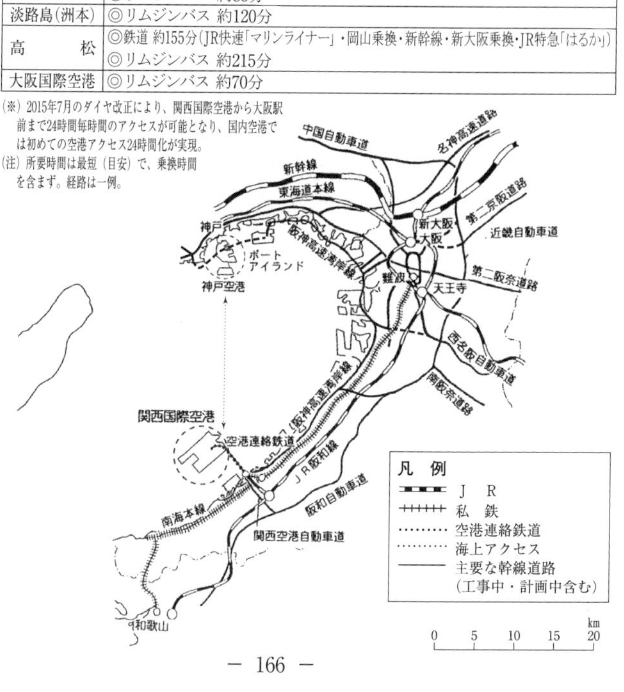

《飛行場》

中部国際空港の概要

(1) 位　　置

名古屋の南の常滑市沖（名古屋中心部から約35㎞）

(2) 事　　業

①規　　模（i）滑走路　3,500m　1本

（ii）面　積　約470ha（地域開発用地約110ha除く）

②開 港 日　平成17年2月17日

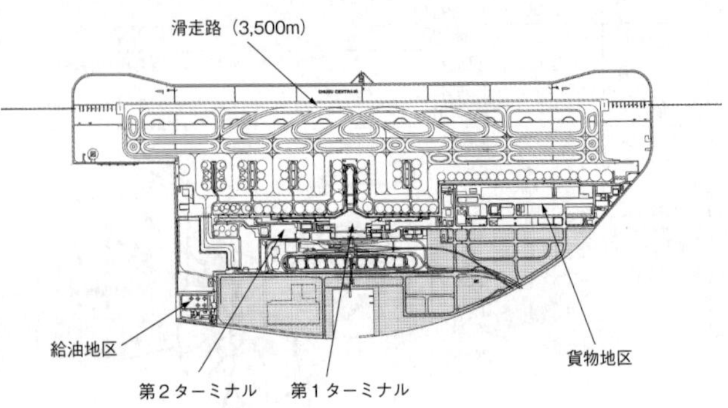

(3) アクセス

○鉄　道　　名鉄名古屋から最速28分（名鉄ミュースカイ）

○道　路　　名古屋市内から40分（名古屋高速道路、知多半島道路、知多横断道路、中部国際空港連絡道路経由）

○海　上　　津なぎさまちから約45分（津エアポートライン）

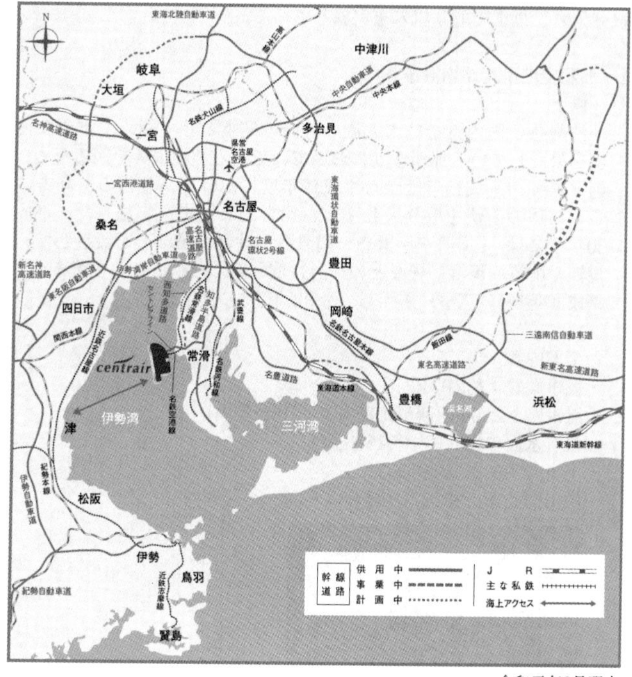

令和元年8月現在

《飛行場》

那覇空港及び福岡空港の滑走路増設事業

平成14年12月の交通政策審議会航空分科会答申において、「将来的に需給が逼迫する事態等が予測される福岡空港及び那覇空港については、(中略)、国と地域が連携し、総合的な調査を進める必要がある。」とされた。この答申に基づき、抜本的な空港能力向上を図るため、住民参加を目的にしたPI(パブリック・インボルブメント)の手法を取り入れ、以下の取り組みを実施している。

1. 那覇空港滑走路増設事業

(1) 概要

沖縄県と国内外を結ぶ人流・物流の拠点として極めて重要な役割を果たしている那覇空港において、更なる沖縄振興を図るため、国と県で、平成15年度から平成19年度にかけて、整備のあり方についてPIの手法を取り入れながら総合的な調査を実施した。平成20年度には、「那覇空港構想・施設計画検討協議会」を設置して、規模や配置、環境影響などの検討に取り組んだ。これらを踏まえ、平成26年1月に工事に着手し、令和2年3月に供用した。

(2) 事業内容

- 総事業費：約2,074億円
- 滑走路：2,700m(現滑走路より1,310m離隔)
- 公有水面の埋立て：約160ha
- 工事着手：平成26年1月
- 供用開始：令和2年3月26日

2. 福岡空港滑走路増設事業

(1) 概要

福岡空港は、国内の滑走路1本の空港としては、旅客数・発着回数ともに第1位であり、既にピーク時には航空機の慢性的な遅延が発生している状況にある。

平成15年度から平成20年度にかけての総合的な調査において、「現空港における滑走路増設案」と「新空港案」の比較を実施した。総合的な調査の結果、PIの実施結果、福岡県・福岡市の意見等を踏まえ、抜本的な空港能力向上方策として、「現空港における滑走路増設案」が平成21年に選定された。これらを踏まえ、福岡空港における空港経営改革（コンセッション等）を進めることにより、適切な財源を確保することとし、平成28年1月に工事に着手した。

(2) 事業内容

・総事業費：約1,643億円（他に民間事業費：約200億円がある。）
・滑走路：2,500m(現滑走路より210m離隔)
・工事着手：平成28年1月
・供用開始（予定）：令和7年3月末

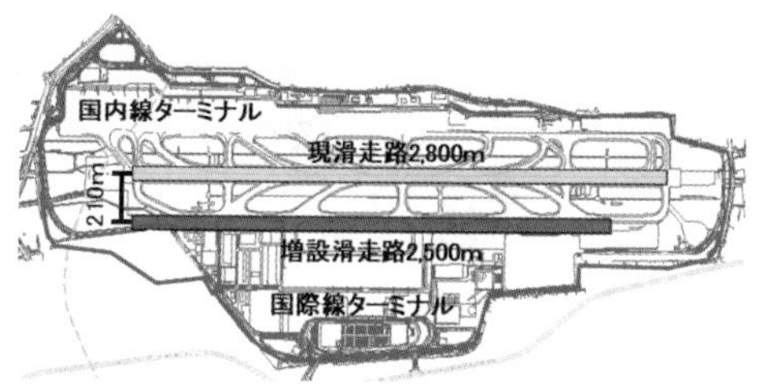

《飛行場》

北九州空港滑走路延長事業

(1) 概要

北九州空港の背後圏においては、国際航空貨物を利用する需要がある一方で、九州と北米・欧州を結ぶ貨物定期便が就航していないため、関東や関西等の遠方の空港を利用せざるを得ない状況にある。

北九州空港から北米・欧州へ新たな航空物流ルートの形成を図るため、令和2年度に国と関係地方公共団体で「北九州空港施設計画検討協議会」を設置し、PIの手法を取り入れた調査・検討を実施するとともに、令和2年度より国において、環境影響評価手続きを開始した。令和5年3月、新規事業採択時評価を実施し採択されたことを受け、必要な手続きを進めるとともに、令和5年度に工事着手する予定。

(2) 事業内容

・総事業費：約130億円

・滑走路：3,000m（南側に500m延長）

・事業期間：令和5年度～令和9年度

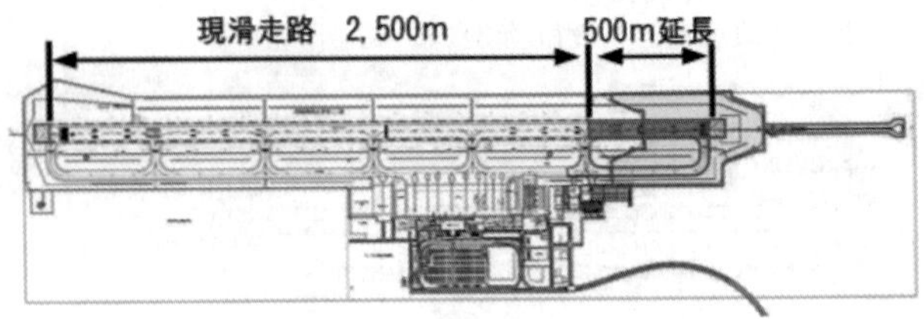

《メ　モ》

《航空機騒音対策》

航空機騒音問題の主な経緯

昭和35年	東京国際空港に民間ジェット機就航
昭和39年	大阪国際空港に民間ジェット機就航
昭和42年	「公共用飛行場周辺における航空機騒音による障害の防止等に関する法律」（以下「航空機騒音防止法」という）の制定（教育施設等の防音工事、移転補償等の開始）
昭和49年	「航空機騒音防止法」の一部改正（住宅防音工事の開始・大阪国際空港周辺整備機構及び福岡空港周辺整備機構の設立等）
昭和50年	航空機の騒音基準適合証明制度を創設 大阪国際空港騒音調停成立（周辺対策）
昭和52年	大阪国際空港ジェット枠設定（1日200発着）
昭和53年	航空機の騒音基準適合証明制度の強化 「特定空港周辺航空機騒音対策特別措置法」の制定
昭和55年	大阪国際空港存廃調停成立（昭和58年から存廃調査開始）
昭和56年	第1次～第3次大阪国際空港騒音訴訟の最高裁判決（夜間の供用禁止は却下、過去の損害賠償のみ認める）
昭和59年	第4次及び第5次大阪国際空港騒音訴訟和解成立
昭和60年	大阪国際空港周辺整備機構と福岡空港周辺整備機構を統合（空港周辺整備機構を設立。平成15年10月に独立行政法人化）
昭和61年	大阪国際空港騒音調停成立
昭和62年	大阪国際空港における騒音対策区域の改定（平成元年施行） 大阪国際空港周辺緑地の都市計画決定
昭和63年	上記都市計画緑地のうち一部区域の事業承認・認可 大阪国際空港においてYS代替ジェット枠を設定
平成2年	大阪国際空港について存続決定
平成4年	大阪国際空港においてYS代替ジェット枠を増設
平成6年	福岡空港騒音訴訟の最高裁判決
平成10年	大阪国際空港における騒音対策区域の改定（平成12年施行） 大阪国際空港においてYS代替ジェット枠の再設定
平成14年	大阪国際空港にCRJがプロペラ枠で就航（30枠上限）
平成16年	「大阪国際空港の今後のあり方について（最終方針）」決定
平成17年	YS代替ジェット枠を三段階で廃止 大阪国際空港に特別着陸料を設定
平成21年	大阪国際空港における騒音対策区域の改定（平成22年施行）

航空機騒音に係る環境基準

昭和48年12月27日に定められており（環境庁告示）、この達成が航空機騒音対策の目標となっている。

(1) 環境基準

地域の類型		基準値（Lden）
Ⅰ	専ら住居の用に供される地域	57デシベル以下
Ⅱ	上記以外の地域であって通常の生活を保全する必要がある地域	62デシベル以下

(2) 達成期間等

<table>
<tr><th colspan="3">飛行場の区分</th><th>達成期間</th><th>中間改善目標</th></tr>
<tr><td colspan="3">新設飛行場</td><td rowspan="2">直ちに</td><td rowspan="2"></td></tr>
<tr><td rowspan="6">既設飛行場</td><td colspan="2">第3種空港及びこれに準ずるもの</td></tr>
<tr><td rowspan="2">第2種空港（福岡空港を除く）</td><td>A</td><td>5年以内</td><td></td></tr>
<tr><td>B</td><td rowspan="2">10年以内</td><td rowspan="2">5年以内に、70デシベル未満とすること又は70デシベル以上の地域において屋内で50デシベル以下とすること。</td></tr>
<tr><td colspan="2">成田国際空港</td></tr>
<tr><td colspan="2" rowspan="2">第1種空港（成田国際空港を除く）及び福岡空港</td><td rowspan="2">10年をこえる期間内に可及的速やかに</td><td>1　5年以内に、70デシベル未満とすること又は70デシベル以上の地域において屋内で50デシベル以下とすること。</td></tr>
<tr><td>2　10年以内に、62デシベル未満とすること又は62デシベル以上の地域において屋内で47デシベル以下とすること。</td></tr>
</table>

（備考）(1) 既設飛行場の区分は、環境基準が定められた日における区分とする。
(2) 第2種空港のうち、Bとはターボジェット発動機を有する航空機が定期航空運送事業として離着陸するものをいい、AとはBを除くものをいう。

（注1）航空機騒音の防止のための施策を総合的に講じても、(2) の達成期間で環境基準を達成することが困難と考えられる地域においては、当該地域に引き続き居住を希望する者に対し家屋の防音工事等を行うことにより環境基準が達成された場合と同等の屋内環境が保持されるようにするとともに、極力環境基準の速やかな達成を期するものとする。

《航空機騒音対策》

航空機騒音対策の体系

(1) 航空機騒音対策の概要

航空機騒音対策

- 1. 発生源対策
  - ①機材改良（低騒音型機の導入等）耐空証明制度（騒音基準への適合性の証明）
  - ②発着規制（夜間運航の規制等）
  - ③運航方法の改善（騒音軽減運航方式）
- 2. 空港構造の改良（滑走路の移転、空港内防音壁等の設置、航行援助施設の整備等）
- 3. 空港周辺環境対策

航空機騒音防止法等により国、独立行政法人空港周辺整備機構、成田国際空港株式会社、関西エアポート株式会社、仙台国際空港株式会社、熊本国際空港株式会社、北海道エアポート株式会社が下記の施策を講じている。

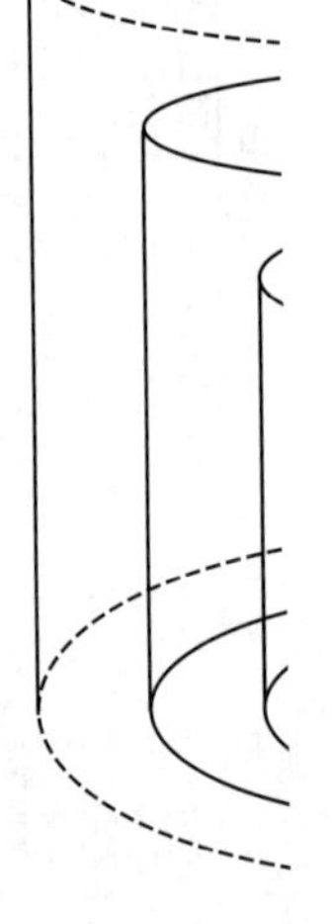

国・会社の行う施策

○概ねLden57デシベル以上の区域
・教育施設等の防音工事（補助）
・共同利用施設の整備、防音工事（補助）
・上記施設の空調機機能回復工事（補助）

○第1種区域内（Lden62デシベル以上）
・住宅防音工事（補助）
・告示日後住宅防音工事（補助）
・上記住宅の空調機器更新工事①～④（補助）
・生活保護等世帯空調機稼働費（補助）

○第2種区域内（Lden73デシベル以上）
・移転補償等
・周辺環境基盤施設整備（補助）

○第3種区域内（Lden76デシベル以上）
・緩衝緑地帯等整備

特定飛行場
函館、仙台、新潟、東京国際、松山、高知、福岡、大分、熊本、宮崎、鹿児島、那覇、成田国際、大阪国際

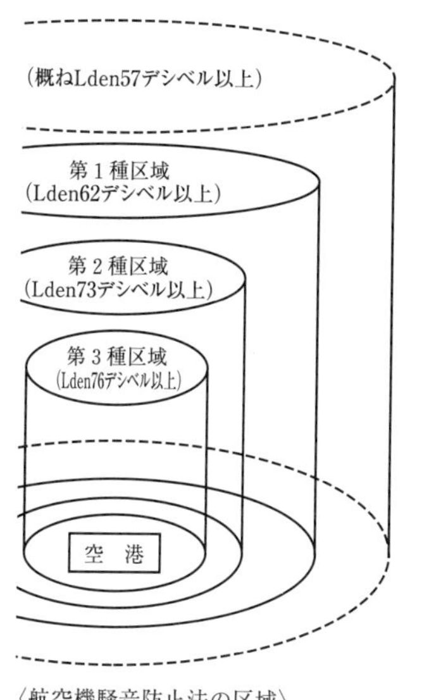

〈航空機騒音防止法の区域〉

空港周辺整備機構の固有事業

(福岡空港)

○第2種区域内(Lden73デシベル以上)
・再開発整備事業

左記のほか会社の行う施策

(成田国際空港㈱)

○騒特法に基づく施策
○地域との共生のための計画的な緑化事業
○その他

(関西エアポート㈱)

○周辺地域の環境整備及び活性化を図る事業への助成
○巡回健康診断

《航空機騒音対策》

(2) 空港周辺環境対策関係予算及び業務の推移

	S42～H25	H26	H27	H28
教育施設等防音工事	165,609	110	131	0
住宅防音工事	618,535	262	595	819
移転補償等	409,362	3,446	1,898	904
緩衝緑地帯等整備	161,576	65	66	48
空港周辺整備機構	25,454	0	0	0
周辺環境基盤施設整備	10,040	0	0	0
地方空港環境対策補助	1,059	—	—	—
テレビ受信障害対策補助	44,084	—	—	—
生活保護世帯空気調和機器稼働費補助	444	7	7	7
合計	1,436,163	3,890	2,697	1,778
（対前年度比）	—	1.17	0.69	0.66

（注）調査費は含まない。（予算ベース）

項目 ＼ 年度	制度発足年度	S42 ～ H2
教育施設等防音工事	S42	㊷学校・病院・保育所・知的障害児施設・知的障害児通園施設・診療所 (53)知的障害児更正施設 (55)知的障害児授産施設 (58)乳児院 (60)身体障害者授産施設 (61)重症心身障害児施設、特別養護老人ホーム (63)肢体不自由児施設・身体障害者福祉センター
共同利用施設整備	S42	㊷学習等供用施設 ㊾公民館 ㊿軽費老人ホーム等 (51)隣保館 (52)図書館 (55)小規模集会所 (56)青年の家 (57)教育集会場 (59)公民館改造
住宅防音工事	S48	㊽一室防音 補助率75% ㊿二室防音年齢制限 補助率90% (51)補助率99% (52)年齢制限撤廃 (54)全室防音（最高5室） WECPNL85以上→WECPNL80以上 (56)WECPNL80以上→WECPNL75以上 (60)一般住宅概成国家公務員宿舎防音開始 (元)空調機器更新工事①・生保世帯空調機稼働費補助
移転補償等	S42	㊺事業開始 ㊿移転跡地管理充実化（除草・フェンス補修等） (53)移転跡地無償貸付 (54)非居住系移転補償
緩衝緑地帯等整備	S48	(51)大阪国際（事業開始） (53)福岡 (57)函館 (58)仙台 (61)松山、高知、宮崎
空港周辺整備機構	S49	㊾大阪国際空港周辺整備機構発足 (51)福岡空港周辺整備機構発足 (60)統合空港周辺整備機構発足 (61)移転跡地再開発
周辺環境基盤施設整備	S53	(53)大阪国際（公園・緑道・防水貯水槽） (54)（防災目的細街路） (55)福岡（避難目的細街路附属駐車場） (56)（ローラースケート場） (59)ゲートボール場 (63)函館、仙台、松山、高知、宮崎（第3種区域、公園）
(注) 地方空港環境対策事業補助	S52	函館

（注）S52、53、56年度のみ

（単位：百万円）

H29	H30	R1	R2	R3	R4	R5	合計
0	967	632	235	218	367	7	168,276
798	563	316	255	235	210	191	622,779
1,726	3,097	759	628	413	635	611	423,479
80	47	42	75	63	39	41	162,142
0	0	0	0	0	0	0	25,454
0	0	0	0	0	0	0	10,040
—	—	—	—	—	—	—	1,059
—	—	—	—	—	—	—	44,084
6	5	5	5	5	4	4	499
2,610	4,679	1,754	1,198	934	1,255	854	1,457,812
1.47	1.79	0.37	0.68	0.78	1.34	0.68	

H3	H4	H5	H6	H11	H13	H22	H24	H27	H30	R5
空調機機能回復工事							障害児入所施設・児童発達支援センター	幼保連携型認定こども園	家庭的保育事業・小規模保育事業・事業所内保育事業・病児保育事業を行う施設、認可外保育施設	
空調機機能回復工事 老人デイサービスセンター										
告示日後の住宅防音工事				空調機器更新工事②	告示日後住宅空調機器更新工事①	空調機器更新工事③	告示日後住宅空調機器更新工事②			空調機器更新工事④・告示日後住宅空調機器更新工事③
	少数残存土地買入れ（福岡空港）									
名古屋 （大阪・高知・名古屋）	（函館・松山）	（福岡）	新潟							
							大阪国際空港事業本部廃止			
	名古屋空港（第3種区域、公園）		新潟空港（公園）大阪、福岡以外についても第2種区域に拡大							

（注）緩衝緑地帯等整備の（　）内の空港はエア・フロント・オアシス整備

《航空機騒音対策》

(3) 国の行う施策の内容

事業	対象区域	補助・直轄の別	事業主体
1. 教育施設等防音工事 (1)学校、病院等の防音工事 (2)共同利用施設の整備 (3)空調機機能回復工事	概ねLden57デシベル以上	補助 補助 補助	施設設置者 (地方公共団体等) 市町村 施設設置者 市町村
2. 住宅防音工事 (1)防音工事	第1種区域 (Lden62デシベル以上)	補助	住宅所有者
(2)告示日後住宅防音工事			
(3)空調機更新工事① (更新工事②) 【更新工事③】 【更新工事④】			
(4)生保世帯空調機稼働費補助			
3. 移転補償等	第2種区域 (Lden73デシベル以上)	直轄	国

(注) 表中の(更新工事②)は更新工事②及び告示日後更新工事①、【更新工事③】は更新工事③及び告示日後更新工事②、【更新工事④】は更新工事④及び告示日後更新工事③を示す。

事業実施方法	根拠法令	対象施設
国―補助 原則100%→施設設置者（地方公共団体等）	法5条	学校、病院等 認可外保育施設
国―補助 定額又は定率→市町村 国―補助 75%→施設設置者（学校等及び共同利用施設、但し学習等供用施設を除く） 国―補助 37.5%→施設設置者（病院等） 国―補助 2/3→市町村（一般住民の学習、保育、休養又は集会の用に供するための施設）	法6条	学校等供用施設、公民館等 設置後15年以上経過し、所要の機能が失われている機器
国 補助 実質99%／都道府県→市町村―補助 100%→住宅所有者 ○周辺整備空港（大阪国際除く） 国 補助 実質99%／市町村 都道府県 実質1%→機構―補助 100%→住宅所有者	法8条の2 （法28条①三）	第1種区域告示日前住宅
空気調和機をのぞく防音工事部分 →①防音工事に準ずる 空気調和機及び付帯工事 →②空調機更新工事費に準ずる		第1種区域告示日後住宅
国 補助 実質60%（55%）【50%】／都道府県→市町村 実質10%―補助 70%（65%）【60%】→住宅所有者 ○周辺整備空港（大阪国際除く） 国 補助 実質60%（55%）【50%】／市町村 都道府県→機構 市町村―補助 70%（65%）【60%】→住宅所有者	法8条の2 （法28条①三）	設置後10年以上経過し、所要の機能が失われている機器 （更新工事①実施後10年以上経過し、所要の機能が失われている機器） 【更新工事②又は③実施後10年以上経過し、所要の機能が失われている機器】
国→市町村→生保世帯	――――	住宅防音工事を実施している生活保護世帯
国―補償、取得→建物、土地等の所有者等 ○周辺整備空港（大阪国際除く） 国―委託→機構―補償、取得→建物、土地等の所有者等	法9条①② （法28条①四）	第2種区域告示日前建物等、土地

（注）根拠法令中（　）は、独立行政法人空港周辺整備機構の業務規定上の根拠を示す。

《航空機騒音対策》

事　　業	対 象 区 域	補助・直轄の別	事 業 主 体
4. 周辺環境基盤施設整備	第2種区域（Lden73デシベル以上）	補　　助	地方公共団体
5. 緩衝緑地帯等整備	第3種区域（Lden76デシベル以上）	直　　轄	国

（注）1. 根拠法令中（　）は、独立行政法人空港周辺整備機構の業務上の根拠を示す。

(4) 独立行政法人空港周辺整備機構の行う固有事業の内容

事　　業	対 象 区 域	事　　業　　実
1. 再開発整備事業	第2種区域（Lden73デシベル以上）	①機構 ──造成──→（土地）──騒音斉合施設の用に供する土地として譲渡──→ ②国 ──移転補償跡地の使用許可──→機構──設置──→

周辺整備空港

周辺整備空港は、特定飛行場のうち第1種区域の市街化が著しい空港であって、当該区域における計画的な地区整備を推進する必要があると認めて政令指定する空港である。現在、大阪国際空港及び福岡空港が指定されており、両空港においては、知事が国土交通大臣と協議して空港周辺整備計画を策定している。

事業実施方法	根拠法令	対象施設
○仙台、高知、福岡 国 —補助→ 地方公共団体 —整備→（公園、広場等） 1/2（防火貯水槽のみ1/3）	――	公園等、緑道、付属駐車場、細街路及び防火貯水槽
○東京国際、鹿児島 国 —整備→（緑地） ○周辺整備空港（大阪国際除く） 国 —委託→ 機構 —整備→（緑地）	法9条の2①② （法28条②） （法28条①一） （注1）	

施方法	根拠法令	機構に対する補助金	機構に対する無利子貸付金
地方公共団体、私人等 （騒音斉合施設）—貸付→ 地方公共団体、私人等	法28条①二	事業費の1/10（国のみ） 〃	{事業費－（業務収入－業務外支出）}×3/10（国2/10、地方公共団体1/10） 〃

独立行政法人空港周辺整備機構の行う周辺対策事業の内容

○固有事業（上記の事業）
○国からの委託事業（移転補償等、緩衝緑地帯造成）
○その他事業（住宅防音工事補助）

(5) 航空機騒音に係る訴訟及び調停の概要

	大阪1～3次訴訟	大阪4次訴訟
訴の提起日等	1次 44年 12月15日 川西市31名 2次 46年 6月 3日 川西市124名 3次 46年 11月30日 豊中市109名 計 264名	49年12月10日 川西市、豊中市 3,694名
請求事項等	① 大阪国際空港21：00～7：00使用禁止 ② 慰謝料（過去分）1人65万円 ③ 慰謝料（将来分）夜間飛行禁止、65ホンを超える航空機の発着禁止まで1人毎月11,500円	①大阪国際空港を21：00～7：00使用禁止 ②慰謝料（過去分）1人115万円 ③慰謝料（将来分）65ホンを超える航空機の発着禁止まで1人毎月11,500円 ①については、59年3月17日請求を取下げ
経緯	49年 2月27日 大阪地裁判決 50年11月27日 大阪高裁判決 56年12月16日 最高裁判決	併合 59年3月17日 和解成立により終結
結果等	〔最高裁判決〕 ①については、請求却下 ②については、請求認容 ただし、50年5月まで ③については、請求却下 損害賠償認容額 305百万円	〔和解の内容〕 和解金 1,300百万円

大阪5次訴訟	大　阪　調　停
57年5月31日 川西市、豊中市 134名（大阪1～3次訴訟原告）	48年2月15日～56年4月27日 伊丹市1～6次、宝塚市、尼崎市、大阪市、川西市　20,730名 （うち慰謝料請求人　13,873名）
①慰謝料（過去分50年6月～57年4月） 1人885,500円 ②慰謝料（将来分） 65ホンを超える航空機の発着禁止まで1人毎月 11,500円	①大阪国際空港を56年以降廃止 ②55年度までは騒音対策を行うこと ③(i)慰謝料（過去分）　1人50万円 (ii)慰謝料（将来分）①、②の完全実施まで1人毎月　10,000円
審　理	50年10月28日、11月14日 上記②について調停成立 53年3月16日、28日 上記③について、大阪1～3次訴訟判決を待って手続を進める旨調停成立 53年10月24日 宝塚調停団調停申請取下げ 55年6月30日、7月16日 上記①について、関西国際空港開港時までに結論を出すことで調停成立（尼崎を除く） 61年12月23日 上記③について調停成立 （解決金総額18億1千万円） 62年4月20日 川西調停団調停申請取下げ

《航空機騒音対策》

(5) 航空機騒音に係る訴訟及び調停の概要

	福　岡　訴　訟
訴の提起日等	1次　51年3月30日　福岡市東区、博多区　368名 2次　56年10月8日　福岡市東区、博多区　96名 計　464名
請求事項等	①福岡空港21：00～7：00使用禁止 ②慰謝料（過去分）1人230万円 ③慰謝料（将来分）夜間飛行禁止、65ホンを超える航空機の発着禁止まで1人毎月　23,000円
経緯	・59年11月30日　1次・2次を併合審理 ・63年12月16日　福岡地裁判決 ・平成4年3月6日　福岡高裁判決 ・平成4年3月19日　国、上告 ・平成4年3月20日　住民の一部、上告 ・平成6年1月20日　最高裁判決
結果等	〔最高裁判決〕　①については、請求却下 ②については、一部認容 ③については、二審判決で確定 損害賠償認容額　1億3,936万7,100円

大阪国際空港の存廃問題の経緯等

1. 昭和44年以降、空港周辺住民より、夜間飛行差し止めを中心とした国（運輸大臣）を相手とする訴訟が相次いだ。
2. 同48年以降、数次にわたり、空港周辺住民より公害等調整委員会に対して、大阪国際空港の廃止を含む調停の申請が出された。
3. 同48年7月、運輸省航空局長より11市協会長に対し、「大阪国際空港の将来のあり方については、関西国際空港の開港時点にこれを撤去することをも含めて可及的速やかに検討する」旨の文書を提出した。
4. 同49年8月、航空審議会答申で「関西国際空港は、大阪国際空港の廃止を前提として、その位置及び規模を定める」旨を明記した。（この意味は、大阪国際空港の廃止を決定したものではなく、「仮に、同空港が廃止されても、その役割を十分に果たし得る新空港の建設を推進すること」と解されている。）
5. 同55年6月、公害等調整委員会から、上記2の申請に基づき大阪国際空港の存廃問題については、運輸省の調査、地元の意見聴取、運輸省の責任による決定という手順により処理すべき旨の調停がなされた。
6. 平成2年4月、運輸省より調査結果の地元開示を行い、6月に調停団より存続を容認する旨、また、7月には11市協及び両府県より存続を要望する旨の意見が提出された。
7. これら地元の意見等を踏まえ、8月にまとめられた航空審議会の「中間とりまとめ」において、「大阪国際空港については、利用者利便の確保と周辺地域との調和を図りつつ、存続することとする。」と記述された。
8. 当該とりまとめの趣旨を踏まえ、運輸省としては、関西国際空港開港後も大阪国際空港を存続するという考え方で、空港の運用形態等について地元調整を行い、それらをとりまとめた協定書につき11月22日調停団との間において調印を行い、また、12月3日には大阪国際空港騒音対策協議会との間において調印が行われた。
9. これら調印を踏まえ、大阪国際空港については、関西国際空港開港後も存続することを運輸大臣として決定した（12月3日）。

《航空機騒音対策》

特定空港周辺航空機騒音対策特別措置法の概要

◦特定空港：　空港周辺の広い地域に著しい航空機騒音が及び、かつ宅地化が進むため、騒音による障害を防止し、あわせて適正かつ合理的な土地利用を図る必要があると認めて政令指定する空港

◦指　　定：　成田国際空港

◦効　　果：　知事による航空機騒音対策基本方針の策定（国土交通大臣の同意）

航空機騒音障害防止地区（Lden62dB）における防音工事の義務づけ

航空機騒音障害防止特別地区（Lden66dB）における住宅等の建築禁止

等

◦航空機騒音対策基本方針（H30.12.18変更）の概要

「特定空港周辺航空機騒音対策特別措置法」第3条に基づき、おおむね10年後を予測しながら、成田国際空港の周辺地域における以下の事項を定める。

① 航空機の著しい騒音が及ぶこととなる地区

② 土地利用の基本的事項

③ 施設整備の基本的事項

土地利用の基本的な方向としては、土地利用対象地域内における土地利用の変化、空港の施設整備、高規格幹線道路、鉄道等の整備、さらには空港関連産業、住宅等の立地条件の向上を踏まえ、適切に対応していくことはもとより、成田国際空港問題の平和的な帰結となった地域と空港の共生の実現を図りながら空港との共栄を目指す。

◦ 対策の概要

① 住宅等の建築制限等

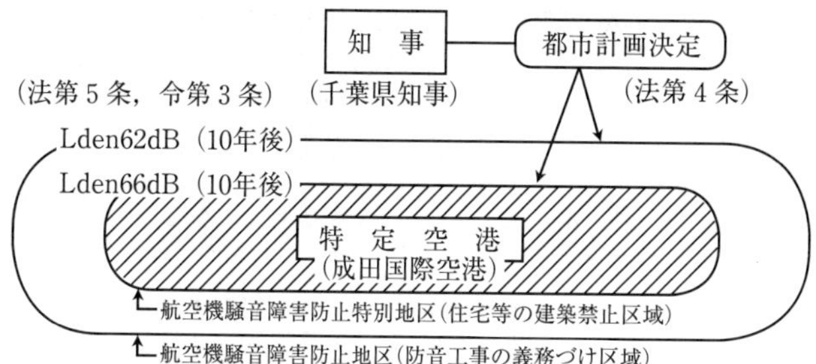

② 建築制限に伴う損失補償、土地の買入れ及び既存住宅等の移転補償等

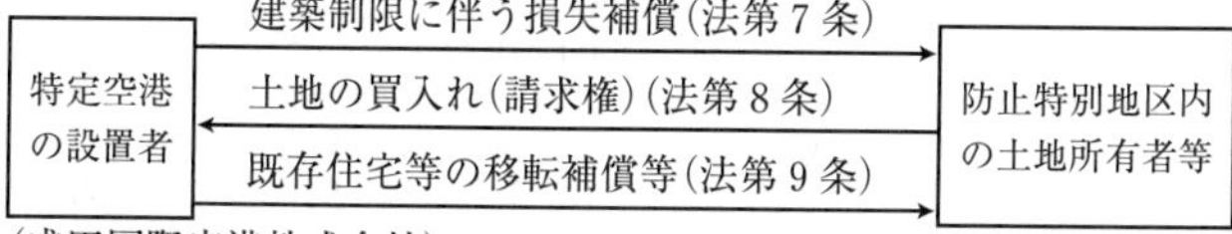

③ 生活環境施設、産業基盤施設等の整備を行う地方公共団体等に対する財政援助等

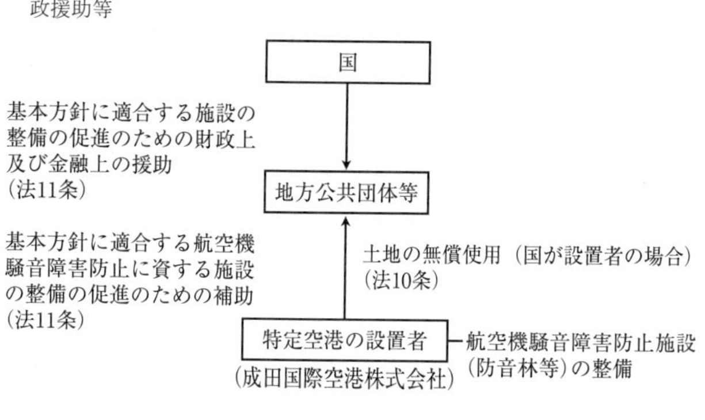

《航空機騒音対策》

発生源対策について

(1) 機材改良

ICAO基準による大型飛行機の騒音値例

ICAOにおいて附属書第16として設定された航空機騒音証明制度に基
その後、昭和53年9月にはICAO基準の改正に伴う基準の一部強化を
ない航空機の段階的な運航制限を開始し、平成14年4月までに完了し
合証明制度は廃止され、耐空証明制度に一本化されている。

航空機型式	発動機型式×基数	最大離陸重量（t）
エアバス式		
A320-214型	CFMI CFM56-5B4/3×2	77.0
A320-232型	IAE V2527-A5×2	77.0
A320-251N型	CFMI LEAP-1A26×2	79.0
A320-271N型	IAE PW1127GA-JM×2	79.0
A321-211型	CFMI CFM56-5B3/3×2	80.0
A321-251NX	CFMI LEAP-1A32×2	97.0
A321-272N型	IAE PW1130G-JM×2	89.0
A350-941型	RR Trent XWB-75×2	217.0
A380-841型	RR Trent 970-84×4	560.0
ボーイング式		
737-700型	CFMI CFM56-7B24×2	70.0
737-800型	CFMI CFM56-7B26×2	74.2
〃	CFMI CFM56-7B24×2	70.5
〃	CFMI CFM56-7B27×2	79.0
747-8F型	GE GEnx-2B67B×4	447.7
767-300型	GE CF6-80C2B4F×2	152.0
〃	GE CF6-80C2B2F×2	131.0
767-300ER型	GE CF6-80C2B6F×2	181.4
〃	GE CF6-80C2B7F×2	181.9
767-300F型	GE CF6-80C2B6F×2	186.9

づき、我が国では昭和50年10月に騒音基準適合証明制度を発足させた。
行い、平成7年4月1日には、昭和53年9月の基準（新基準）に適合し
ている。さらに、平成9年10月1日の航空法改正に伴い、騒音基準適

（単位：EPNdB）

離陸		側方		進入		備考
騒音値	基準値	騒音値	基準値	騒音値	基準値	
84.8	91.7	92.9	96.9	95.2	100.7	
84.6	91.7	91.3	96.9	94.4	100.7	
81.3	91.9	86.1	97.0	92.2	100.7	
82.0	91.9	86.7	97.0	92.2	100.7	
83.5	91.9	96.6	97.1	96.4	100.8	
84.9	93.0	88.6	97.8	94.1	101.4	
84.8	92.6	87.7	97.5	94.4	101.1	
80.7	97.7	90.9	100.7	96.5	104.1	
95.0	106.0	94.3	103.0	97.9	105.0	
84.5	91.2	93.0	96.6	95.7	100.3	
84.7	91.5	93.8	96.8	96.3	100.5	
84.4	91.2	92.3	96.6	96.3	100.4	
85.9	91.9	94.4	97.0	96.3	100.7	
94.5	106.0	94.0	103.0	100.9	105.0	
86.8	95.6	95.1	99.4	97.5	102.9	
83.1	94.8	94.3	98.9	96.5	102.4	
90.7	96.7	95.8	100.1	98.5	103.5	
89.2	96.7	97.0	100.1	98.0	103.5	
91.5	96.8	95.7	100.2	98.8	103.6	

航　空　機　型　式	発動機型式×基数	最大離陸重量（t）
ボーイング式		
777-200型	P&W PW4074×2	202.9
〃	P&W PW4077×2	202.9
777-300型	P&W PW4090×2	237.0
777-300ER型	GE GE90-115B×2	348.8
777F型	GE GE90-110B1×2	347.8
787-8型	RR Trent1000-A×2	210.0
〃	RR Trent1000-C×2	227.9
〃	GE GEnx-1B70×2	227.9
787-9型	RR Trent1000-A2×2	212.0
〃	RR Trent1000-K2×2	250.8
〃	GE GEnx-1B74/75/P2×2	247.2
787-10型	RR Trent 1000-K3×2	242.7
デハビランド・エアクラフト・オブ・カナダ式		
DHC-8-402型	P&WC PW150A×2	29.0
MHI RJ Aviation式		
CL-600-2C10型	GE CF34-8C5B1×2	33.0
エンブラエル式		
ERJ170-100STD型	GE CF34-8E5×2	34.0
ERJ170-200STD型	GE CF34-8E5×2	36.0
ERJ190-100STD型	GE CF34-10E5×2	45.0

離陸		側方		進入		備考
騒音値	基準値	騒音値	基準値	騒音値	基準値	
89.6	97.3	95.5	100.5	99.0	103.4	
85.1	97.3	96.2	100.5	99.0	103.9	
87.2	98.2	98.2	101.1	99.9	104.4	
92.6	100.4	98.8	102.5	100.5	105.0	
92.7	100.4	97.9	102.5	100.3	105.0	
85.2	96.7	90.0	100.1	96.9	103.5	
88.5	98.0	92.1	100.9	96.8	104.3	
89.0	98.0	92.1	100.9	96.8	104.3	
85.4	97.6	89.4	100.7	94.8	104.1	
87.8	98.5	91.3	101.3	95.8	104.6	
88.1	98.4	92.4	101.2	95.4	104.6	
87.2	98.3	91.9	101.2	96.3	104.5	
78.0	89.0	84.0	94.0	94.8	98.0	
82.0	89.0	89.6	94.0	92.6	98.0	
80.7	89.0	92.3	94.0	94.9	98.0	
82.1	89.0	92.3	94.1	95.0	98.1	
81.9	88.6	91.7	94.9	92.5	98.9	

(2) 発着規制

夜間の発着制限の例

空港名	運用時間	行政指導による規制等
成田国際空港	24時間	緊急時等を除き、0時から6時まで発着制限

(令和元年10月27日より)

(3) 運航方法の改善

騒音軽減運航方式の概要

区分		運航方法の概要	効果	実施状況
離陸方式	急上昇方式	通常の離陸方式と比べて高い高度(1,000m前後)まで急上昇を続け騒音の減少を図る。	効果大(軽減策を用いる場所により異なる)	ほとんどの空港で実施
	NADP2(最適上昇方式)	離陸後一定高度に達した後、上昇を維持しながらフラップを格納し、速度の増加に伴う揚力の増加により高度を獲得することで騒音の減少を図る。	効果大(軽減策を用いる場所により異なる)	東京国際
着陸方式	ディレイドフラップ進入方式	脚下げ及びフラップ下げ操作をなるべく遅くして機体の空気抵抗を減じ、エンジンの必要推力を減ずることにより騒音軽減を図る。	−2〜−3dB(A)	ほとんどの空港で実施
	低フラップ角着陸方式	接地するまでできる限り浅いフラップ角を使用して機体の空気抵抗を減じ、エンジンの必要推力を減ずることにより騒音軽減を図る。	−2〜−3dB(A)	ほとんどの空港で実施
その他	優先滑走路方式	滑走路の一方に人家のないような場合可能な限りその方向で離着陸を行う。	効果大	東京国際、松山、仙台
	優先飛行経路方式	旋回等により人家を避けた飛行経路を飛行する。	効果大	東京国際、大阪国際、仙台

管制機関一覧表

（令和5年4月1日現在）

名称		飛行場管制	着陸誘導管制	進入管制	ターミナルレーダー管制	航空路管制
航空交通管理センター						○
航空交通管制部	札幌			○		○
	東京			○		○
	神戸			○		○
	福岡			○		○
民間空港	旭川	○				
	女満別	○				
	釧路	○				
	帯広	○				
	函館	○		○	○	
	青森	○				
	秋田	○				
	仙台	○		○	○	
	成田国際	○				
	東京国際	○		○	○	
	新潟	○		○	○	
	富山	○				
	中部国際	○		○	○	
	関西国際	○		○	○	
	大阪国際	○				
	八尾	○				
	神戸	○				
	岡山	○				
	広島	○		○	○	
	高松	○				
	松山	○				
	高知	○				
	福岡	○		○	○	
	北九州	○				
	長崎	○		○	○	
	熊本	○		○	○	
	大分	○		○	○	
	宮崎	○				
	鹿児島	○		○	○	
	那覇	○	○	○	○	
	下地島	○				
	宮古	○				
	石垣	○				
	小計	33	1	17	13	5
共用飛行場	札幌（陸）	○	○	○	○	
	千歳（空）	○	○	○	○	
	三沢（空）	○	○	○	○	
	百里（空）	○	○	○	○	
	小松（空）	○	○	○	○	
	美保（空）	○	○	○	○	
	徳島（海）	○	○	○	○	
	小計	7	7	7	7	—
総計		40	8	24	20	5

（注）自衛隊専用の飛行場の管制機関を除く。

《航空交通管制》

飛行情報区（FIR）及び航空交通管制部管轄区域

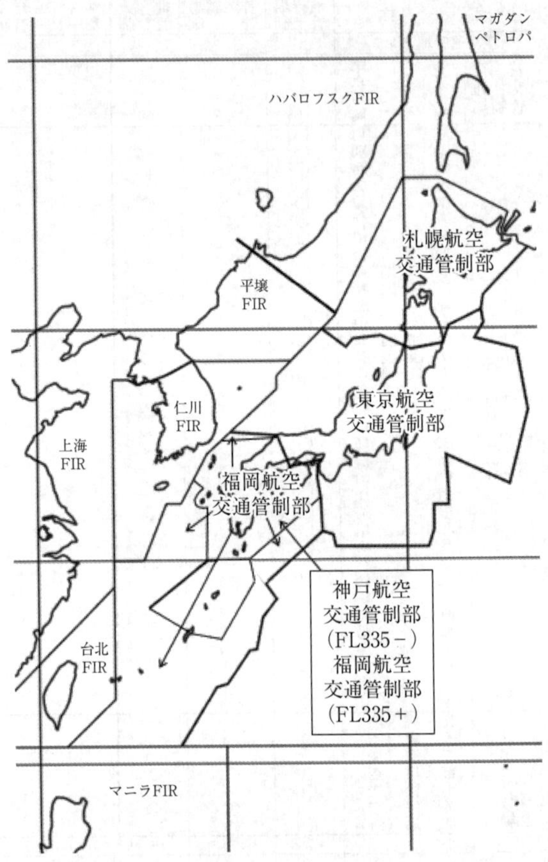

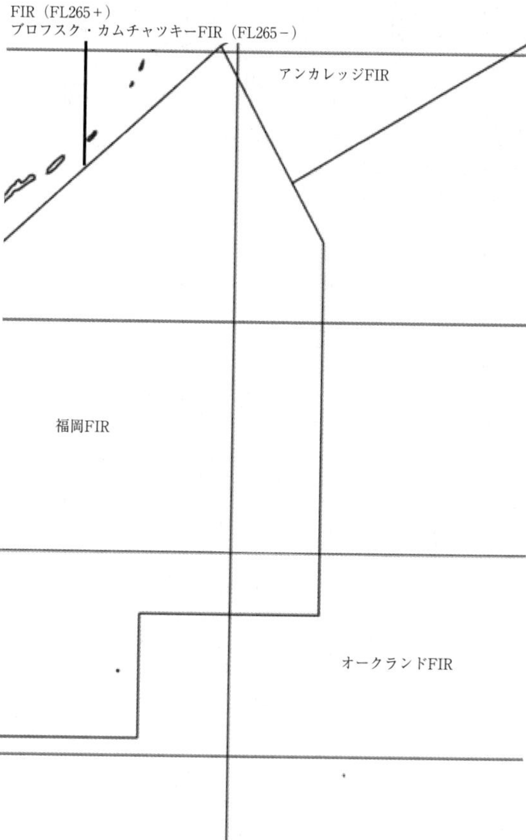

（注）我が国は、福岡FIRを担当している。
（令和5年4月1日現在）

《航空交通管制》

空港管制機関別取扱い延べ機数

空港名	平成30年（2018）			平成31年（2019）			令和2年（2020）		
	IFR	VFR	計	IFR	VFR	計	IFR	VFR	計
函館	20,652	4,658	25,310	20,061	4,655	24,716	14,791	3,849	18,640
釧路	9,368	2,750	12,118	9,785	3,491	13,276	7,771	3,422	11,193
仙台	48,075	29,221	77,296	50,129	26,782	76,911	34,460	26,585	61,045
成田	255,666	1,573	257,239	264,946	1,482	266,428	136,900	1,288	138,188
東京	726,987	12,062	739,049	727,261	11,632	738,893	419,120	12,213	431,333
新潟	20,674	16,710	37,384	21,121	16,670	37,791	14,672	14,240	28,912
旭川	6,662	1,343	8,005	6,808	1,900	8,708	4,553	1,139	5,692
帯広	5,367	19,685	25,052	5,442	22,782	28,224	3,585	22,146	25,731
女満別	8,881	1,094	9,975	8,730	1,105	9,835	6,061	850	6,911
青森	15,038	2,545	17,583	15,585	2,648	18,233	10,166	2,355	12,521
秋田	15,750	4,279	20,029	15,816	3,760	19,576	10,017	3,866	13,883
中部	140,314	28,813	169,127	146,142	25,689	171,831	81,141	23,852	104,993
大阪	135,503	4,625	140,128	135,757	4,389	140,146	94,067	3,678	97,745
八尾	1,698	36,958	38,656	1,483	35,016	36,499	1,851	33,451	35,302
関西	405,220	29,201	434,421	428,158	29,510	457,668	236,479	29,453	265,932
広島	35,316	8,828	44,144	35,894	7,918	43,812	21,097	7,434	28,531
高松	16,954	8,220	25,174	16,925	8,884	25,809	10,210	9,071	19,281
松山	27,965	4,794	32,759	28,029	4,384	32,413	17,929	4,013	21,942
高知	15,977	5,442	21,419	18,150	4,482	22,632	13,121	3,523	16,644
福岡	184,153	13,410	197,563	187,202	12,598	199,800	116,761	7,175	123,936
北九州	17,695	6,214	23,909	17,307	4,880	22,187	9,759	8,090	17,849
長崎	39,577	27,371	66,948	41,421	25,799	67,220	28,260	24,673	52,933
熊本	41,316	42,593	83,909	41,267	40,404	81,671	25,808	34,238	60,046
大分	21,015	15,132	36,147	21,253	13,908	35,161	15,642	12,333	27,975
宮崎	36,434	20,161	56,595	36,295	20,023	56,318	23,417	19,734	43,151
鹿児島	119,683	26,236	145,919	120,063	22,477	142,540	82,880	25,852	108,732
那覇	235,994	23,543	259,537	234,697	22,433	257,130	171,584	22,255	193,839
下地島	1,157	2,075	3,232	2,202	2,142	4,344	2,354	1,720	4,074
富山	4,771	4,885	9,656	4,930	5,239	10,169	2,063	4,445	6,508
岡山	11,780	3,871	15,651	11,763	2,071	13,834	5,877	1,807	7,684
神戸	22,215	16,673	38,888	23,964	14,246	38,210	19,354	13,851	33,205
石垣	23,800	2,630	26,430	23,720	2,464	26,184	18,479	2,266	20,745
宮古	16,861	662	17,523	16,543	543	17,086	13,157	297	13,454
合計	2,688,518	428,257	3,116,775	2,738,849	406,406	3,145,255	1,673,386	385,164	2,058,550
前年比％	100.9	99.7	100.8	101.9	94.9	100.9	61	94.7	65.4

（注）IFR：計器飛行方式　VFR：有視界飛行方式

空港名	令和3年（2021）			令和4年（2022）		
	IFR	VFR	計	IFR	VFR	合計
函　館	13,621	4,245	17,866	17,248	4,736	21,984
釧　路	7,330	2,936	10,266	9,421	2,786	12,207
仙　台	34,020	28,039	62,059	44,132	27,765	71,897
成　田	130,203	1,334	131,537	165,579	1,490	167,069
東　京	408,461	14,078	422,539	559,018	13,236	572,254
新　潟	12,093	15,323	27,416	17,619	16,189	33,808
旭　川	4,370	1,242	5,612	5,362	1,153	6,515
帯　広	3,390	22,558	25,948	5,054	22,158	27,212
女満別	7,506	1,010	8,516	10,045	1,665	11,710
青　森	9,841	2,959	12,800	14,816	2,643	17,459
秋　田	8,337	3,909	12,246	14,497	3,483	17,980
中　部	75,315	23,045	98,360	95,054	22,178	117,232
大　阪	91,361	3,539	94,900	131,481	3,811	135,292
八　尾	1,659	36,239	37,898	1,912	38,353	40,265
関　西	214,402	28,770	243,172	306,802	32,708	339,510
広　島	19,731	6,852	26,583	29,997	7,862	37,859
高　松	9,084	9,129	18,213	14,196	8,828	23,024
松　山	15,700	4,443	20,143	23,823	5,249	29,072
高　知	11,484	4,144	15,628	17,681	4,113	21,794
福　岡	116,971	6,190	123,161	161,644	6,532	168,176
北九州	8,682	11,754	20,436	11,955	12,030	23,985
長　崎	29,434	24,790	54,224	40,225	29,875	70,100
熊　本	30,816	38,409	69,225	45,294	37,421	82,715
大　分	18,018	21,063	39,081	25,158	30,789	55,947
宮　崎	21,810	22,379	44,189	32,983	26,642	59,625
鹿児島	84,506	28,461	112,967	107,701	29,486	137,187
那　覇	171,651	24,853	196,504	234,113	24,518	258,631
下地島	3,239	1,353	4,592	4,247	1,729	5,976
富　山	1,396	4,623	6,019	2,747	4,549	7,296
岡　山	5,163	1,838	7,001	8,385	1,565	9,950
神　戸	21,501	12,508	34,009	27,257	10,876	38,133
石　垣	18,709	2,171	20,880	24,441	2,513	26,954
宮　古	13,420	352	13,772	17,300	422	17,722
合　計	1,623,224	414,538	2,037,762	2,227,187	439,353	2,666,540
前年比%	97.0	107.6	98.9	137.2	106.0	130.9

《航空交通管制》

航空路管制機関別取扱い延べ機数

暦年	航空交通管制部	札幌	東京	神戸※	福岡	計
2018	取扱機数	329,344	1,472,754	317,723	1,173,686	3,293,507
	対前年比(%)	102.2	101.4	105.7	103.6	102.7
2019	取扱機数	334,883	1,517,015	333,119	1,234,649	3,419,666
	対前年比(%)	101.7	103.0	104.8	105.2	103.8
2020	取扱機数	207,509	888,002	211,479	634,839	2,091,061
	対前年比(%)	61.9	58.5	63.4	51.4	61.1
2021	取扱機数	212,356	827,309	560,962	360,906	1,961,533
	対前年比(%)	102.3	93.1	265.2	56.8	93.8
2022	取扱機数	252,859	1,115,513	501,469	667,087	2,536,928
	対前年比(%)	119.1	134.8	89.4	184.8	129.3

※2018.10.1に神戸航空交通管制部発足。那覇航空交通管制部を廃止。

有視界飛行方式による航空機の航行

東京から大阪までの有視界飛行方式による航行例は、下図のとおりである。

航行順序	当該機が航行している空域等	当該機が交信する管制機関等	管制機関の指示、操縦士の通報等
①	東京国際空港	東京空港事務所航空管制運航情報官	飛行計画を通報する。
②	東京管制圏	地上管制席	滑走路までの地上走行の指示を受ける。
		飛行場管制席	離陸の許可を受ける。
		飛行場管制席	離陸後、管制圏内における上昇飛行のための指示を受ける。
③	東京進入管制区	東京ターミナル管制所	TCA内において、レーダー誘導、位置情報又はレーダー交通情報の提供等TCAアドバイザリー業務を受けることができる。
④	管制区	最寄の管制機関対空センター	飛行情報（天候、飛行場の状態等の情報）を受けることができる。有視界飛行方式による高度を飛行する。
⑤	関西進入管制区	関西ターミナル管制所	TCA内において、進入順位及び待機の助言、レーダー誘導又はレーダー交通情報の提供等TCAアドバイザリー業務を受けることができる。
⑥	大阪管制圏	飛行場管制席	位置通報を行う。 着陸のための指示を受ける。
		飛行場管制席	場周経路に入って着陸順位の指示を受ける。着陸の許可を受ける。
		地上管制席	着陸後、地上走行の指示を受ける。

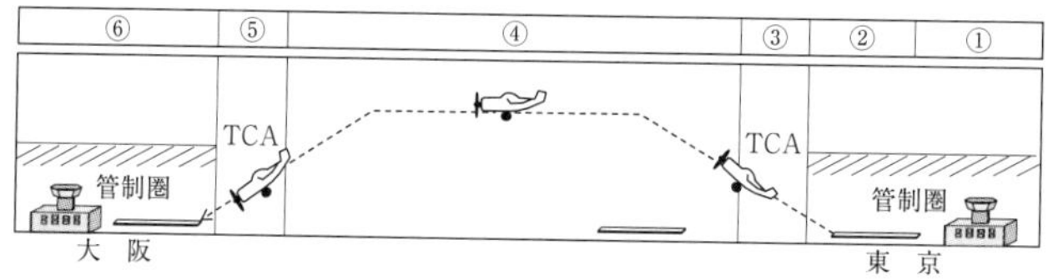

《航空交通管制》

計器飛行方式による航空機の航行

東京から福岡までの計器飛行方式による航行例は、下図のとおりである。

航行順序	当該機が航行している空域等	当該機が交信する管制機関等	管制機関の指示、操縦士の通報等
①	東京国際空港	東京空港事務所航空管制運航情報官	飛行計画を提出する。
②	東京管制圏	管制承認伝達席	管制承認(東京から福岡までの飛行の承認)を受ける。
		地上管制席	滑走路までの地上走行の指示を受ける。
		飛行場管制席	離陸の許可を受ける。
③	東京進入管制区	東京ターミナル管制所出域管制席	巡航高度へのレーダー管制を受ける。
④	管制区	東京管制部	レーダー管制を受ける。
⑤	管制区	神戸管制部	レーダー管制を受ける。降下指示を受ける。
⑥	福岡進入管制区	福岡ターミナル管制所入域管制席	レーダー管制を受け、最終進入フィックスまでの承認を受ける。進入許可を受ける。
⑦	福岡管制圏	飛行場管制席	着陸の許可を受ける。
		地上管制席	着陸後、地上走行の指示を受ける。

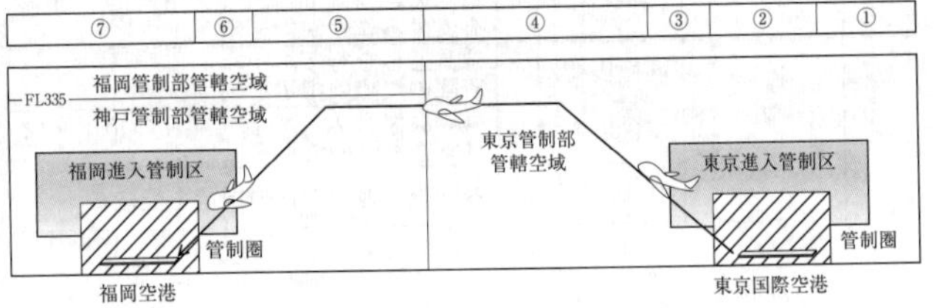

航空交通管制情報処理システム

航空交通管制情報処理システムは、航空機の安全運航と定時運航を図るため、管制業務等の円滑な実施を支援している。

航空交通管制情報処理システムは、従来整備されていたシステムの設計方針を抜本的に見直し、新たに導入した統合管制情報処理システムとして、FACE、ICAP、TAPS、TOPS、TEPS、ADEX、TEAMにより構成されている。

①FACEは、統合管制情報処理システムの中核となるシステムである。国内外の航空関係機関や航空交通管制情報処理システムを構成する各システムと接続し、飛行計画情報や航空情報等の処理及び管理並びに中継を行う。

②ICAPは、航空機の軌道情報（トラジェクトリ）を計算し、管制官による戦略的な意思決定を支援するための情報提供を行う。

③TAPS・TOPS・TEPSは、レーダーや衛星による位置情報と飛行計画情報を照合し、管制卓の各表示装置に航空機シンボル、便名及び高度等の管制に必要な情報提供を行う。

④ADEXは、航空機と管制システムとの間での空地データ通信、国内管制機関と外国管制機関との間での地対地データ通信の中継を行う。

⑤TEAMは、飛行計画情報に基づく航空路及び飛行場の将来の交通量予測情報、レーダー情報に基づく航空路の交通流及び空港のスポット管理情報など、交通量の一元管理のための情報提供を行うほか、訓練／試験空域及び制限空域等を一元的に管理し、空域の有効活用のための情報提供を行う。

《航空交通管制》

航空交通管制情報処理システム概念図

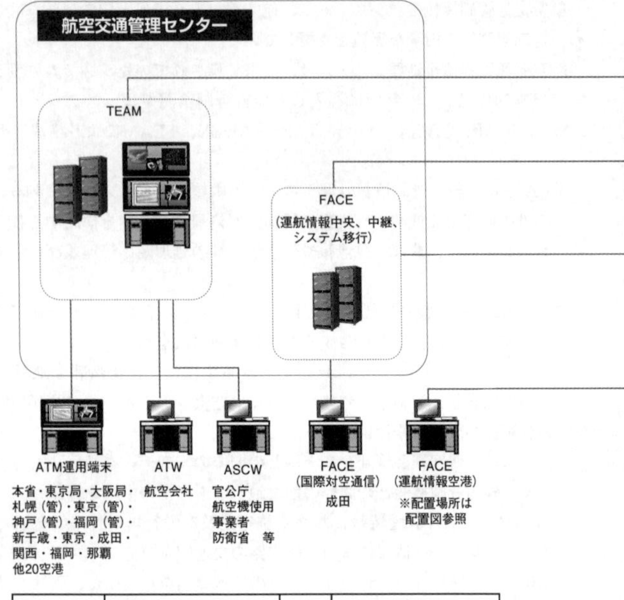

ADEX	管制データ交換処理システム	ICAP	管制支援処理システム
ASCW	空域運用管理端末	TAPS	空港管制処理システム
ATM運用端末	TEAMの航空局内端末	TEAM	航空交通管理処理システム
ATW	TEAMの航空局外端末	TEPS	航空路管制処理システム
FACE	飛行情報管理処理システム	TOPS	洋上管制処理システム

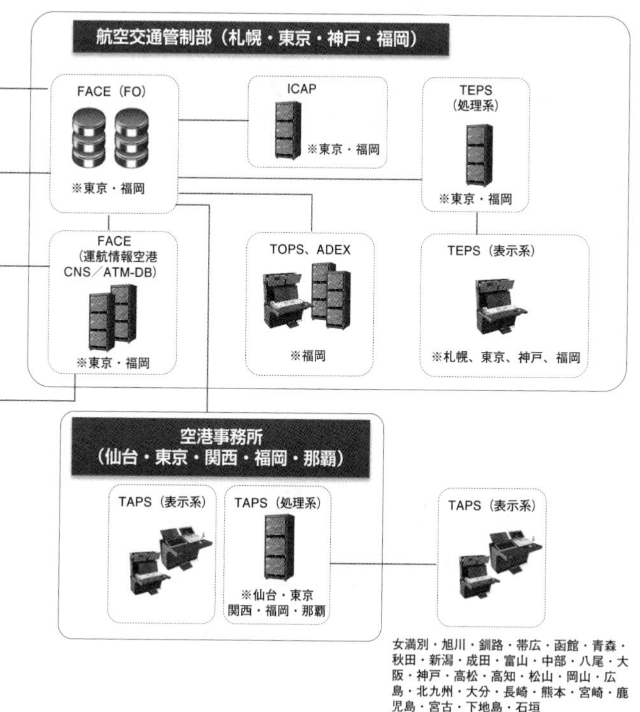

女満別・旭川・釧路・帯広・函館・青森・秋田・新潟・成田・富山・中部・八尾・大阪・神戸・高松・高知・松山・岡山・広島・北九州・大分・長崎・熊本・宮崎・鹿児島・宮古・下地島・石垣

（令和5年4月1日現在）

《航空交通管制》

航空交通管制情報処理システム（FACE端末）の配置図

FACEは飛行計画情報や航空情報、気象情報等の航空機の運航に必要な各種情報を一元的に管理している。
FACE端末は日本全国の空港等に配置されており、利用する者の必要に応じてこれらの情報を出力することができ、関係者が効率的に情報を利用できる仕組みになっている。

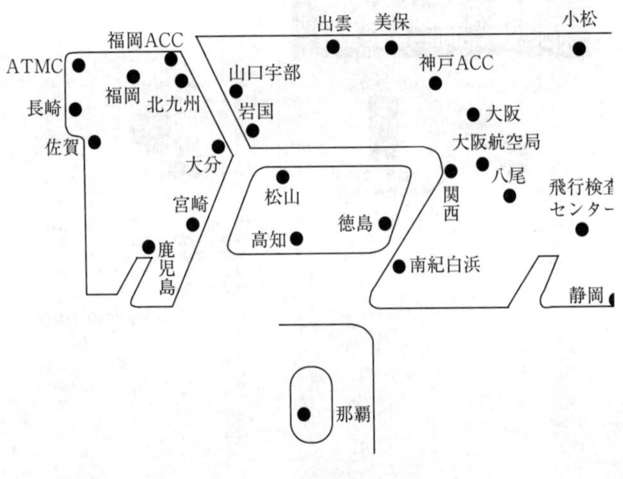

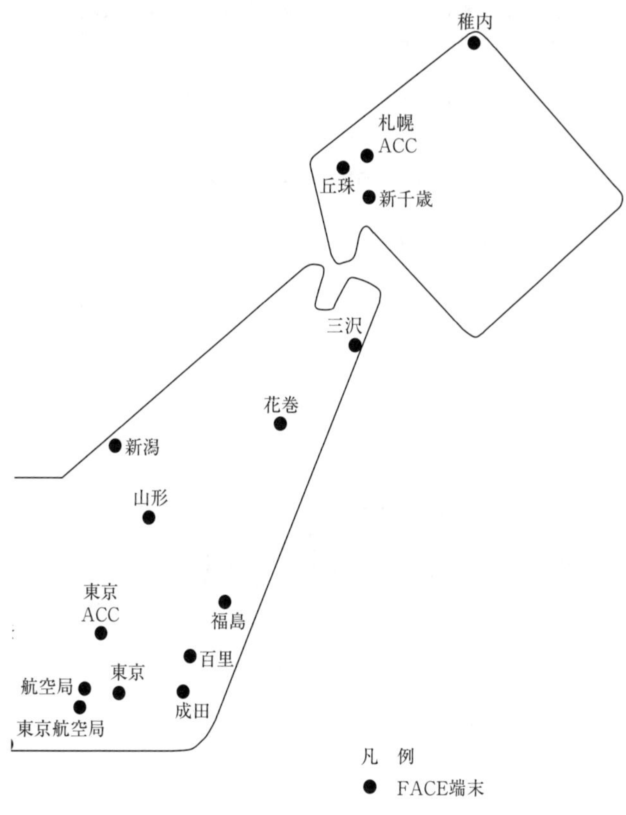

（令和5年4月1日現在）

《航空交通管制》

航空路整備事業（空域の上下分離による処理容量の拡大）

航空交通の安全確保を最優先としつつ、首都圏などの混雑空港・空域における航空交通容量の拡大を図り、より効率的かつ効果的な管制サービスを提供するため、航空路管制空域の再編整備を進めています。

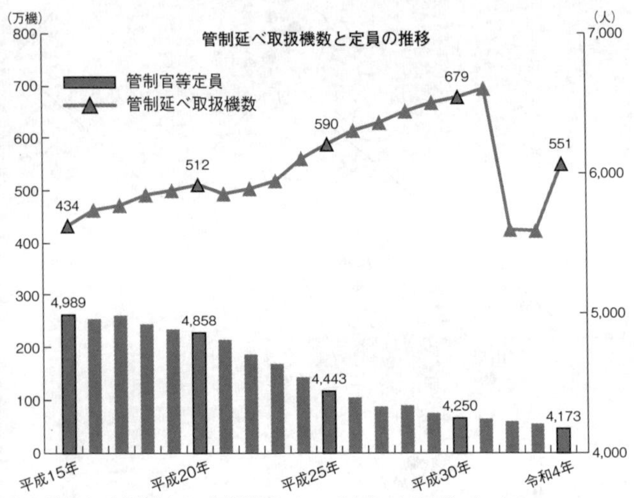

注1）管制延べ取扱機数とは、各管制機関において取り扱った航空機の数である。
注2）管制延べ取扱機数は暦年のデータ、管制官等定員は年度末の定員である。

○航空路管制空域の再編整備【事業期間：平成27年度～令和7年度】

航空路管制空域において空域を上下に分離する再編を行い、管制処理能力の向上を図ります。

航空路管制空域を

・巡航機が中心となる「高高度」
・近距離及び空港周辺の上昇降下機に専念する「低高度」
に上下分離

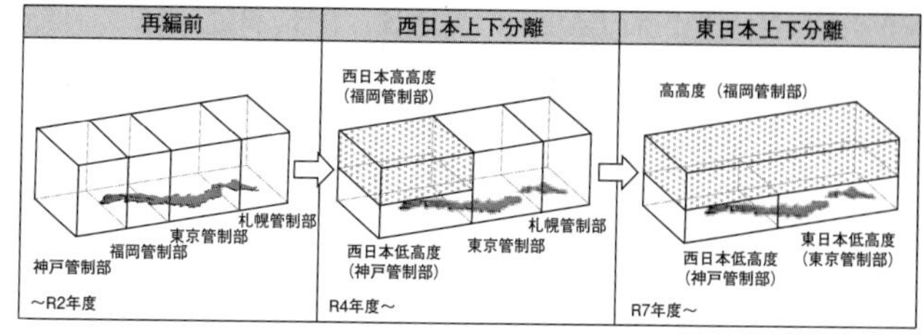

《航空保安関係施設》

無線施設等設置個所一覧表

施設名	区分	設置場所
VOR/DME(71か所)	空港用(10か所)	羽田、三原、富山、神戸、石見、対馬、加治木、屋久島、与論、下地島
	空港航空路共用(57か所)	稚内、利尻、紋別、女満別、旭川、中標津、札幌、釧路、帯広、千歳、鵡川、奥尻、函館、青森、花巻、仙台、大館、雄和、庄内、山形、福島、雄山、八丈島、松本、静岡、能登、中部、伊丹、八尾、関西、南紀、鳥取、米子、隠岐、出雲、吉備、本郷、周防、宇部、香川、松山、高知、壱岐、徳之島、長崎、福江、熊本、武蔵、佐賀、宮崎、中種子、笠利、南大東、与那国、石垣島、[成田]、〈天草〉
	航空路用(4か所)	宮古、いわき、関宿、宮津
DME(7か所)	空港航空路共用(1か所)	守谷
	航空路用(6か所)	阿見、館山、横須賀、淡路、小豆、御坊
VORTAC(13か所)	空港航空路共用(10か所)	百里(※)、新潟、小松(※)、名古屋、福岡、鹿児島、永良部、久米島、那覇、宮古島
	航空路用(3か所)	大島、串本、清水
TACAN(11か所)	空港航空路共用(2か所)	新島、美保
	航空路用(9か所)	大子、銚子、御宿、河和、岡山、玖珂、高松、奄美、知念
ILS(64か所)	空港(64か所)	稚内、利尻、紋別、女満別、旭川、中標津、釧路、新千歳、帯広、函館、青森、花巻、仙台、大館能代、秋田、庄内、山形、福島、東京、大島、八丈島、新潟、静岡、富山、能登、小松、大阪、関西、神戸、南紀白浜、鳥取、美保、隠岐、出雲、石見、岡山、広島、山口宇部、高松、松山、高知、北九州、福岡、佐賀、対馬、長崎、福江、熊本、大分、宮崎、鹿児島、種子島、奄美、徳之島、久米島、那覇、下地島、宮古、石垣、与那国、[成田]、〈名古屋〉、[中部]、〈但馬〉

施設名	区分	設置場所
対空通信施設(85か所)	空港(78か所)	稚内、利尻、紋別、旭川、女満別、中標津、釧路、帯広、奥尻、函館、青森、花巻、仙台、大館能代、秋田、山形、庄内、福島、成田、東京、大島、新島、神津島、三宅島、八丈島、新潟、松本、静岡、富山、能登、福井、中部、名古屋、大阪、三国山、八尾、関西、神戸、但馬、南紀白浜、鳥取、隠岐、出雲、石見、岡山、広島、山口宇部、高松、松山、高知、福岡、北九州、佐賀、対馬、壱岐、長崎、福江、熊本、天草、大分、宮崎、鹿児島、種子島、屋久島、喜界、奄美、徳之島、沖永良部、与論、那覇、嘉手納、南大東、久米島、下地島、宮古、石垣、与那国、多良間
	航空路(4か所)	札幌、東京、神戸、福岡
	国際短波送受信所(3か所)	友部、坂戸、成田
RCAG(49か所)	航空路(49か所)	稚内、女満別、釧路、帯広、奥尻、横津岳、青森、八戸、花巻、上品山、仙台、秋田、庄内、いわき、大子、成田、山田、八丈、箱根、新潟、松本、能登、小松、三河、中部、河和、三国山、大阪、串本、美保、平田、岩国、清水、今の山、三郡山、福江、加世田、奄美、名瀬、八重岳、久米島、那覇、南大東、宮古島、石垣、札幌、所沢、雁ノ巣、神戸
ATIS(22か所)	空港(22か所)	新千歳、函館、仙台、成田、東京、新潟、中部、大阪、関西、神戸、広島、高松、松山、高知、福岡、長崎、熊本、大分、宮崎、鹿児島、那覇、石垣
AEIS(26か所)	航空路(26か所)	旭川、釧路、帯広、横津岳、上品山、秋田、大子、成田、箱根、新潟、松本、小松、三河、三国山、串本、美保、岩国、清水、三郡山、福江、加世田、奄美、八重岳、宮古島、丘珠、所沢

《航空保安関係施設》

施設名	区分	設置場所
ASR/SSR（28か所）	空港（28か所）	女満別（SSR）、旭川（SSR）、帯広（SSR）、函館、青森（SSR）、仙台、秋田（SSR）、成田、東京、新潟、名古屋、中部、関西、大阪、広島、高松、松山（SSR）、高知、北九州（SSR）、福岡、長崎、熊本、大分、宮崎、鹿児島、那覇、下地島、石垣
PAR（1か所）	空港（1か所）	那覇
ASDE（7か所）	空港（7か所）	成田、東京、中部、大阪、関西、福岡、那覇
ARSR（16か所）	航空路（16か所）	釧路、横津岳、八戸、上品山、山田、箱根、能登、三河、三国山、平田、今の山、三郡山、加世田、奄美、八重岳、宮古島
ORSR（5か所）	航空路（5か所）	男鹿、いわき、八丈、福江、久米島
RML（4か所）	航空路（4か所）	横津岳、三国山、福江、所沢
MLAT（8か所）	空港（8か所）	新千歳、成田、東京、中部、大阪、関西、福岡、那覇
WAM（7か所）	空港（3か所）	成田、東京、岡山
	航空路（4か所）	南北海道/北東北、関東/南東北、中部/近畿/瀬戸内、周防灘

（注）(1) 令和5年4月1日現在。
(2) ILS及びASR/SSRの各施設については、同一空港に複数ある場合でも1か所と数える。
(3) ［　］内は、成田空港株式会社又は中部国際空港株式会社設置のもの。
(4) 〈　〉内は、地方公共団体設置のもの。
(5) 防衛省等の設置したものを除く。
(6) ※印の小松及び百里は、防衛省のTACANと共用。

RCAG（遠隔対空通信施設）配置図

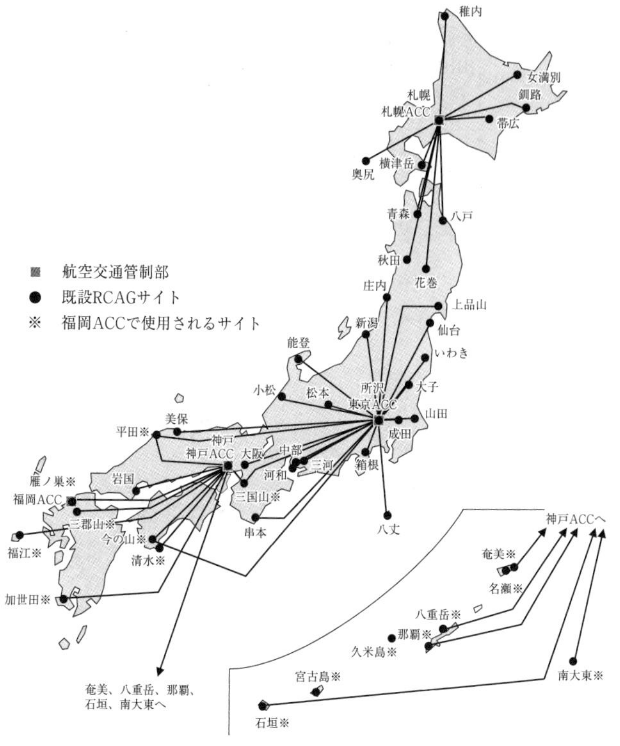

（令和5年4月1日現在）

《航空保安関係施設》

航空路監視レーダー（ARSR）

区　分	箇　　所	施設数
ARSR	釧路、横津岳、八戸、上品山、能登、山田、箱根、三河、三国山、平田、今の山、三郡山、加世田、奄美、八重岳、宮古島	16
ORSR	男鹿、いわき、八丈、福江、久米島	5
WAM	南北海道/北東北、関東/南東北、中部/近畿/瀬戸内、周防灘	4

（令和5年4月1日現在）

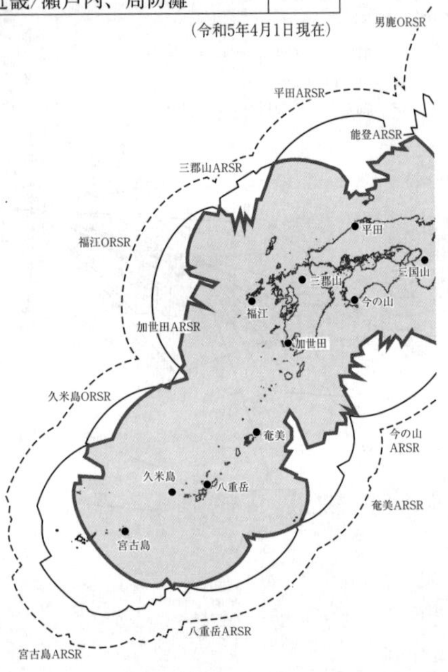

等の配置及び覆域図

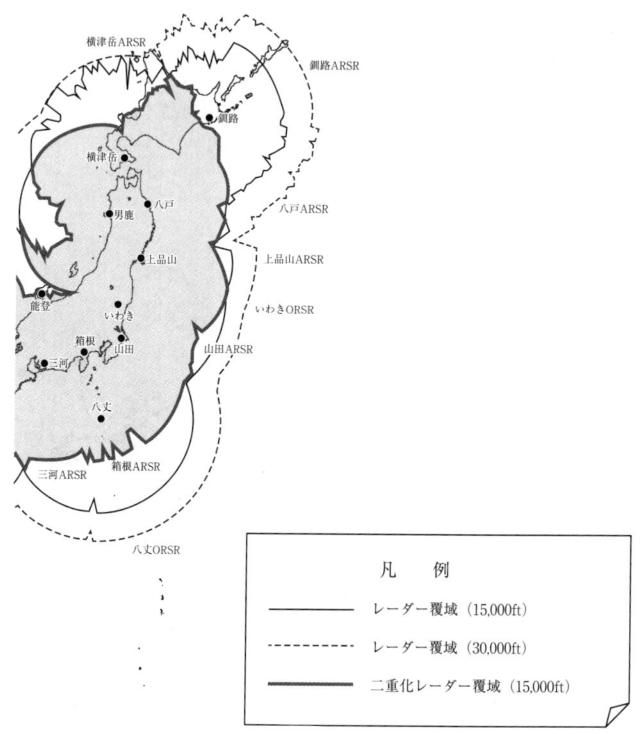
横津岳ARSR
釧路ARSR
釧路
横津岳
八戸
男鹿
八戸ARSR
上品山
上品山ARSR
能登
いわき
いわきORSR
箱根
山田
山田ARSR
三河
八丈
三河ARSR
箱根ARSR
八丈ORSR
凡　例
レーダー覆域（15,000ft）
レーダー覆域（30,000ft）
二重化レーダー覆域（15,000ft）

《航空保安関係施設》

飛行場情報放送業務及び広域対空援助業務　施設配置図

ATIS（飛行場情報放送業務）
交通量の多い空港において、離発着する航空機を対象として、離発着に必要な気象情報、飛行場の状態、航空保安施設の情報等を常時対空送信（放送）する。

AEIS（広域対空援助業務）
航空機の航行に必要な情報に関する通信，PIREPに関する通信，その他飛行の安全に関する通信を対空送受信サイトから行う。
対空送受信サイトは、新千歳・大阪・福岡・鹿児島・那覇空港事務所から遠隔により運用されている。

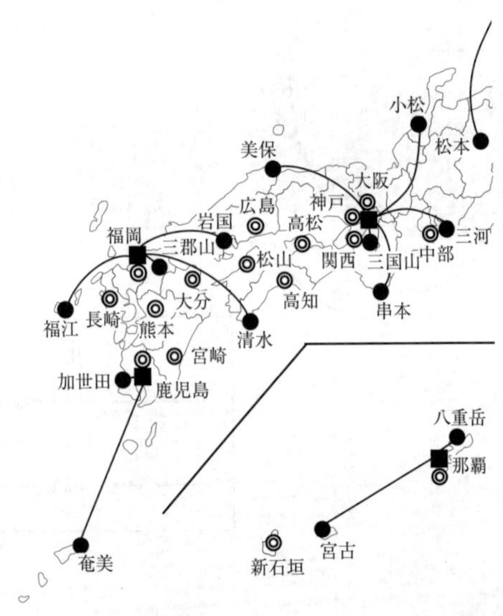

《航空保安関係施設》

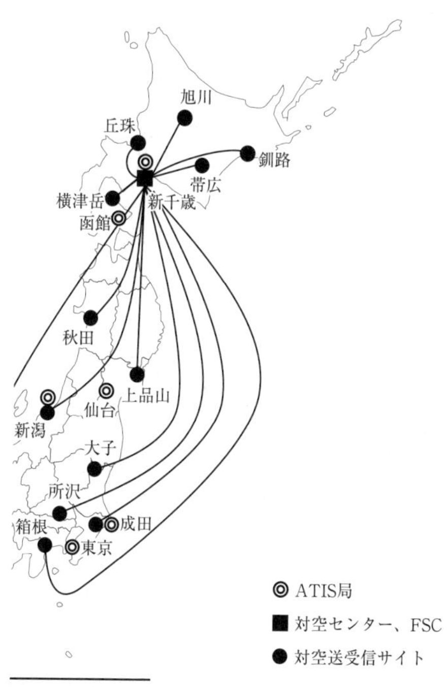

（令和4年10月1日現在）

国際対空通信局の配置

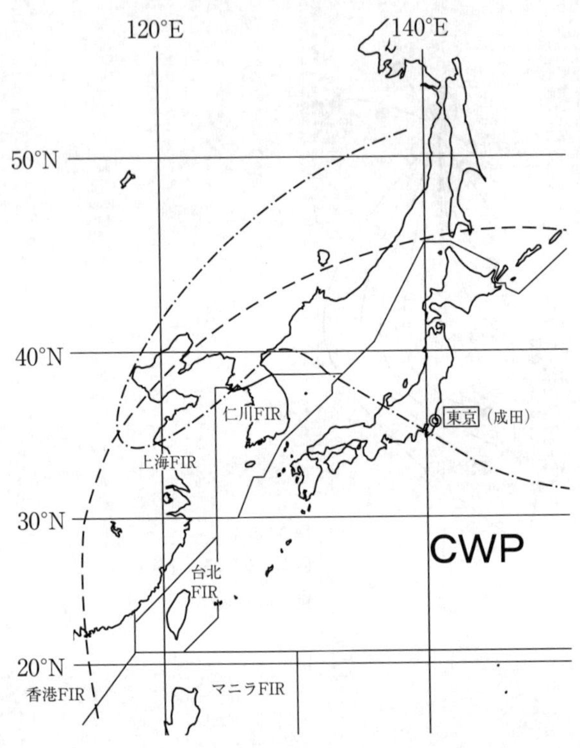
120°E
140°E
50°N
40°N
30°N
20°N
仁川FIR
東京（成田）
上海FIR
CWP
台北
FIR
香港FIR
マニラFIR

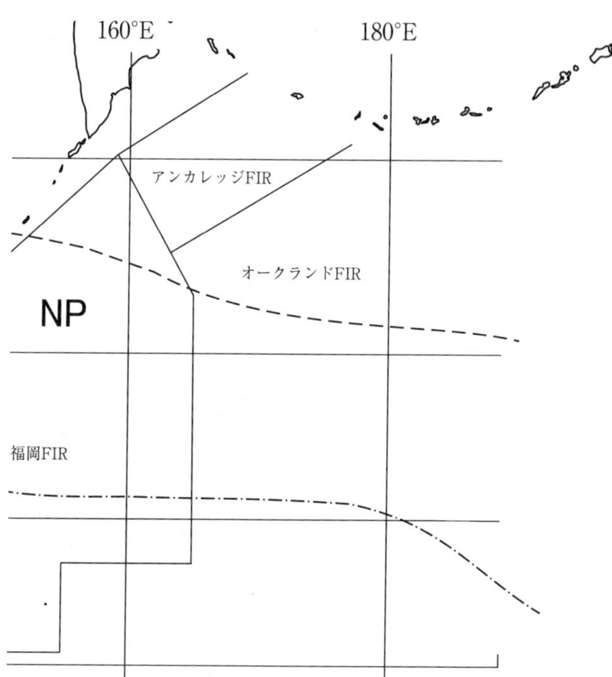

国際対空通信に使用するHF周波数（短波）は、主要世界航空路区域と呼ばれる区域ごとに割り当てられており、我が国はNP［North Pacific］区域又はCWP［Central West Pacific］区域に含まれNPはNP1、NP2、NP3のネットワークで、CWPはCWP1、CWP2のネットワークで運用されている。

東京国際対空通信局では、HFを使用してFIR内の主として洋上を航行する航空機に対し、管制通報の伝達、気象その他の情報の提供を行っている。

（令和5年4月1日現在）

《航空保安関係施設》

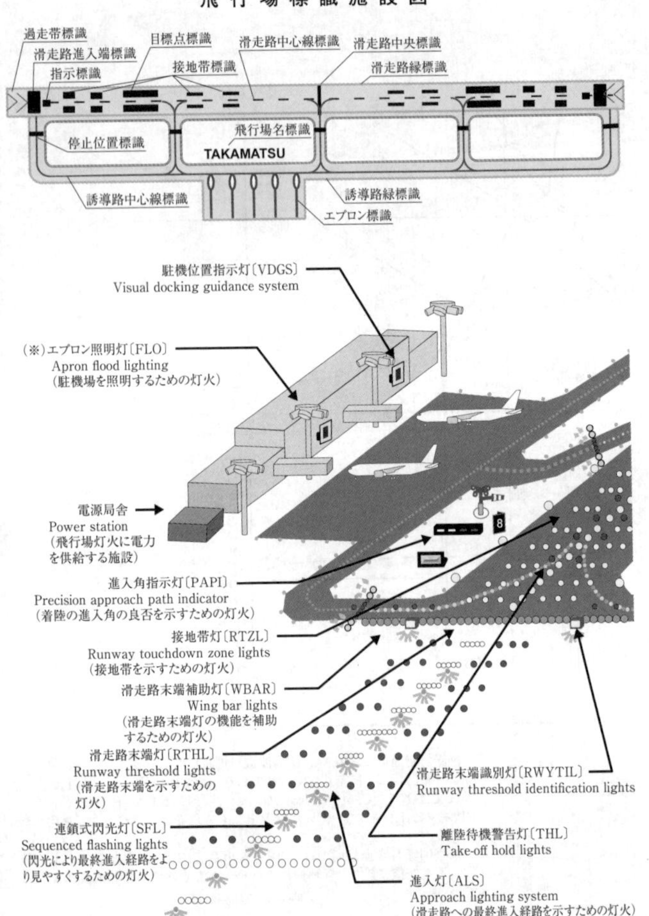

飛行場標識施設図
過走帯標識
滑走路進入端標識
指示標識
目標点標識
接地帯標識
滑走路中心線標識
滑走路中央標識
滑走路縁標識
飛行場名標識
TAKAMATSU
停止位置標識
誘導路中心線標識
誘導路縁標識
エプロン標識
駐機位置指示灯〔VDGS〕
Visual docking guidance system
(※)エプロン照明灯〔FLO〕
Apron flood lighting
(駐機場を照明するための灯火)
電源局舎
Power station
(飛行場灯火に電力を供給する施設)
進入角指示灯〔PAPI〕
Precision approach path indicator
(着陸の進入角の良否を示すための灯火)
接地帯灯〔RTZL〕
Runway touchdown zone lights
(接地帯を示すための灯火)
滑走路末端補助灯〔WBAR〕
Wing bar lights
(滑走路末端灯の機能を補助するための灯火)
滑走路末端灯〔RTHL〕
Runway threshold lights
(滑走路末端を示すための灯火)
滑走路末端識別灯〔RWYTIL〕
Runway threshold identification lights
連鎖式閃光灯〔SFL〕
Sequenced flashing lights
(閃光により最終進入経路をより見やすくするための灯火)
離陸待機警告灯〔THL〕
Take-off hold lights
進入灯〔ALS〕
Approach lighting system
(滑走路への最終進入経路を示すための灯火)

《航空保安関係施設》

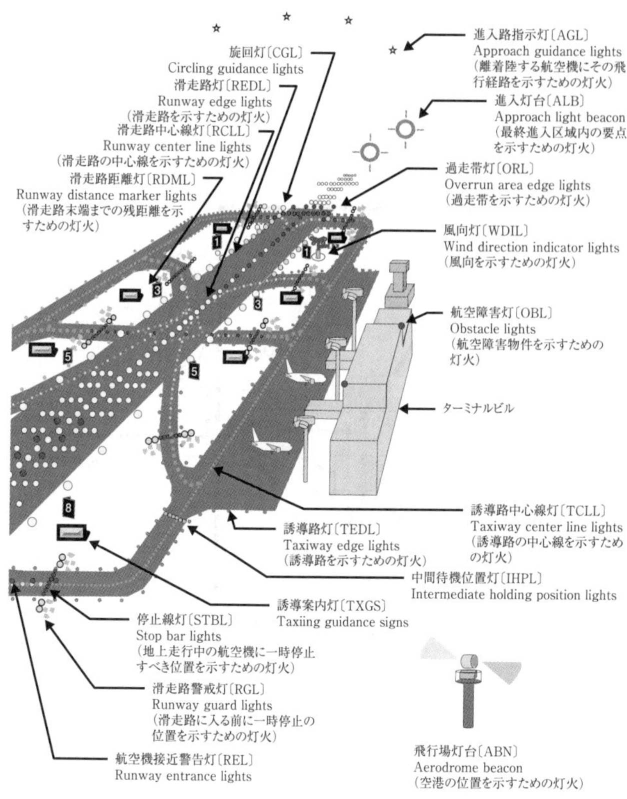

（※）航空灯火以外の灯火

《航空保安関係施設》

国際航空固定通信網／国際航空交通情報通信システム

（AFTN：Aeronautical Fixed Telecommunication Network／AMHS：ATS Message Handling System）

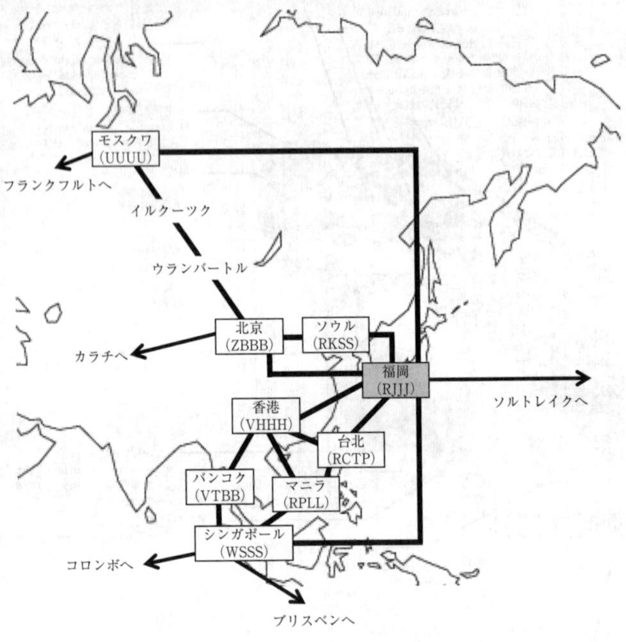

世界の定期航空の事故発生状況

（乗客死亡事故／最大離陸重量5,700kg超航空機）

暦　　　年	2014 (26)	2015 (27)	2016 (28)	2017 (29)
事　故　件　数	97	92	75	88
死亡事故件数	8	6	7	5
死亡乗客数	911	474	182	50
100万出発回当たり事故率	3.0	2.8	2.1	2.4

暦　　　年	2018 (30)	2019 (31/R1)	2020 (R2)	2021 (R3)
事　故　件　数	98	114	48	48
死亡事故件数	11	6	4	4
死亡乗客数	514	239	298	104
100万出発回当たり事故率	2.6	2.9	2.1	1.9

（注）ICAO資料（Safety Report）による。

《航空事故等》

我が国における民間航空事故発生状況

暦年	航空機の種類	発生件数	死亡	重軽傷	計
H30	大型飛行機	3	0	2	2
	小型飛行機	7(4)	2(2)	2(2)	4(4)
	回転翼航空機	3	9	1	10
	滑空機	1	0	1	1
	計	14	11	6	17
H31／R1	大型飛行機	4	0	9	9
	小型飛行機	3(2)	1(1)	1(1)	2(2)
	回転翼航空機	2	0	1	1
	滑空機	3	0	0	0
	計	12	1	11	12
R2	大型飛行機	4	0	2	2
	小型飛行機	5(4)	1(1)	6(4)	7(5)
	回転翼航空機	4(1)	1	8(1)	9(1)
	滑空機	0	0	0	0
	計	13	2	16	18
R3	大型飛行機	1	0	0	0
	小型飛行機	4(2)	0	1(1)	1(1)
	回転翼航空機	3	1	7	8
	滑空機	3	2	2	4
	計	11	3	10	13
R4	大型飛行機	8	0	8	8
	小型飛行機	9(4)	6(2)	3(3)	9(5)
	回転翼航空機	3	1	2	3
	滑空機	2	2	1	3
	計	22	9	14	23

（注）(1) 我が国の領域内で発生した事故（外国機に係る事故を含む。）である。
(2) 小型飛行機の（　）内数字は超軽量動力機であり、内数である。
(3) 回転翼航空機の（　）内数字はジャイロプレーンであり、内数である。
(4) 調査中の案件もあるため、数字が変わる可能性あり。

主要航空事故等一覧表

(1) 我が国における主要航空事故等　　昭和41～

発生年月日 所　属 機　種	発生場所及び事故等の概要	死傷者数等
昭41. 2. 4 全日本空輸 ボーイング式727型	定期便（千歳→東京）として東京国際空港に向け飛行中、東京湾に墜落、機体は水没して全員死亡した。	死亡 133名 （乗員 7 乗客 126）
昭41. 3. 4 カナダ太平洋航空 DC-8	定期便（香港→東京→バンクーバー）として飛行し、東京国際空港に着陸進入中、滑走路末端手前の護岸に衝突し、大破炎上した。	死亡 64名 （乗員 10 乗客 54） 重傷 8名 （乗客 8）
昭41. 3. 5 英国海外航空 ボーイング式707型	定期便（サンフランシスコ→ホノルル→東京→香港）として東京国際空港を出発したが、富士山南南東2合目付近に墜落して大破、炎上し、全員死亡した。	死亡 124名 （乗員 11 乗客 113）
昭41.11.13 全日本空輸 YS-11型	定期便（大阪→松山）として飛行し、松山空港に着陸しようとしたが滑走路に接地後復行し、間もなく松山空港沖の伊予灘に墜落、水没し、全員死亡した。	死亡 50名 （乗員 5 乗客 45）
昭44.10.20 全日本空輸 YS-11型	定期便（鹿児島→宮崎）として飛行し、宮崎空港に着陸したがオーバーランし、滑走路末端から約100メートル先の土手に激突した。	重傷 23名 （乗員 3 乗客 20） 軽傷 19名 （乗員 1 乗客 18）
昭46. 7. 3 東亜国内航空 YS-11A型	定期便（丘珠→函館）として飛行し、函館空港に着陸のため降下進入中、横津岳に激突し、機体は大破し全員死亡した。	死亡 68名 （乗員 4 乗客 64）

《航空事故等》

発生年月日 所属 機種	発生場所及び事故等の概要	死傷者数等
昭46. 7.30 全日本空輸 ボーイング式 727-200型 航空自衛隊 F86	定期便（千歳→東京）として飛行中、岩手県岩手郡雫石町（盛岡市西方）上空付近において、訓練中の航空自衛隊所属F86F戦闘機と接触、両機とも墜落、大破し、全日空機の搭乗者全員が死亡した。	死亡 162名 （乗員 7 乗客 155）
昭47. 5.30 横浜航空 セスナ402A	不定期便として、有視界飛行方式により紋別空港を離陸し札幌飛行場（丘珠）に向かったが消息を絶った。その後北海道樺戸郡月形町分藍山山腹に激突し、全員死亡しているのが発見された。	死亡 10名 （乗員 2 乗客 8）
昭57. 2. 9 日本航空 ダグラス式 DC-8-61型	定期便（福岡→東京）として飛行し、東京国際空港に着陸進入中、滑走路手前約300メートルの海上に墜落した。	死亡 24名 （乗客 24） 重傷 95名 （乗員 8 乗客 87） 軽傷 54名 （乗客 54）
昭57. 8.26 南西航空 ボーイング式 737-200型	定期便（那覇→石垣）として飛行し、石垣空港に着陸したが、オーバーランし、機体は大破、炎上した。	重傷 3名 （乗員 2 乗客 1） 軽傷 45名 （乗員 3 乗客 42）
昭58. 3.11 日本近距離航空 YS-11A型	定期便（丘珠→中標津）として飛行し、中標津空港へ着陸進入中、滑走路手前の雑木林に墜落した。	重傷 18名 （乗員 6 乗客 12） 軽傷 34名 （乗客 34）
昭60. 8.12 日本航空 ボーイング式 747SR-100型	定期便（東京→大阪）として飛行中、消息を絶ち、翌朝群馬県多野郡上野村山中に墜落して、大破、炎上しているのが発見された。	死亡 520名 （乗員 15 乗客 505） 重傷 4名 （乗客 4）

発生年月日 所　　属 機　　種	発生場所及び事故等の概要	死傷者数等
昭61. 8. 9 個人 パイパー式 PA-32-300 ロバートソン型	群馬県大西飛行場から三宅島空港に向け飛行中、埼玉県北埼玉郡騎西町日出安の水田に墜落し、搭乗者全員が死亡した。	死亡　7名 (乗員　1 乗客　6)
昭61.10.26 タイ国際航空 エアバス式 A300-600型	タイ国際航空所属便は、マニラ国際空港から大阪国際空港に向け飛行中、土佐湾上空において、客室後部の化粧室内で爆発物が爆発して後部圧力隔壁が破損し、客室に急減圧が生じたため大阪国際空港に緊急着陸し、乗客及び乗員が負傷した。	重傷　8名 (乗客　5 乗員　3) 軽傷 101名 (乗客 101)
昭62. 2.17 海上保安庁 ビーチクラフト式 200T型	捜索救難業務のため、福岡空港から長崎県茂木沖へ向けて飛行中、背振山系内の立拝山に墜落し、搭乗者全員が死亡した。	死亡　5名 (乗員　2 同乗者　3)
平 2. 3.24 キャセイパシフィック航空 ロッキード式 L-1011-385-1型	定期便（ホンコン国際空港→新東京国際空港）として出発し、新東京国際空港へ着陸する際ハード・ランディングして、第1燃料タンクから燃料が流出し、緊急脱出が行われた際、乗客及び乗員が負傷した。	重傷　2名 (乗客　2) 軽傷数十名 (乗員・乗客 数十名)
平 2. 5.14 株式会社アジアヘリコプターコーポレーション アグスタ式 A109AⅡ型	試乗飛行のため、札幌飛行場を離陸後消息を絶ち、藻岩山の北側斜面に衝突しているのが発見され、搭乗者全員が死亡した。	死亡　6名 (乗員　1 乗客　5)
平 2. 9.27 阪急航空 川崎BK117B-1	旭化成工業株式会社の社用定期便として宮崎空港から同社所有の延岡へリポートに向け飛行中、日向市の牧島山に墜落した。	死亡　10名 (乗員　2 乗客　8)

《航空事故等》

発生年月日 所　属 機　種	発生場所及び事故等の概要	死傷者数等
平 3. 8. 5 阪急航空 アエロスパシアル SA365N	不定期便として、兵庫県美方郡温泉町から神戸ヘリポートに向け飛行中、村岡町の大峰山山頂付近の斜面に衝突した。	死亡　8名 （乗員　2 乗客　6）
平 3. 9.19 ノースウエスト航空 ボーイング式 747-400型	定期便（新東京国際空港→ニューヨークJ.F.ケネディ国際空港）として飛行中、航空機に不具合が発生したため、新東京国際空港へ引き返し着陸した。着陸後の滑走中、No. 2エンジン付近から火災が発生したため、緊急脱出を行い、その際乗客が負傷した。	重傷　8名 （乗客　8） 軽傷　38名 （乗客　38）
平 5. 4.18 日本エアシステム ダグラス式 DC-9-41型	定期便（名古屋空港→花巻空港）として花巻空港に着陸の際、ハードランディングして火災が発生し、大破して停止した。その後緊急脱出が行われ、その際乗客、乗員が負傷した。	重傷　3名 （乗員　1 乗客　2） 軽傷　55名 （乗員　4 乗客　51）
平 5. 5. 2 全日本空輸 ボーイング式 747-400型	定期便（鹿児島空港→東京国際空港）として東京国際空港に着陸後の地上走行中、機内に白煙が充満したため、停止し、緊急脱出が行われ、その際乗客が負傷した。	重傷　9名 （乗客　9） 軽傷　112名 （乗員　4 乗客　108）
平 6. 4.26 中華航空 エアバス式 A300B4-622R型	定期便（台北国際空港→名古屋空港）として名古屋空港に進入中、同空港の誘導路E1付近の着陸帯内に墜落し炎上、その際乗客、乗員が死傷した。	死亡　264名 （乗員　15 乗客　249） 重傷　7名 （乗客　7）
平 8. 4.26 個人 ソカタ式 TBM700型	会社の業務連絡のため、丘珠空港を離陸し、釧路空港に進入中、アンテナに衝突・墜落し、搭乗者全員が死亡した。	死亡　6名 （乗員　1 乗客　5）

発生年月日 所　　　属 機　　　種	発生場所及び事故等の概要	死傷者数等
平 8. 4.27 株式会社長野放送(朝日航洋株式会社受託) アエロスパシアル式 AS355F1型 東邦航空株式会社(株式会社テレビ信州チャータ) アエロスパシアル式 AS350B型	両機は、取材飛行中、長野県の千曲川左岸河川敷上空において空中接触し、両機とも同河川敷に墜落し、搭乗者全員が死亡した。	死亡　6名 (乗員　2 同乗者　4)
平 8. 6.13 ガルーダ・インドネシア航空 ダグラス式 DC-10-30型	定期便（福岡空港→バリ国際空港）として福岡空港において離陸滑走中、離陸を中断、オーバーランし、緩衝緑地内に擱座し炎上、その際乗客、乗員が死傷した。	死亡　3名 (乗客　3) 重傷　18名 (乗員　2 乗客　16) 軽傷　152名 (乗員　1 乗客　151)
平 9. 1.24 トヨタ自動車株式会社（日本フライングサービス株式会社受託運航) アエロスパシアル AS365N2	トヨタ自動車株式会社の社員輸送のため、静岡県裾野市の場外離着陸場から豊田市の場外離着陸場に向け飛行中、三河湾スカイライン沿いの山頂付近の斜面に衝突し、搭乗者全員が死亡した。	死亡　8名 (乗員　2 乗客　6)
平 9. 6. 8 日本航空 ダグラス式 MD-11型	定期便（香港啓徳国際空港→名古屋空港）として、香港啓徳国際空港を離陸し、名古屋空港へ着陸のため降下中、機体の急激な動揺により、乗客及び客室乗務員が負傷した。	重傷　4名 (乗員　3 乗客　1) 軽傷　8名 (乗員　4 乗客　4)

《航空事故等》

発生年月日 所属 機種	発生場所及び事故等の概要	死傷者数等
平10. 5.12 ユナイテッド航空 ボーイング式747-400型	定期便（新東京国際空港→香港啓徳国際空港）として、新東京国際空港の駐機場からプッシュ・バックした直後、No.1エンジンから火炎が発生し、脱出用スライドにより緊急脱出の際、乗客及び乗員が負傷した。	重傷 4名 （乗客 4） 軽傷 20名 （乗員 1 乗客 19）
平13. 1.31 日本航空 ボーイング式747-400D型	定期907便（東京国際空港→那覇空港）と定期958便（釜山国際空港→新東京国際空港）は、静岡県焼津市付近海上上空で異常に接近し、双方が回避操作を行ったが、907便における回避操作による機体の動揺により、乗客及び乗員が負傷した。	重傷 9名 （乗員 2 乗客 7） 軽傷 91名 （乗員 10 乗客 81）
平13. 5.19 中日本航空 アエロスパシアル式AS332L1 中日本航空 セスナ式172P	同社所属アエロスパシアル式と同社所属セスナ式は、名古屋空港を離陸し、訓練飛行中、三重県桑名市上空で両機は衝突し、両機とも墜落、大破し、搭乗者全員が死亡した。また、地上にいた者が軽傷を負った。	死亡 6名 軽傷 1名 （地上）
平14.10.21 日本航空 ボーイング式747-400D型	定期便（福岡→東京）として福岡空港を離陸し、東京国際空港へ向け、巡航高度から降下中、機体が動揺し、乗客及び客室乗務員が負傷した。	重傷 4名 （乗員 1 乗客 3） 軽傷 29名 （乗員 11 乗客 18）
平17. 5. 3 静岡県警察 アグスタ式A109K2型	交通渋滞調査のため飛行中、静岡市清水区の住宅地に墜落し搭乗者が全員死亡した。	死亡 5名 （乗員 1 同乗者 4）

発生年月日 所　　属 機　　種	発生場所及び事故等の概要	死傷者数等
平19. 3.13 エアーセントラル ボンバルディア式 DHC-8-402型	定期便（大阪国際空港→高知空港）として高知空港に進入中、前脚が下りず、胴体着陸した。	なし
平19. 8.20 中華航空公司 ボーイング式 737-800型	定期便（台湾桃園国際空港→那覇空港）として那覇空港に着陸し、スポットに駐機後火災が発生し、炎上した。	なし
平21. 2.20 ノースウエスト航空 ボーイング式 747-451型	定期便（マニラ国際空港→成田国際空港）として、飛行中、成田国際空港の南南西約174kmの上空において機体が動揺し、乗客及び乗員が負傷した。	重傷　4名 （乗客　4） 軽傷　34名 （乗客　27 乗員　7）
平21. 3.23 フェデラルエクスプレス マクドネル・ダグラス式 MD-11F型	定期貨物便（広州白雲国際空港→成田国際空港）として成田国際空港に着陸した際、横転、炎上し、乗員が死亡した。	死亡　2名 （乗員　2）
平22. 7.25 埼玉県（本田航空受託運航） ユーロコプター式 AS365N3型	救助活動のため、救助隊員をホイストで降下させている最中に墜落し、搭乗者5名が死亡した。	死亡　5名 （乗員　2 同乗者　3）
平22. 8.18 海上保安庁 ベル式 412EP型	哨戒飛行のため、香川県佐柳島付近を飛行中、佐柳島と小島の間に張られていた架空線に接触し、付近の海域に墜落した。	死亡　5名 （乗員　2 同乗者　3）

《航空事故等》

発生年月日 所属 機種	発生場所及び事故等の概要	死傷者数等
平23. 9. 6 エアーニッポン ボーイング式 737-700型	定期便（那覇空港→東京国際空港）として飛行中、高度約41,000ftにおいて機体が異常な姿勢となり急降下した。客室乗務員2名が負傷した。（航空重大インシデント）	軽傷　2名 （乗員　2）
平25. 1.16 全日本空輸 ボーイング式 787-8型	定期便（山口宇部空港→東京国際空港）として四国上空を上昇中、メインバッテリー不具合の計器表示とともに、操縦室内で異臭が発生したため、目的地を変更し、高松空港に着陸した。誘導路上で非常脱出中に乗客4名が負傷した。同機のメインバッテリーが損傷したが、火災は発生しなかった。（航空重大インシデント）	軽傷　4名 （乗客　4）
平27. 4.14 アシアナ航空 エアバス式 A320-200型	定期便（仁川国際空港→広島空港）として広島空港に進入中、所定の進入経路より低く進入し、滑走路手前の航空保安無線施設に衝突後、滑走路進入端の手前に接地した。その後、滑走路上を滑走したが、逸脱して停止した。乗客26名及び客室乗務員2名が非常脱出中に負傷した。同機は大破したが、火災は発生しなかった。	軽傷　28名 （乗員　2 乗客　26）
平27. 7.26 個人 パイパー式 PA-46- 350P型	調布飛行場から離陸した直後、東京都調布市富士見町の住宅に墜落し、搭乗者2名及び住民1名が死亡、搭乗者3名及び住民2名が負傷した。同機は大破し、火災が発生した。同機が墜落した住宅が全焼し、周辺の住宅等も火災等による被害を受けた。	死亡　3名 （乗員　1 乗客　1 住民　1） 重傷　3名 （乗客　3） 軽傷　2名 （住民　2）
平28. 3.26 個人 ムーニー式 M20C型	八尾空港に着陸の際、バウンドし復行を試みたが上昇中に失速してスピンに入り、滑走路南側に墜落した。同機は大破し、火災が発生した。	死亡　4名 （乗員　1 乗客　3）
平28. 3.17 個人 PZL-ビエルスコ式 SZD-50-3 プハッチ型	操縦練習で飛行中の滑空機が、千葉県印旛郡栄町の住宅に墜落した。同機は大破し、同機が墜落した住宅の屋根等が損壊した。	死亡　2名 （乗員　2）

発生年月日 所属 機種	発生場所及び事故等の概要	死傷者数等
平28. 5.27 大韓航空 ボーイング式 777-300型	定期便（東京国際空港→金浦国際空港）として離陸滑走中、第1（左側）エンジンに火災が発生したことを示す警報が作動したため、離陸を中止し、滑走路上に停止した。非常脱出中に乗客40名が軽傷を負った。同エンジンに火災が発生していた。	軽傷 40名 （乗客 40）
平29. 3. 5 長野県消防防災航空センター ベル式 412EP型	松本空港を離陸し飛行中、長野県鉢伏山の山中に墜落した。	死亡 9名 （乗員 1 同乗者 8）
平29. 6. 3 新中央航空 セスナ式 172P型	富山空港を離陸し飛行中、富山県中新川郡立山町の山中に墜落した。	死亡 4名 （乗員 2 乗客 2）
平29. 9.23 KLM航空 ボーイング式 777-300型	関西国際空港を離陸し、大阪市付近上空を上昇中、右主翼後縁付け根上方の胴体フェアリング・パネル（100cm×60cm、4.3kg）が脱落し、大阪市北区西天満付近を走行中の車両に衝突した。（航空重大インシデント）	なし
平29.11. 8 東邦航空 アエロスパシアル式 AS332L型	山梨県南巨摩郡早川町の場外離着陸場を離陸し、飛行中、群馬県多野郡上野村付近の道路に墜落した。	死亡 4名 （乗員 2 同乗者 2）
平30. 3.24 ピーチ・アビエーション エアバス式 A320-214型	福岡空港に着陸後、前脚タイヤが横を向いた状態で滑走路上に停止し、その後地上走行が継続できなくなった（航空重大インシデント）。	なし

《航空事故等》

発生年月日 所属 機種	発生場所及び事故等の概要	死傷者数等
平30. 5.24 日本航空 ボーイング式 767-300型	熊本空港を離陸し、上昇中、第1エンジンに不具合が発生したため引き返し、同空港に着陸した。着陸後の点検において、エンジン内部の損傷が確認され、また、排出された内部部品の破片により、地上の建物の窓ガラス及び屋根等並びに車両のフロントガラス等が損傷した。（重大インシデント）	なし
平30. 6.29 大韓航空 ボーイング式 777-300 型	成田国際空港に着陸後、地上走行中、右主脚の損傷により誘導路上で停止し、地上走行が継続できなくなった（航空重大インシデント）。	なし
平30. 8.10 群馬県防災航空隊 ベル式 412EP型	群馬ヘリポートを離陸し、飛行中、群馬県吾妻郡中之条町の山中に墜落した。	死亡　9名 （乗員　2 同乗者　7）
令2. 2. 1 福島県警察航空隊 アグスタ式 AW139型	移植用臓器の搬送のため、福島県会津若松市の会津若松中央病院場外離着陸場から福島空港へ飛行中、メインローター・ブレードとテール・ドライブシャフトが接触し、操縦が困難となり不時着して横転した。機体は大破したが、火災は発生しなかった。	重傷　4名 軽傷　3名
令2. 12. 4 日本航空 ボーイング式 777-200型	那覇空港を離陸し、上昇中、第1エンジンから異音及び振動が発生したため、当該エンジンを停止させ、緊急事態を宣言の上、引き返し、同空港B滑走路に着陸し、同滑走路上で停止した。当該機を牽引車により駐機場に移動するまでの間、同滑走路が閉鎖された。（重大インシデント）	なし

(2) 外国で発生した我が国登録航空機の主要航空事故

発生年月日 所属 機種	発生場所及び事故等の概要	死傷者数等
昭47. 6.14 日本航空 DC-8-53	定期便（東京→（南回り）→ロンドン）として、バンコク国際空港からデリー空港に向け飛行中消息を絶ち、その後ニューデリーの東南東約28キロメートルのバサントプール村に墜落しているのが発見された。	死亡 86名 （乗員 11 乗客 75） 重傷 3名 （乗客 3）
昭47. 9.24 日本航空 DC-8-53	定期便（パリ→（南回り）→東京）として飛行し、ボンベイ空港に着陸の際、空港を間違えて滑走路の短いジュフ空港に着陸し、滑走路から逸脱して機体を大破した。	重傷 2名 （乗客 2） 軽傷 8名 （乗員 2 乗客 6）
昭47.11.29 日本航空 DC-8-62	定期便（コペンハーゲン→モスクワ→東京）としてモスクワのシェレメチェボ空港を離陸した直後、墜落した。	死亡 62名 （乗員 9 乗客 53） 重傷 14名 （乗員 5 乗客 9）
昭48. 7.20 日本航空 ボーイング式 747-200B型	定期便（パリ→アムステルダム→アンカレッジ→東京）としてアムステルダムのスキポール空港を離陸した後、4名の乗客にハイジャックされ、機内での爆発により犯人1名が死亡し、客室乗務員1名が負傷した。（同機は、その後ドバイ経由でリビアのベニナ空港に飛行した後、犯人の手で爆破された。	死亡 1名 （乗客 1） 重傷 1名 （乗員 1）

《航空事故等》

発生年月日 所属 機種	発生場所及び事故等の概要	死傷者数等
昭50.12.17 日本航空 ボーイング式 747-200B型	定期便（パリ→ロンドン→アンカレッジ→東京）としてアンカレッジ国際空港を離陸するため誘導路上を走行中、氷結していた誘導路から滑り落ち、機体を中破した。	重傷　2名 （乗員　1 乗客　1） 軽傷　9名 （乗員　2 乗客　7）
昭52. 1.14 日本航空 DC-8-62F	貨物のチャーター便（モーゼスレイク→アンカレッジ→東京）としてアンカレッジ国際空港を離陸した直後、墜落炎上した。	死亡　5名 （乗員　3 同乗者　2）
昭52. 9.27 日本航空 DC-8-62	定期便（東京→香港→クアラルンプール→シンガポール）として飛行し、クアラルンプール空港に着陸進入中消息を絶ったが、その後同空港の北西約7キロメートルの地点で、墜落し、大破炎上した機体が発見された。	死亡　34名 （乗員　8 乗客　26） 重傷　42名 （乗員　2 乗客　40） 軽傷　3名 （乗客　3）
昭57. 9.17 日本航空 DC-8-61	定期便（上海→東京）として上海空港を離陸した直後、油圧系統に故障を生じたため引き返し、着陸の際オーバーランし、機体を大破した。	重傷　10名 （乗員　3 乗客　7） 軽傷　29名 （乗員　7 乗客　22）

(3) 世界の主要航空事故（外国登録機に係るもの）　1975年～2021年

発生年月日 場所	会社・機種	死亡者数
1975. 8. 3（昭50） モロッコ・アガジール付近	モロッコ航空 ボーイング式707-321C型	乗客乗員　188名全員
1977. 3.27（昭52）※ カナリア諸島・テネリフェ空港	パンアメリカン航空 ボーイング式747型 KLMオランダ航空 ボーイング式747型	乗客乗員　396名中335名 乗客乗員　248名全員
1978. 1. 1（昭53） インド・ボンベイ沖	インド航空 ボーイング式747型	乗客乗員　213名全員
1978.11.15（昭53） コロンボ付近	アイスランド航空 DC-8-63	乗客乗員　262名中183名
1979. 5.25（昭54） シカゴ・オヘア空港	アメリカン航空 DC-10-10	乗客乗員　271名全員 地上　2名死亡
1979.11.28（昭54） 南極・ロス島	ニュージーランド航空 DC-10-30	乗客乗員　257名全員
1980. 8.19（昭55） リヤド郊外	サウジアラビア航空 L-1011	乗客乗員　301名全員
1981.12. 1（昭56） フランス・アジャシオ付近	アドリア航空(ユーゴスラビア) DC-9-80	乗客乗員　180名全員
1983.11.27（昭58） マドリード付近	アビアンカ航空(コロンビア) ボーイング式747型	乗客乗員　192名中181名
1985. 6.23（昭60） 北大西洋	インド航空 ボーイング式747型	乗客乗員　329名全員

《航空事故等》

発生年月日 場所	会社・機種	死亡者数
1985.12.12（昭60） カナダ・ガンダー空港	アロー航空（米国） DC-8-63	乗客乗員　256名全員
1987. 5. 9（昭62） ワルシャワ郊外	ポーランド国営航空 IL-62M	乗客乗員　182名全員
1988. 7. 3（昭63） ペルシャ湾	イラン航空 エアバス式A300型	乗客乗員　280名全員
1988.12.21（昭63） イギリス・ロッカビー	パンアメリカン航空 ボーイング式747-100型	乗客乗員　259名全員 地上　11名死亡
1991. 5.26（平3） バンコク北西150km山中	ラウダ航空 ボーイング式767型	乗客乗員　223名全員
1991. 7.11（平3） サウジアラビア・ジッダ国際空港	カナダ航空 DC-8-61	乗客乗員　261名全員
1996. 1. 8（平8） キンシャサ	エアアフリカ AN-32	地上　237名死亡
1996. 2. 6（平8） ドミニカ北方大西洋	アラスナシオナレス航空 ボーイング式757型	乗客乗員　189名全員
1996. 7.17（平8） ニューヨーク南東沖合	トランス・ワールド航空 ボーイング式747型	乗客乗員　230名全員
1996.11.12（平8） ニューデリー	サウジアラビア航空　ボーイング式747型 カザフスタン航空　IL-76	乗客乗員　312名全員 乗客乗員　37名全員
1997. 8. 6（平9） グアム	大韓航空 ボーイング式747-300型	乗客乗員　254名中228名
1997. 9.26（平9） インドネシア・メダン	ガルーダ・インドネシア航空 エアバス式A300型	乗客乗員　234名全員

発生年月日 場所	会社・機種	死亡者数
1998. 2.16（平10） 台湾・台北国際空港	中華航空 エアバス式A300型	乗客乗員 196名全員 地上 6名死亡
1998. 9. 2（平10） カナダ南東部沖合大西洋	スイス航空 MD-11	乗客乗員 229名全員
1999.10.31（平11） 米国マサチューセッツ州沖合 大西洋	エジプト航空 ボーイング式767型	乗客乗員 217名全員
2001.11.12（平13） ニューヨーク	アメリカン航空 エアバス式A300型	乗客乗員 260名全員 地上 5名死亡
2002. 5.25（平14） 台湾・澎湖諸島付近	中華航空 ボーイング式747型	乗客乗員 225名全員
2007. 7.17（平19） ブラジル・サンパウロ空港	TAM航空 エアバス式A320型	乗客乗員 187名全員 地上 12名死亡
2009. 6. 1（平21） ブラジル東部沖合 大西洋	エールフランス航空 エアバス式A330型	乗客乗員 228名全員
2014. 3. 8（平26）	マレーシア航空 ボーイング式777型	乗客乗員 239名全員
2014. 7.17（平26） ウクライナ・ドネツィク州	マレーシア航空 ボーイング式777型	乗客乗員 298名全員
2015.10.31（平27） シナイ半島	コガリムアビア航空 エアバス式A321型	乗客乗員 224名全員
2018.10.29（平30） ジャワ島沖合	ライオン・エア ボーイング式737 MAX型	乗客乗員 189名全員

（注）（1）ICAO資料等による。
（2）死亡者数が180名以上の者を掲載。
（3）※は接触事故、死亡者数には事故による後日死亡者9名を含む。

《航空事故等》

我が国における運航形態別航空事故発生状況（S49年～R4年）

	「離陸時」	「着陸時」	「航行中」	「その他」
大型飛行機（188件）	7.5	21.3	60.6	10.6
小型飛行機（582件）	10.5	39.5	43.1	6.9
回転翼航空機（473件）	9.7	24.1	62.0	4.2
滑空機等（214件）	26.2	54.2	18.2	1.4

（%）

航空事故件数の推移

(1) わが国における民間航空事故の推移

わが国における民間航空機の航空事故件数は、全体では減少傾向にある。また、大型飛行機による事故は年数件程度であり、小型飛行機、回転翼航空機、滑空機による事故が大半を占めている。

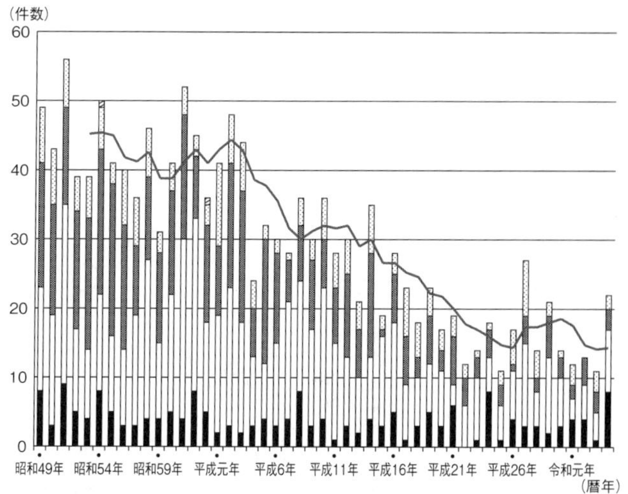

(注) (1) わが国の領域で発生した事故（外国機に係る事故を含む）及び公海上で発生したわが国の航空機による事故である。
(2) 平成10年以前は機内病死を含む。
(3) 小型飛行機には超軽量動力機を含む。
(4) 回転翼航空機にはジャイロプレーンを含む。

《航空事故等》

(2) わが国の航空会社による事故件数及び発生率の推移

わが国の航空会社による事故件数は、この30年あまりの間で約3分の1に減少している。また、この間輸送量は増加してきているが、事故の発生率は約6分の1に減少している。

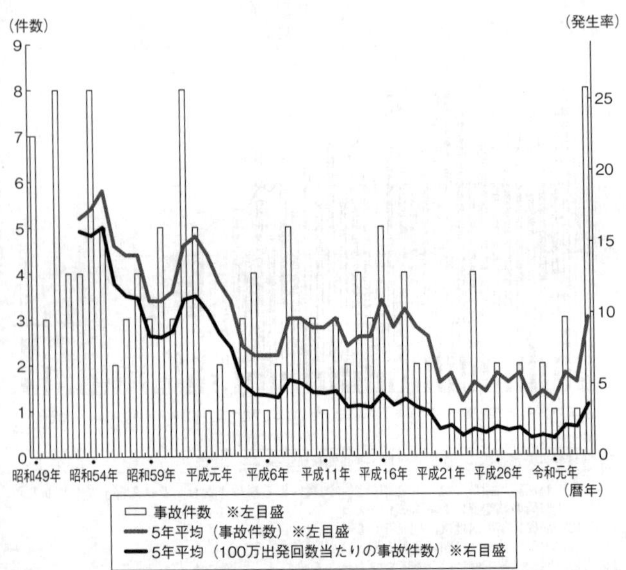

(注) (1) 本邦航空運送事業者による大型飛行機に係る事故のうち、わが国の領域及び公海上で発生した事故である。
(2) 平成10年以前は機内病死を含む。

異常接近等発生状況

（令和5年1月1日現在）

暦　年	区　　　分	報告件数	異常接近
平成30	民間機—民間機	0	0
	民間機—自衛隊機等	0	0
	計	0	0
平成31／令和1	民間機—民間機	1	0
	民間機—自衛隊機等	0	0
	計	1	0
令和2	民間機—民間機	0	0
	民間機—自衛隊機等	0	0
	計	0	0
令和3	民間機—民間機	1	0
	民間機—自衛隊機等	0	0
	計	1	0
令和4	民間機—民間機	0	0
	民間機—自衛隊機等	0	0
	計	0	0

（注）(1)「報告件数」とは、航空法第76条の2の規定により国土交通大臣に対して報告があった件数である。
(2)「異常接近」（ニアミス）とは、飛行中の航空機相互間に空中衝突又は空中接触の危険がある状態である。
(3)「自衛隊機等」には、米軍機を含む。

《無人航空機》

無人航空機の飛行に係る航空法の概要

特定飛行

下記（1）に掲げる空域における飛行又は（2）に掲げる方法によらない飛行のいずれかに該当する飛行を「特定飛行」という。

(1) 無人航空機の飛行にあたり許可を必要とする空域

以下の空域における無人航空機の飛行は、「特定飛行」に該当する飛行として、国土交通大臣の許可を受けなければならない。

○空港等の周辺の空域、緊急用務空域、150m以上の上空

☞航空機の航行の安全に影響を及ぼすおそれのある空域（法132条の85第1項第1号）

○人口集中地区（DID）の上空

☞人または家屋の密集している地域の上空（法132条の85第1項第2号）

なお、空港等の周辺、150m以上の上空、人口集中地区の上空の飛行許可を受けている場合であっても、当該空域が緊急用務空域として指定された場合は、飛行させることはできない。

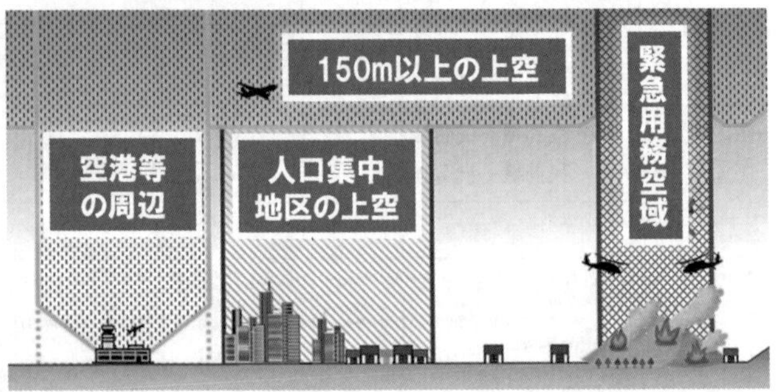

(2) 無人航空機の飛行の方法

以下の方法によらない無人航空機の飛行は、「特定飛行」に該当する飛行として、国土交通大臣の承認を受けなければならない。

○日中（日出から日没まで）に飛行させること
○目視（直接肉眼による）範囲内で無人航空機とその周囲を常時監視して飛行させること
○第三者又は第三者の物件との間に距離（30m）を保って飛行させること
○祭礼、縁日など多数の人が集まる催し場所の上空で飛行させないこと
○爆発物など危険物を輸送しないこと
○無人航空機から物を投下しないこと

無人航空機の飛行形態の分類

飛行の禁止空域及び飛行の方法に関する無人航空機の飛行形態については、そのリスクに応じて次に掲げるとおりに分類される。

①特定飛行に該当しない飛行

この場合には、航空法上は特段の手続きは不要で飛行可能である。

②特定飛行のうち、無人航空機の飛行経路下において無人航空機を飛行させる者及びこれを補助する者以外の者の立入りを管理する措置（以下「立入管理措置」という。）を講じたうえで行うもの

この場合には、空港等の周辺、150m以上の上空、催し場所上空、危険物輸送及び物件投下並びに最大離陸重量25kg以上の無人航空機の飛行は、リスクの高いものとして、飛行許可・承認申請が必要である。特定飛行のうち前述の場合以外（DID上空、夜間、目視外、人又は物件から30mの距離を取らない飛行であって、飛行させる無人航空機の最大離陸重量が25kg未満の場合）の飛行は、立入管理措置を講じた上で、無人航空機操縦士の技能証明を受けた者が機体認証を受けた無人航空機を飛行させる場合、

《無人航空機》

飛行マニュアルの作成等無人航空機の飛行の安全を確保するために必要な措置を講じることにより、許可・承認を不要とすることができる。
③特定飛行のうち立入管理措置を講じないで行うもの
この場合には、一等無人航空機操縦士資格を有する操縦者が第一種機体認証を受けた無人航空機を飛行させることに加え、その運航の管理が適切に行われることについて国土交通大臣の許可又は承認を受けることが求められる。

(3) 緊急用務空域の指定

○警察、消防活動等緊急用務を行うための航空機の飛行が想定される場合に、無人航空機の飛行を原則禁止する空域（緊急用務空域）を指定し、インターネット等に公示する。

○無人航空機を飛行させる者は、飛行開始前に、飛行させる空域が緊急用務空域に該当するか否か確認することを義務付けられており、空港等の周辺、150m以上の上空、DID上空等の飛行許可を受けている場合であっても当該空域を飛行させることはできない。

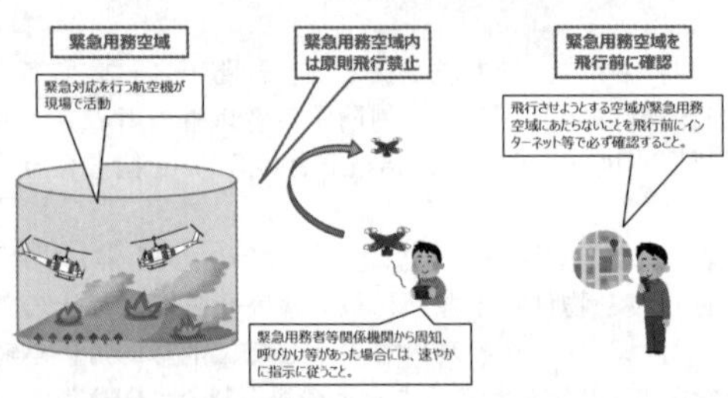

その他

○無人航空機を飛行させる際は、以下の事項を遵守しなければならない。

・アルコール又は薬物等の影響下で飛行させないこと

・飛行前確認を行うこと
・航空機又は他の無人航空機との衝突を予防するよう飛行させること
・他人に迷惑を及ぼすような方法で飛行させないこと
※これらに違反した場合には、1年以下の懲役又は30万円以下の罰金、あるいは50万円以下の罰金が科される。

○事故や災害時の国・地方公共団体等による捜索・救助のための飛行については、特定飛行（1）、（2）に関する国土交通大臣の許可・承認の適用から除外される。

《無人航空機》

無人航空機（ドローン・ラジコン機等）の
安全な飛行に向けて！

ルールを遵守し、第三者に迷惑をかけることなく安全に飛行させることを心掛けてください。

★飛行禁止空域

※飛行させたい場合には、国土交通大臣の許可が必要です。

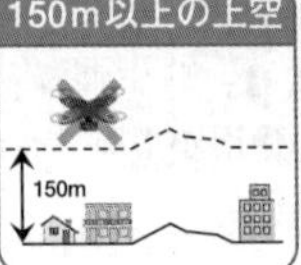

★飛行の方法

※⑤～⑩の方法によらずに飛行（例：夜間飛行、目視外飛行等）させたい場合には、国土交通大臣の承認が必要です。

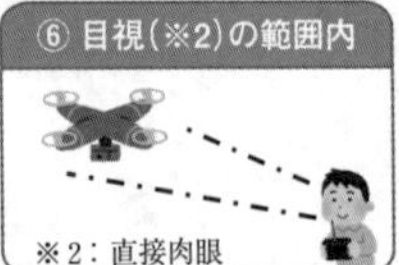

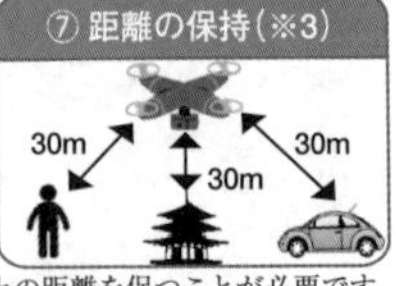

※3：人（第三者）又は物件（第三者の建物、自動車等）との間に30m以上の距離を保つことが必要です。

無人航空機の飛行に係る運用状況

【許可承認件数】

空港等の周辺の空域や人口集中地区の上空を飛行させる場合等、また、夜間や目視外等において無人航空機を飛行させる場合等には、国土交通大臣の許可や承認が必要となる。

各年度の許可承認件数については以下の通り。

（件数）

	H28年度	H29年度	H30年度	R1年度	R2年度	R3年度	R4年度※1	R5年度※2
許可承認件数	11,272	18,981	28,855	38,211	45,722	58,780	70,626	18,196

※1　R4.12.5以降の値は電子申請（紙申請は除く）のみの件数
※2　R5.4.1～R5.6.30の期間における電子申請による許可承認件数

【項目別許可承認件数】

令和4年度に許可承認を行ったものは、以下のとおりDID上空での飛行等に係るものが多数を占めている。

※一件あたり複数項目に対して許可承認する場合がある。

※ドローン情報基盤システムを用いた電子申請による許可承認件数であるため、書面で申請を受けたものについては値に含まない。

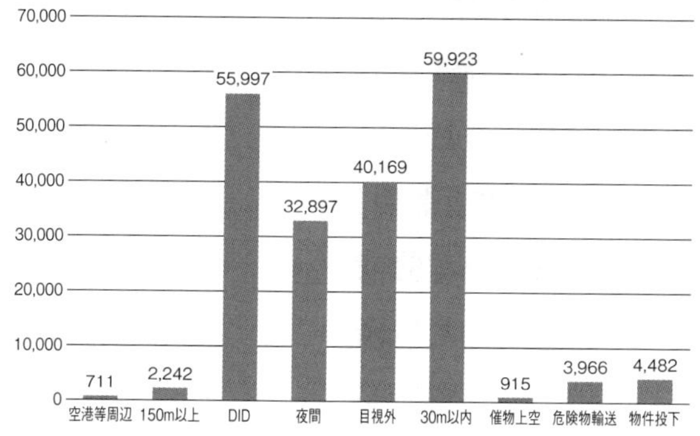

《無人航空機》

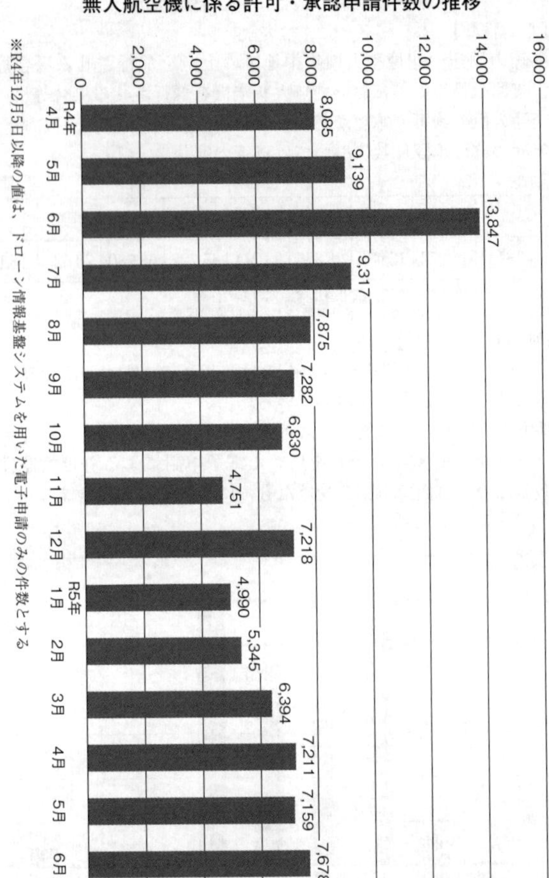

無人航空機に係る許可・承認申請件数の推移
0
2,000
4,000
6,000
8,000
10,000
12,000
14,000
16,000
R4年 4月
5月
6月
7月
8月
9月
10月
11月
12月
R5年 1月
2月
3月
4月
5月
6月
8,085
9,139
13,847
9,317
7,875
7,282
6,830
4,751
7,218
4,990
5,345
6,394
7,211
7,159
7,678
※R4年12月5日以降の値は、ドローン情報基盤システムを用いた電子申請のみの件数とする

機体登録制度の概要

○航空法違反事案や事故発生時に**確実に所有者を把握し、原因究明や安全確保のための措置を講じさせる**ため、無人航空機の機体の所有者・使用者を登録する制度。

○**令和4年6月20日に当該制度が開始**され、以降、**100g以上の無人航空機の登録が義務化**。登録後は、登録記号の表示、リモートIDの搭載が必要。令和5年6月末までに**35万機以上の無人航空機が登録**。

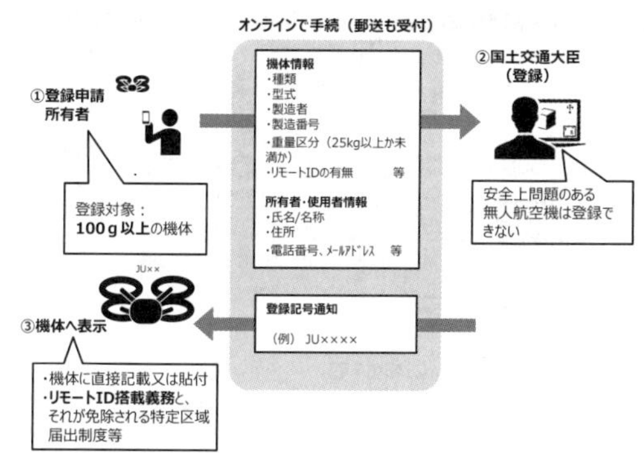

登録機体数（累計）

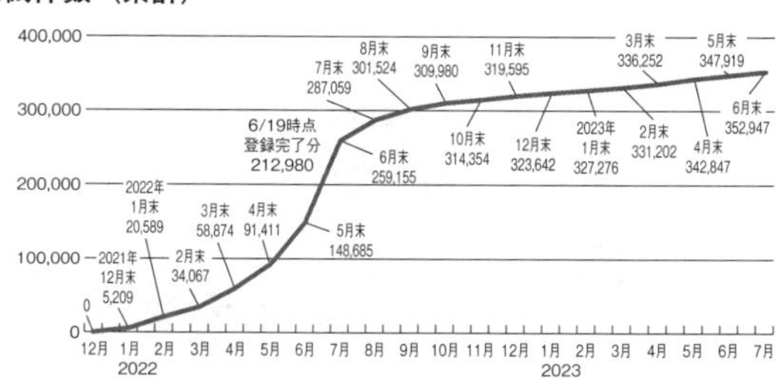

《無人航空機》

機体認証制度の概要

○**無人航空機の安全基準への適合性**（設計、製造過程、現状）**について検査する制度**。
○**型式認証**を受けた機体（主に量産機）については、機体毎に行う**機体認証の際の検査の全部又は一部が省略**。
○機体認証・型式認証は、**第一種（レベル4相当）と第二種に区分し、有効期間は、3年（第一種機体認証は1年）**

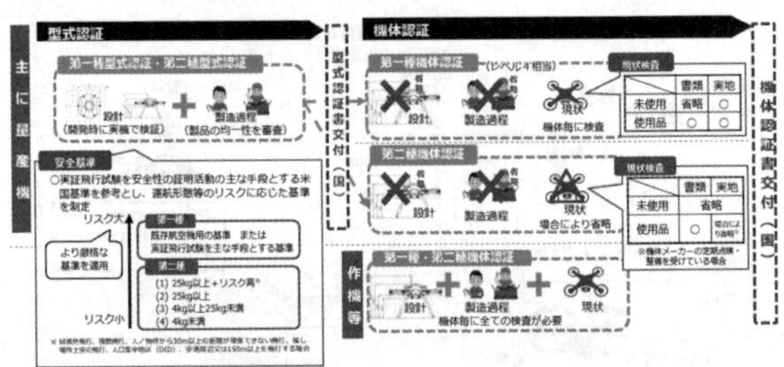

無人航空機の飛行レベルについて

操縦ライセンス制度の概要

○無人航空機を飛行させるために必要な**知識及び能力を有することを証明する制度（技能証明）**。
○技能証明の**試験は、指定試験機関（一般財団法人 日本海事協会）**が行う。国の**登録を受けた講習機関の講習を修了した場合は実地試験を免除**。
○技能証明は、**一等（レベル4相当）及び二等に区分**し、**有効期間は3年**。

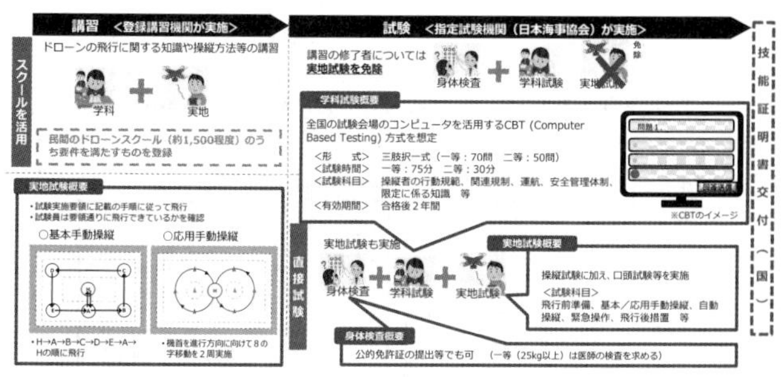

指定試験機関

無人航空機を飛行させるために必要な知識及び能力を有することを証明する制度（技能証明）において、技能証明の試験は、国が指定する者（指定試験機関）が行うこととされており、一般財団法人 日本海事協会が指定されている。なお、登録講習機関の講習を修了した場合は実地試験が免除される。

《無人航空機》

操縦ライセンス制度に関する登録講習機関の概要

○登録講習機関については、「一等（レベル4相当）までの講習が可能な機関」、「二等のみの講習が可能な機関」及び「技能証明の更新に必要な講習が可能な機関」の3つが存在。
○まずは、「一等」及び「二等」の講習に対応した講習機関の登録について、登録要件（実習空域、実習機、設備、教材、講師）及び、講習のカリキュラム（科目・時間数）を定めるとともに、講習テキストのベースとして「教則」を策定。
○また、操縦ライセンスの「更新」講習に対応した登録更新講習機関に係る登録の要件の詳細を引き続き検討。
○既存のドローンスクール（現在、全国約1,500程度存在）が、それぞれの能力に応じた登録講習機関のレベルを選択可能。
（令和5年6月末時点で、登録数が300件を超えている）

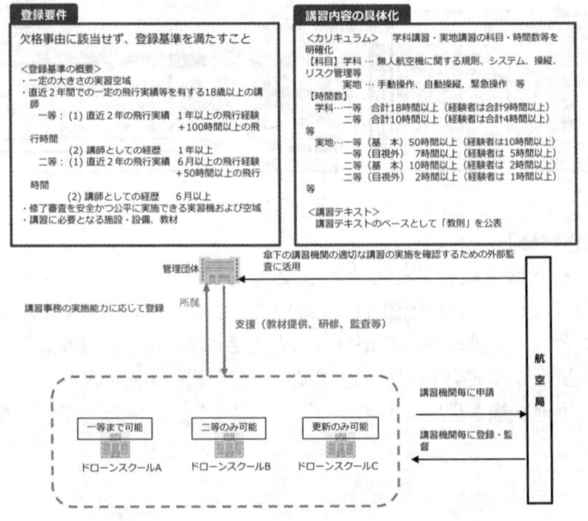

登録講習機関等監査実施団体

登録講習機関及び登録更新講習機関が実施する講習が適切に行われているかの外部監査において、航空局がホームページに掲載を行った団体（登録講習機関等監査実施団体）が監査を行う。

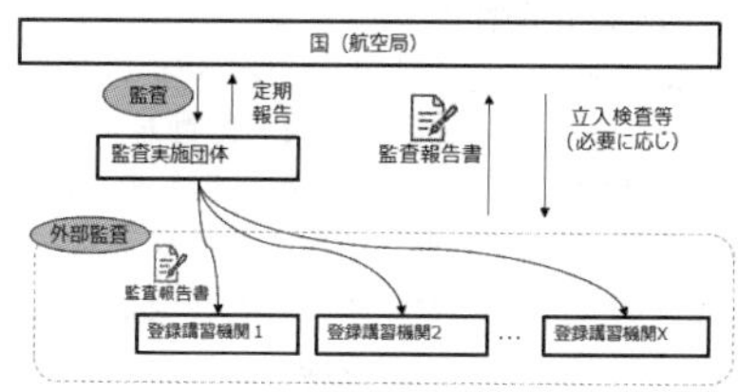

《無人航空機》

運航管理要件（運航ルール）の概要

運航管理は、無人航空機を安全に飛行させるためのルール（遵守事項）に従うとともに、気象情報や機体の状態等の情報を適切に収集し、無人航空機の運航の安全を管理する措置である。

(1) 運航形態に応じた安全対策

無人航空機の特定飛行（航空法第132条の87）に対しては、それぞれの飛行のリスクに応じた運航管理を求めることとしており、特に、有人地帯における補助者なし目視外飛行（レベル4飛行）を含む、特定飛行のうち立入管理措置を講じないで行うものは、一等無人航空機操縦士の技能証明を受けた者が第一種機体認証を受けた無人航空機を飛行させる場合であって、その運航の管理が適切に行われることについて許可・承認を受けて行うのものとする。

(2) 飛行計画の通報

無人航空機同士の衝突を未然に防止することを主な目的とし、無人航空機を飛行させる者は、特定飛行を行う場合には、あらかじめ飛行計画を通報しなければならない。なお、特定飛行以外の飛行を行う場合についても、飛行計画の通報を推奨する。

(3) 飛行日誌の記載

無人航空機の飛行に係る不安全事象が発生した場合の原因特定、要因分析等に活用することを主な目的とし、無人航空機を飛行させる者は、特定飛行を行う場合には、飛行日誌を備え、記載しなければならない。なお、特定飛行以外の飛行を行う場合についても、飛行日誌を備え、記載することを推奨する。

(4) 事故・重大インシデントの報告

無人航空機の飛行によって航空機の航行の安全並びに地上及び水上の人及び物件の安全を阻害する事態が発生した場合に、その原因を究明し、再発防止を図ることを目的とし、無人航空機を飛行させる者は必要事項を国に報告しなければならない。

下記は、事故等の報告のあった年度別の件数で、国土交通省としては報告者等への個別指導のほか、無人航空機による事故等の防止に役立てるため、関連団体等に対し情報提供を行っている。

（参考）

【無人航空機に係る事故等の報告件数】

（件数）

	H28年度	H29年度	H30年度	R1年度	R2年度	R3年度	R4年度	
							法改正前	法改正後※
事故等件数	55	62	79	83	70	139	46	事故 2 重イン 16

※　令和4年12月の改正航空法の施行により事故及び重大インシデントに分類

《無人航空機》

(5) 救護義務

無人航空機の飛行による事故が発生した場合には、当該無人航空機を飛行させる者は直ちに飛行を中止し、負傷者がいる場合にはその救護・通報など、被害の拡大を防ぐ措置を講じなければならない。併せて、事故等の状況に応じた警察への通報や、火災が発生している場合の消防への通報や消火活動など必要な措置も講じる必要がある。

> 基本的な安全確保を目的としてレベル4飛行とレベル4未満の飛行のいずれにも共通で求める**共通運航ルールを創設**するとともに、**レベル4飛行については運航管理体制を個別に確認**

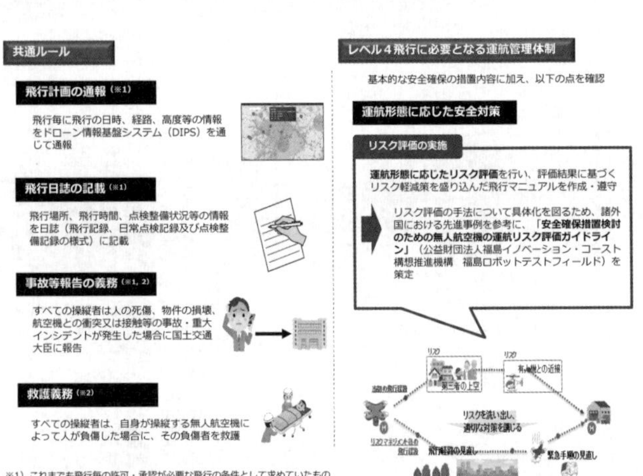

機体認証・操縦ライセンス関係の運用状況

○機体認証・操縦ライセンスに関係する運用状況は以下のとおり。

機体認証関係	
登録検査機関	登録件数2件（令和5年6月30日時点）
型式認証	型式認証書交付数1件（令和5年6月30日時点）
機体認証	機体認証書交付数4件（令和5年6月30日時点）
操縦ライセンス関係	
登録講習機関	登録件数348件　503スクール　（令和5年6月30日時点） ※1つの登録講習機関に「東京校、名古屋校、大阪校」といったように複数の校舎を有しているところがあるため、件数とスクール数が一致しない。
一等ライセンス	令和5年1月16日開始 ライセンス交付数210件（令和5年6月30日時点）
二等ライセンス	令和4年12月8日開始 ライセンス交付数1,248件（令和5年6月30日時点）

《参　考》

交通政策審議会 航空分科会 基本政策部会とりまとめ

平成24年10月、これまでの航空政策のフォローアップをするとともに、今後の航空行政に関する諸課題について検討するため、交通政策審議会航空分科会の下に基本政策部会を設置した。民間議員による15回の審議を経て平成26年6月に答申「新時代の航空システムのあり方」をとりまとめた。

我が国航空の課題

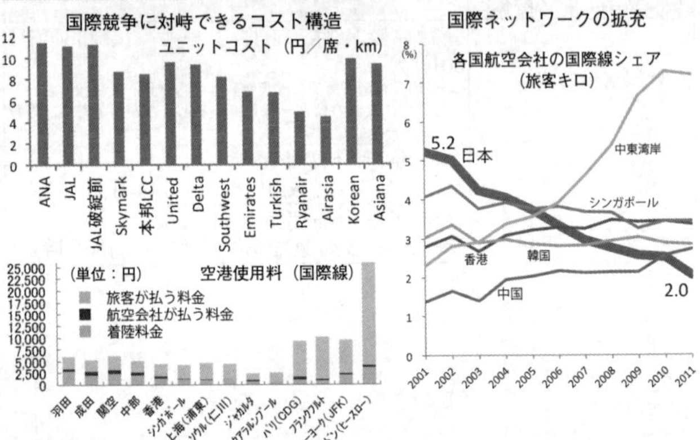

我が国航空の強み：優れた品質の提供能力		
正確な航空・空港のオペレーション能力 【定時運航率ランキング（2013）】 ・日本航空（世界1位） ・全日本空輸（同3位）	高品質できめ細かいサービス 【World Airline/Airport Award 2013】 ・全日本空輸　総合評価：世界4位 ・羽田空港　清潔さ：世界1位、セキュリティ手続き：世界2位	安全な航空・空港サービスの提供能力 定期便の事故発生率：2.1件/100万フライト （世界平均：4.1）

今後の航空行政のあり方

✓日本の航空システムの長所を伸ばしつつ、更に**日本の空を世界に開く**。国際航空の環境変化に機敏に対応し、戦略的に競争力を向上させる。

✓我が国の航空企業が、後手とみられがちな対応から一歩踏み込み、航空ニーズの創造を積極的に進めるよう、**ボトルネック解消に向け環境を整備する**。

日本の航空が貢献すべき価値

✓訪日外国人旅行者の増加

✓産業・都市の国際競争力向上

✓日本全国の地域活性化

〈具体的施策〉

基本的考え方

・アジア等の世界経済の成長を取込み日本経済の一層の発展を図るため、日本の航空システムの長所を伸ばしつつ、更に日本の空を世界に開く。国際航空の環境変化に機敏に対応し、戦略的に我が国航空企業や空港の国際競争力を向上させる。

・我が国航空企業が、国際競争に対し後手に回っていると見られがちな対応から一歩踏み込み、航空ニーズの創造を積極的に進めることができるよう、航空行政は市場環境や将来動向等をにらみながら、ボトルネック解消のための環境を整備する。

1. 航空ネットワーク構築のための強固な基盤づくり

・我が国の航空需要は着実な伸びを予想。国内外の航空企業が航空需要を積極的に創造できるよう、環境を整備。

・我が国の航空会社・空港の国際競争力強化が必要。航空行政はそのボトルネックが生じないよう対応していく一方で、最大の鍵である航空企業の自助努力のための創意工夫を促すことも必要。

首都圏空港の更なる機能強化

・機能強化に係る技術的選択肢を洗い出し。検討に基づく施策の具体化が必要

・羽田・成田の特性を最大限生かす役割分担の議論が必要

首都圏以外の国際拠点空港等の機能強化

・関空・中部を中心にLCCや訪日外国人旅行者受入れ、国際航空貨物の拠点としての機能強化と、利用促進のための経済的施策の検討が必要

・那覇・福岡は抜本的な空港能力向上のための機能強化が急務

管制処理能力の向上等

・空域の上下分離、ターミナル空域の拡大・統合等により処理能力を向上

・航行援助施設利用料の飛行形態（上空通過・国際・国内）の違いによる不均衡解消を検討

空港経営改革の推進

・地域にメリットが見えるよう民間委託の具体的プロジェクトを推進

・民間委託が当面行われない空港を含め、顧客満足向上の取組や空港事務所の役割強化、空港ターミナル会社における経営計画策定等が必要

《参　考》

我が国の航空企業のコスト競争力向上の環境づくり

・我が国航空企業のユニットコストは高水準。競争を通じた自助努力の喚起が重要

・公租公課等について、相当部分を欧米並みに航空利用者から直接徴収する体系に移行することにつき、諸課題を整理の上、具体的な方策を検討

操縦士・整備士等の養成・確保

・養成機関拡充や制度改善等による供給能力の確保、産官学の連携を強化

環境面への配慮

・経済的手法による低騒音化促進の検討等、総合的な環境対策を推進

2.　充実した航空ネットワークの構築と需要の開拓
・ASEAN等との路線網の充実、アジア＝北米間等の乗継需要の取込みを企図し、航空企業が自律的に需要創造するよう、ソフト施策を推進。 ・我が国航空企業は、限られた路線展開で競合。独自のネットワーク戦略を展開して国内外の需要を広く取り込むよう、航空行政が後押し。 ・2020年の訪日外国人旅行者2000万人の高みを目指し、訪日旅行需要の掘り起こしと航空路線ネットワーク展開を軌を一に実施。

より開かれた国際的枠組みの構築

・拡大策等を踏まえた枠組みの一層の緩和、事業者間で発着枠が効果的に利用されるメカニズムの可能性を検討オープンスカイ合意国の拡大、ASEANとの多国間協定締結に向けた交渉推進

・首都圏空港の容量

我が国航空企業の国際航空ネットワーク戦略の構築

・我が国航空企業は、強固なネットワーク構築に向けた戦略の確立が必要

・航空行政は、ネットワーク戦略の後押しとなる航空協定上の枠組み設定、我が国航空企業の独自路線やセカンドブランドの展開、海外航空関連企業への投資等の側面支援、機材の円滑な活用に資する規制見直し、といった施策を検討し、健全な競争環境の確保に努めつつ、航空企業の取組を積極的に後押し

我が国の航空ネットワーク構築に重要な役割を果たすLCC

・LCC普及のため、空港関連コストの低減、就航・稼働率向上の環境整備等を推進

観光振興と一体となった航空ネットワークの構築

・地方空港でのLCC等の受入れ、出入国手続円滑化、訪日旅行増加にインセンティブを与える仕組み等を観光政策と一体的に検討。東京五輪時には、旅行者等を全国で受入れ

ビジネスジェットの就航促進

・首都圏空港の利用環境の改善を引き続き推進。東京五輪の需要増に万全に対応

我が国の航空貨物ネットワークの充実

・国際トランジット貨物や生鮮品輸送の取込み、各地の成長産業を支える物流機能強化等のため、ボトルネックとなる制度や空港使用料体系の見直し等が必要

航空インフラの海外展開

・周辺国のインフラ改善は、我が国航空ネットワーク強化や安全性向上に寄与。案件の上流段階からの関与や官民連携体制の強化が必要

地方航空ネットワークの安定的な確保

・中間とりまとめに基づき着実に推進

3. 質の高い航空・空港サービスの提供
・日本の強みである優れた品質の提供能力を武器に、航空サービスの質的向上を遍く追求。

航空・空港サービスの安全の確保

・事前予防的取組を強化。安全指標等の設定、積極的な情報発信を推進
・新規企業乗入れや新機材トラブル等に対応し、重点的な監査・審査を実施
・施設量増加や老朽化を踏まえた適切な維持管理・更新、施設の耐震化、空港のBCP策定や広域災害時の空港機能のあり方の検討等を推進

空港の利用環境の改善、空港アクセス強化

・空港での乗継時間短縮、空間マネジメントやイレギュラー対応の改善等が必要
・大都市圏では、アクセス鉄道網充実に向けた検討、空港アクセスと新幹線等との接続性向上、安価で充実したバスアクセスと深夜早朝時間帯のアクセス充実が必要
・地方では、地域等がアクセスを主体的に提供する取組も必要

《参　考》

首都圏空港機能強化技術検討小委員会（概要）

小委員会　概要

交通政策審議会航空分科会基本政策部会の下に、新たに学者・専門家で構成する首都圏空港機能強化技術検討小委員会を設置し、首都圏空港の更なる機能強化について技術的な検討を行った。

これまでの開催実績

第1回（平成25年11月1日）：首都圏空港の需要予測、現状

第2回（平成25年12月9日）：首都圏空港における管制・運用面の検討

第3回（平成26年1月31日）：首都圏空港における施設面の検討

第4回（平成26年3月14日）：首都圏空港の機能強化による環境面への影響

第5回（平成26年6月6日）：小委員会における検討成果の中間取りまとめ

第6回（平成28年7月22日）：首都圏空港の2020年までに実現可能な機能強化方策の検証

首都圏空港機能強化の具体化に向けた協議会（概要）

協議会　概要

関係自治体や航空会社等が参画する協議会を設置し、小委員会が中間的に取りまとめた技術的な選択肢をもとに、首都圏空港機能強化の具体化について協議を進めている。

これまでの開催実績

第1回(平成26年8月26日)：小委員会の中間取りまとめの説明及び国からの提案、これに対する各関係自治体の意見表明

第2回(平成27年1月21日)：各関係自治体との協議状況(国から関係自治体への説明等)の報告、各関係自治体等の国の提案に対する受け止め

第3回(平成27年7月15日)：第2回以降の取組等（羽田空港機能強化における住民対話プロセス・手法の決定等）の報告、各関係自治体等の受け止め

第4回(平成28年7月28日)：第3回以降の取組等（羽田空港の機能強化に係る予算を国が予算措置することについて理解）の報告、各関係自治体等の受け止め

第5回(令和元年8月7日)：第4回以降の取組等（羽田空港の機能強化に係るこれまでの取組・追加対策・今後の機能強化等）の報告、各関係自治体等の受け止め

羽田空港の旅客数の推移

○羽田空港においては、令和4年度の旅客数が5,987万人となった。
○このうち、国際線旅客数が681万人、国内線旅客数が5,306万人となっている。

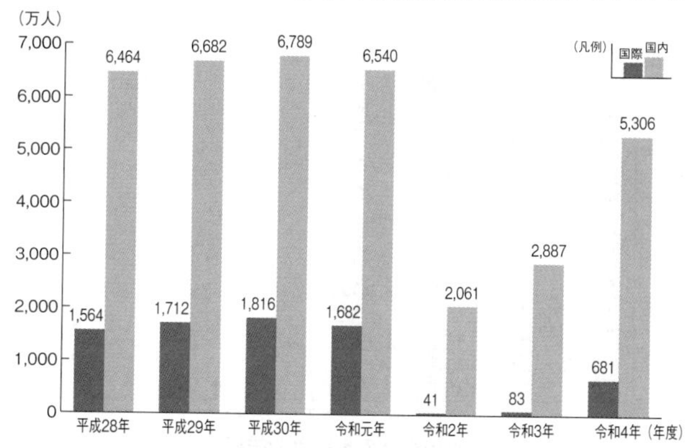

羽田空港の貨物量の推移

○羽田空港においては、令和4年度の貨物量が832千トンとなった。
○このうち、国際線貨物量が369千トン、国内線貨物量が463千トンとなっている。

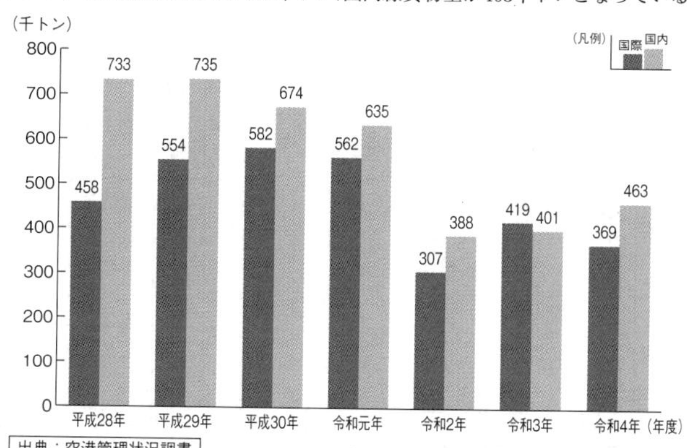

出典：空港管理状況調書

《参　考》

成田空港の旅客数の推移

○成田空港においては、令和4年度の旅客数が1,865万人となった。
○このうち、国際線旅客数が1,169万人、国内線旅客数が696万人となっている。

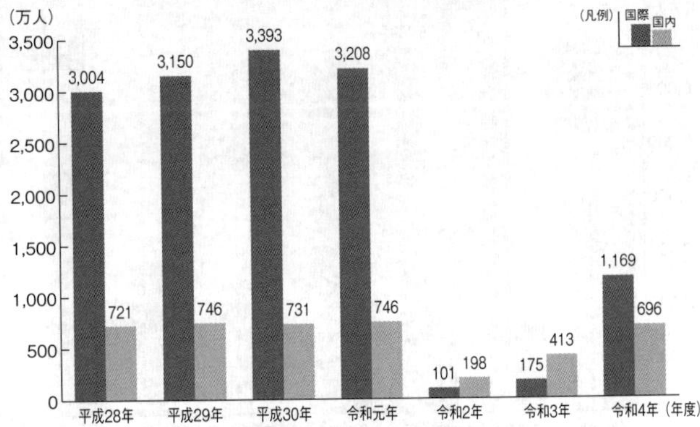

成田空港の貨物量の推移

○成田空港においては、令和4年度の貨物量が2,198千トンとなった。
○このうち、国際線貨物量が2,197千トン、国内線貨物量が1千トンとなっている。

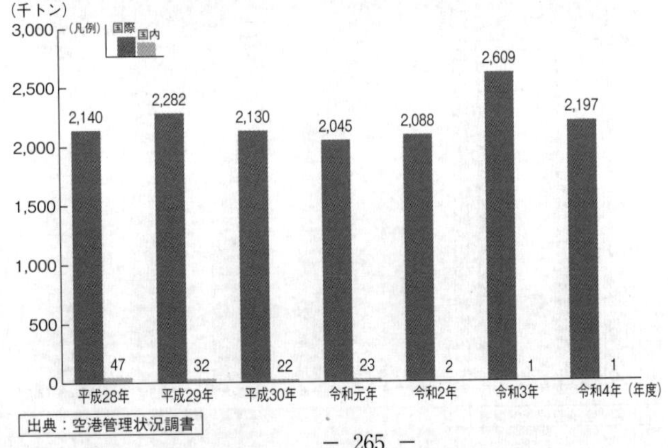

出典：空港管理状況調書

首都圏空港（羽田・成田）の空港処理能力の増加について

○令和元年度に首都圏空港における空港処理能力の83万回化を達成した。(空港処理能力は、52.3万回（H22）→83万回（R元）と約1.6倍に増加)

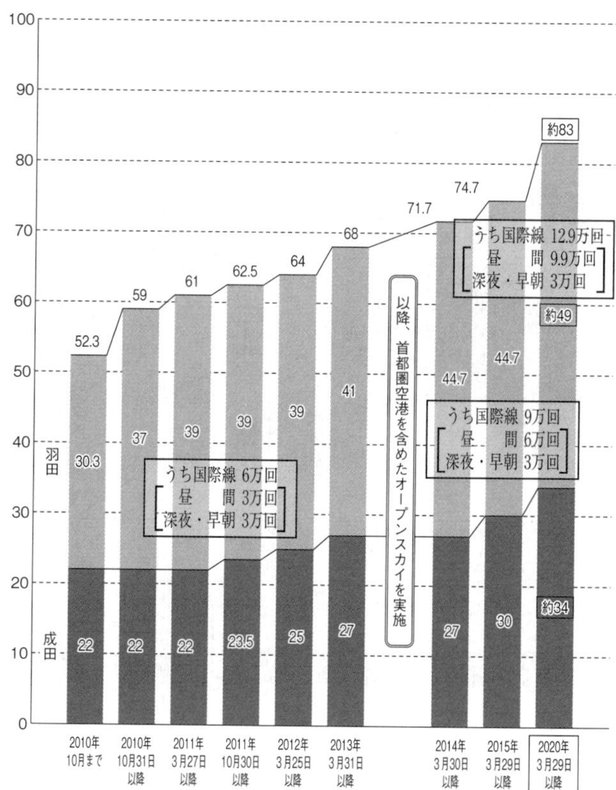

※1. いずれも年間当たりの回数である。
※2. 回数のカウントは、1離陸で1回、1着陸で1回のため、1離着陸で2回とのカウントである。

《参　考》

世界各都市内の空港の就航都市数・発着回数・旅客数

○首都圏空港は、容量面ではアジア諸国の主要都市トップクラスであるが、国際線旅客数等の増加のため更なる容量拡大が必要。

○今後、成田空港のC滑走路新設等により首都圏全体の発着容量が年間100万回に拡大すれば、国際線旅客数等の増加が見込まれる。

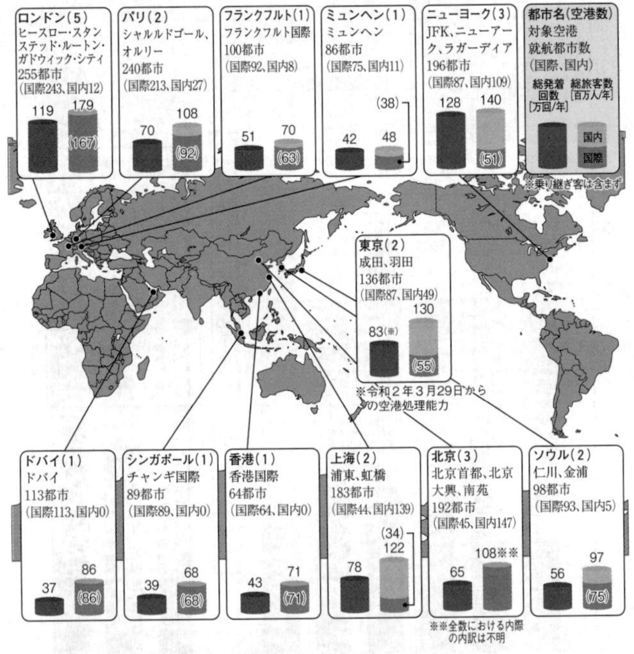

(出典) 以下のデータから国交省航空局作成
ACI Annual World Airport Traffic Dataset, 2020 Edition：発着回数、旅客数
OAG時刻表：就航都市数（2020年3月29日～4月4日の定期旅客便のデータ）

《参　考》

首都圏空港の更なる機能強化に関する検討の経緯

<table>
<tr><th></th><th></th><th>羽田空港</th><th>成田空港</th></tr>
<tr><td>平成25年度</td><td>6月</td><td colspan="2">「日本再興戦略」
◇今年度末の羽田空港の国際線3万回増枠、来年度中の成田空港の30万回化を着実に実施しつつ、首都圏の各空港の地方路線と海外路線との接続を改善するなどの更なる機能強化を検討</td></tr>
<tr><td></td><td>9月</td><td colspan="2">首都圏空港の更なる機能強化に向けた具体的な検討に着手することを公表</td></tr>
<tr><td></td><td></td><td colspan="2">交通政策審議会航空分科会基本政策部会（第9回）
【委員】有識者　【事務局】航空局
◇首都圏空港をめぐる航空政策上の課題を整理</td></tr>
<tr><td></td><td>11月</td><td colspan="2">首都圏空港機能強化技術検討小委員会（第1回）
【委員】有識者　【事務局】航空局
◇首都圏空港機能強化の技術的な選択肢を検討</td></tr>
<tr><td></td><td>3月</td><td>国際線旅客ターミナル拡張等
44.7万回化達成</td><td></td></tr>
<tr><td>平成26年度</td><td>6月</td><td colspan="2">「日本再興戦略」改訂2014
◇2020年のオリンピック･パラリンピック東京大会等を目途として、首都圏空港の発着枠を現在の約75万回から約8万回増枠させることを含め、更なる首都圏空港の機能強化方策に係る関係地方公共団体等との協議・検討を行った上で、適切な方策の実行を目指す</td></tr>
<tr><td></td><td>7月</td><td colspan="2">首都圏空港機能強化技術検討小委員会において「中間取りまとめ」を公表
◇羽田及び成田の機能強化の技術的選択肢について、2020年東京オリンピック・パラリンピックまでに実現し得る方策及びそれ以降の方策を提示。
◇2020年までの技術的選択肢は以下（合計年間＋約7.9万回）
（羽田）滑走路処理能力の再検証（年間＋約1.3万回）
　　　　滑走路運用・飛行経路の見直し（年間＋約2.3～2.6万回）
（成田）管制機能の高度化（年間＋約2万回）
　　　　高速離脱誘導路の整備（年間＋約2万回）
　　　　夜間飛行制限の緩和（年間＋α回）</td></tr>
<tr><td></td><td>8月</td><td colspan="2">首都圏空港機能強化の具体化に向けた協議会（第1回）（26日）
【構成員】関係自治体副知事・副市長、航空会社社長、有識者、航空局
◇技術検討小委員会の選択肢をもとに機能強化の具体化について協議</td></tr>
<tr><td></td><td></td><td></td><td>10月　成田空港圏自治体連絡協議会
◇以下の方針について確認
・管制機能の高度化（WAMの導入）及び高速離脱誘導路の整備による時間値の向上については、年間発着枠30万回を念頭に置いた上で速やかに実施する
・その他の滑走路増設等の方策については、まず成田空港の将来像等について理解を深める</td></tr>
<tr><td></td><td>1月</td><td colspan="2">首都圏空港機能強化の具体化に向けた協議会（第2回）
◇関係自治体との協議状況の報告、国の提案に対する関係自治体等の受け止め
・自治体レベルでは理解が深まったが、住民によく説明してほしい</td></tr>
</table>

《参　考》

		羽田空港		成田空港
平成26年度	3月	羽田空港機能強化に関するコミュニケーションのあり方アドバイザリー会議（第1回） 【委員】有識者【事務局】航空局 ◇機能強化についての住民理解の促進を図るための具体的手法及びプロセスについて専門家の意見を聴取	3月	第3旅客ターミナル（LCCターミナル）の整備等 30万回化達成
平成27年度	5月	羽田空港機能強化に関するコミュニケーションのあり方アドバイザリー会議（第2回）、（第3回） 【委員】有識者【事務局】航空局		
	7月	首都圏空港機能強化の具体化に向けた協議会（第3回） ◇第2回以降の取組等、国の提案に対する関係自治体等の受け止め ・自治体レベルでは、羽田空港の機能強化は必要不可欠と認識 ・今後開始する説明会では、自治体としても協力するので、丁寧に対応してほしい ・28年度概算要求に施設整備に係る調査・設計費等を盛り込むことは理解した		
	7月～9月	羽田空港機能強化に関する説明会（第1フェーズ）		
			9月	成田空港に関する四者協議会 ◇第3滑走路の整備等の検討開始
			11月	成田空港に関する四者協議会 ◇第3滑走路の整備等のたたき台を確認
	12月～1月	羽田空港機能強化に関する説明会（第2フェーズ）		
			3月	成田空港に関する四者協議会 ◇深夜早朝を含めた新たな騒音コンターや環境対策等を国・空港会社が早期に提示することを確認
平成28年度	7月	首都圏空港機能強化の具体化に向けた協議会（第4回） ◇環境影響等に配慮した方策の提示、自治体等の受け止め ・関係自治体は、提示された方策が環境影響等に配慮したものであると評価した ・関係自治体は、羽田空港機能強化に必要となる施設整備に係る工事費、環境対策費を国が予算措置することを理解した ・国と関係自治体は引き続き協力して、環境影響等に配慮しつつ、2020年までに羽田空港の年約3.9万回の空港処理能力拡大の実現に取り組む		

	羽田空港		成田空港	
平成28年度			9月	**成田空港に関する四者協議会** ◇第3滑走路の整備や既存滑走路の延伸、夜間飛行制限の緩和等の成田空港の更なる機能強化策について、国及び空港会社が地域住民へ説明することを了承
	11月	**羽田空港機能強化に関する説明会（第3フェーズ）**（～平成29年5月）		**成田空港の更なる機能強化に関する説明会**（～平成29年5月）
平成29年度			6月	**成田空港に関する四者協議会** ◇夜間飛行制限の緩和内容の見直し案等を再提案 **成田空港の更なる機能強化に関する説明会**（～平成30年3月）
	11月～2月	**羽田空港機能強化に関する説明会（第4フェーズ）**		
			3月	**成田空港に関する四者協議会** ◇第3滑走路の整備や既存滑走路の延伸、夜間飛行制限の緩和等の成田空港の更なる機能強化策について最終合意
平成30年度	12月～2月	**羽田空港機能強化に関する説明会（第5フェーズ）**		
			2月	**成田空港に関する四者協議会** ◇A滑走路の夜間飛行制限の変更の実施時期を2019年冬ダイヤからとすることを確認
令和元年度	8月	**首都圏空港機能強化の具体化に向けた協議会**（第5回） ◇第4回以降の取組等（羽田空港の機能強化に係るこれまでの取組・追加対策・今後の機能強化等）の報告 ◇各関係自治体等の受け止め ・国がこれまで実施してきた騒音・落下物対策及び協議会で新たに示した追加対策について評価。国に対してしっかりとした対策を講じることを求めた。 ・羽田空港の機能強化に関し、国が示したスケジュールに基づいて進めることを求めた。 ・羽田空港の機能強化に関し、国の事業として国の責任の下で進めるものと理解。 ・首都圏全体での騒音共有の実現の第一歩として評価。		
		2020年夏ダイヤから、羽田空港の新飛行経路の運用を開始し、国際線を増便することを発表		

《参　考》

		羽田空港		成田空港
令和元年度			11月	**基本計画の改定**
	11月~1月	**羽田空港機能強化に関する説明会（第6フェーズ）**		
			1月	**施設変更の許可**
	3月	**羽田空港の新飛行経路の運用を開始**	3月	**成田空港に関する四者協議会** ◇残された課題への対応を確認するとともに、成田空港周辺の地域づくりに関する「実施プラン」を策定。
令和2年度	6月	**羽田新経路の固定化回避に係る技術的方策検討会**（第1回） 【委員】有識者【事務局】航空局 ◇羽田新経路の固定化回避に係る技術的な選択肢を検討。		
	12月	**羽田新経路の固定化回避に係る技術的方策検討会**（第2回） ◇最近の航空管制や航空機の技術革新を踏まえ、12の飛行方式を洗い出し、その論点整理と海外事例調査の進め方について議論		
	3月	**羽田新経路の固定化回避に係る技術的方策検討会**（第3回） ◇羽田空港への導入可能性のある6つの飛行方式に絞り込んだ上で導入する場合の課題を整理		
令和3年度	8月	**羽田新経路の固定化回避に係る技術的方策検討会**（第4回） ◇羽田空港において技術的に採用が可能で、かつ、採用した場合の騒音軽減効果が高いと考えられる飛行方式として、2つの飛行方式を選定		
令和4年度	8月	**羽田新経路の固定化回避に係る技術的方策検討会**（第5回） ◇選択した2つの飛行方式に係る技術的な検討状況の報告と実運用に向けて今後必要な取組について議論		

関西国際空港及び大阪国際空港特定空港運営事業等

関西空港・伊丹空港のコンセッションは、「関西国際空港及び大阪国際空港の一体的かつ効率的な設置及び管理に関する法律」に基づき、関西空港の国際拠点空港としての再生・強化、両空港の適切かつ有効な活用を通じた航空輸送需要の拡大、関空債務の早期・確実な返済等を目的とする。

平成27年11月10日、新関空会社において、「オリックス、ヴァンシ・エアポート　コンソーシアム」を優先交渉権者として選定。同年12月15日、同コンソーシアムが設立したSPC（「関西エアポート（株）」）と新関空会社との間で実施契約を締結。平成28年4月1日より運営委託開始。

※ヴァンシ・エアポート社：フランスのゼネコン会社であるヴァンシのグループ会社。フランス、ポルトガル、カンボジアなど12か国で65空港の開発・運営を行っている。

《参　考》

事業価値の最大化に向けた主な取り組み

※下線は国直轄事業を含む

LCCの拠点化

○関空第２ターミナル（LCC専用）の供用開始（平成24年10月）

貨物ハブ化

○フェデックスによる関空の北太平洋地区ハブ化　（平成26年４月運用開始）
○KIX-Medipac（医薬品の輸出梱包に特化した定温庫）の新設
（平成27年５月運用開始）
○KIX-Coolexp（定温庫を持つ大規模食輸出施設）の新設
（平成27年８月運用開始）

魅力ある商業エリアの創造

○関空第1ターミナルの改修（平成27年３月完了）

旅客利便の向上（訪日外国人旅客の受入体制の強化等）

○関空第1ターミナルにおけるCIQ施設の機能強化
ファーストレーンの整備（平成27年度末供用開始）

関空・伊丹の成長

平成28年4月 コンセッション運営開始

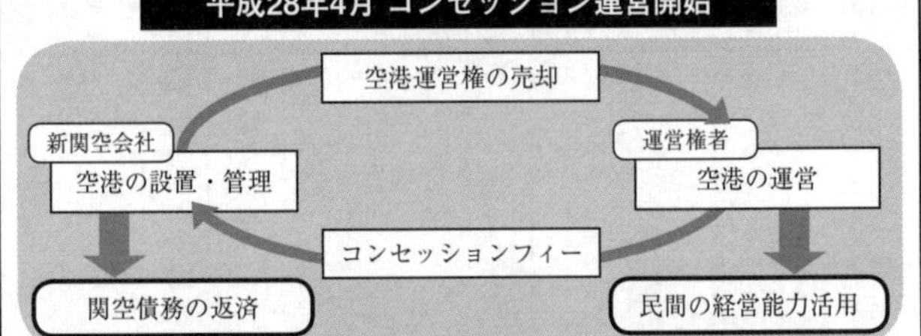

コンセッションの成果

○関空新たなLCC専用第2ターミナルビル（国際線）の整備（平成29年1月供用開始）
日本初のウォークスルー型免税店、「スマートセキュリティー」システムを導入
○伊丹ターミナルビルのリニューアル（令和2年8月グランドオープン）　　等

空港経営改革

1. 背景・目的

国管理空港等において、滑走路等とターミナルビル等の運営主体が分離していることや空港整備勘定による全国プール管理により運営されていること等から、着陸料等の引き下げによる就航路線や便数の拡大といった地域の特性やニーズに対応した空港運営が困難な状況となっている。

そのため、「民間の能力を活用した国管理空港等の運営等に関する法律」（民活空港運営法）を活用し、地域の実情を踏まえつつ民間の能力の活用や航空系事業と非航空系事業の一体的経営を通じた空港経営改革を推進し、空港を活用した内外の交流人口拡大等による地域の活性化を図る。

2. 概要・各空港における検討状況

地域の実情に応じた空港運営の効率化を通じ、地域の活性化を図るため、PFI法の「公共施設等運営権」を活用した民間委託手法を空港管理形態の1つの選択肢として追加し、空港の民間委託を可能とするものである。

国管理空港のうち、仙台空港（平成28年7月～）、高松空港（平成30年4月～）、福岡空港（平成31年4月～）、熊本空港（令和2年4月～）、広島空港（令和3年7月～）においては、それぞれ民間による運営が開始されている。また、北海道内7空港については、令和2年6月に新千歳空港、10月に旭川空港、令和3年3月に稚内・釧路・函館・帯広・女満別空港において、民間による運営が順次開始されている。

《参　考》

空港経営改革の概要

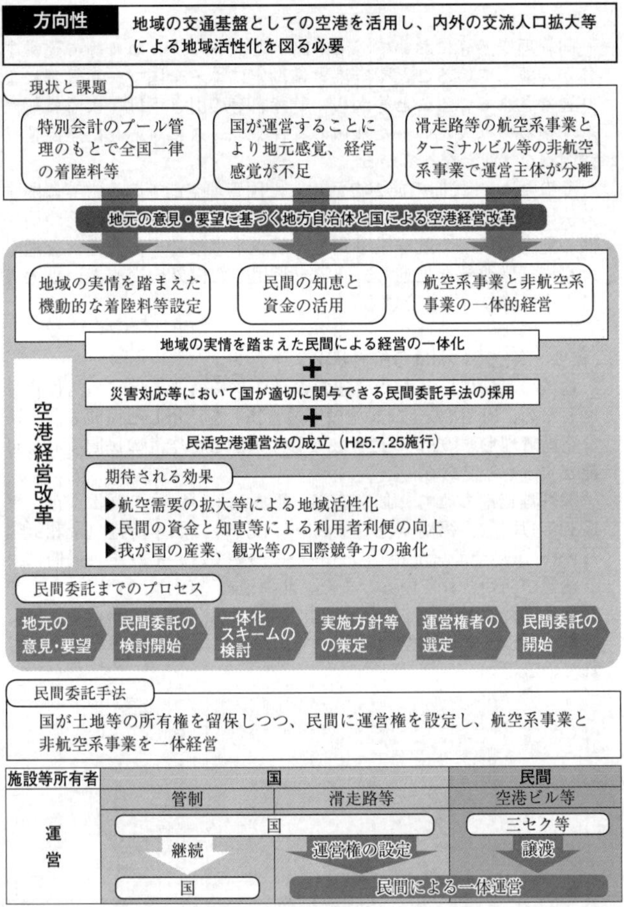

方向性　地域の交通基盤としての空港を活用し、内外の交流人口拡大等による地域活性化を図る必要

現状と課題

- 特別会計のプール管理のもとで全国一律の着陸料等
- 国が運営することにより地元感覚、経営感覚が不足
- 滑走路等の航空系事業とターミナルビル等の非航空系事業で運営主体が分離

地元の意見・要望に基づく地方自治体と国による空港経営改革

空港経営改革

- 地域の実情を踏まえた機動的な着陸料等設定
- 民間の知恵と資金の活用
- 航空系事業と非航空系事業の一体的経営

地域の実情を踏まえた民間による経営の一体化

＋

災害対応等において国が適切に関与できる民間委託手法の採用

＋

民活空港運営法の成立（H25.7.25施行）

期待される効果

▶航空需要の拡大等による地域活性化
▶民間の資金と知恵等による利用者利便の向上
▶我が国の産業、観光等の国際競争力の強化

民間委託までのプロセス

地元の意見・要望 → 民間委託の検討開始 → 一体化スキームの検討 → 実施方針等の策定 → 運営権者の選定 → 民間委託の開始

民間委託手法

国が土地等の所有権を留保しつつ、民間に運営権を設定し、航空系事業と非航空系事業を一体経営

施設等所有者	国		民間
	管制	滑走路等	空港ビル等
運営	国	国	三セク等
	継続	運営権の設定	譲渡
	国	民間による一体運営	民間による一体運営

《メ　モ》

《参　考》

国管理空港の空港別収支

航空系事業の収支（損益）について
※空港整備に係る経費を費用及び純粋一般財源も含めた一般会計受

	営業収益		営業費用	
	令和3年度	対前年度比	令和3年度	対前年度比
東京国際	58,777	(38,407)	53,386	(△23,638)
那　覇	2,842	(333)	16,700	(△6,122)
新　潟	209	(97)	2,237	(△244)
松　山	316	(80)	1,475	(△143)
高　知	171	(45)	1,085	(35)
北九州	345	(67)	1,685	(△9)
長　崎	366	(120)	2,278	(339)
大　分	227	(80)	2,264	(249)
宮　崎	409	(117)	3,137	(1,222)
鹿児島	585	(63)	2,145	(△562)
八　尾	148	(41)	644	(138)
丘　珠	30	(8)	484	(4)
小　松	265	(105)	711	(28)
美　保	50	(4)	371	(30)
徳　島	158	(40)	670	(29)
三　沢	37	(13)	476	(81)
百　里	60	(9)	334	(△42)
岩　国	33	(△3)	377	(△10)
合　計	65,027	(39,628)	90,461	(△28,616)

《参　考》

国管理空港の空港別収支

入を収益に計上した損益

（単位：百万円）

営業損益		経常損益	
令和3年度	対前年度比	令和3年度	対前年度比
5,391	(62,045)	12,997	(64,444)
△13,858	(6,456)	△12,564	(6,195)
△2,029	(342)	△1,242	(584)
△1,159	(223)	△765	(182)
△914	(11)	△754	(89)
△1,340	(76)	△1,030	(328)
△1,912	(△219)	△1,537	(△135)
△2,037	(△169)	△988	(463)
△2,728	(△1,105)	△1,757	(△496)
△1,560	(626)	△1,190	(516)
△496	(△97)	△306	(△46)
△454	(5)	△442	(8)
△446	(77)	△222	(156)
△321	(△26)	△241	(35)
△512	(11)	△399	(80)
△440	(△68)	△434	(△64)
△275	(51)	△268	(47)
△344	(8)	△341	(10)
△25,434	(68,244)	△11,482	(72,396)

《参　考》

航空分野のインフラ国際展開

○航空インフラ国際展開協議会

国土交通省では、官民連携により我が国の航空インフラの国際展開を積極的に推進するための場として「航空インフラ国際展開協議会」を平成25年4月に設置した。

1. 設立の趣旨

海外における航空インフラ・プロジェクトは、今後も大きな需要が見込まれており、我が国企業が計画、整備段階から運営段階までの各段階において、多くのビジネス機会を獲得することが期待されているが、計画、整備、運営を一体として獲得している実績は限られている。

このため、空港の整備・運営や航空管制システムの整備をはじめとする航空インフラ・プロジェクトに関して、官民による情報の共有や交換を行う場として本協議会を設置し、官民連携による海外プロジェクトの獲得推進に向けた取り組みを積極的に行っていく。

2. 参加者（令和5年8月現在）

　　民間企業：94社
　　関係機関：12機関
　　政府機関：国土交通省（オブザーバー：環境省、外務省、経済産業省、財務省）

3. これまでの主な取り組み

・官民ミッション
（要人招聘・訪問による相手国政府への働きかけ、航空セミナー）
・海外要人等の空港視察対応
・政府間会合でのプレゼンス強化・情報発信
（交通次官級会合参加、本邦技術パンフレット作成）
・情報の共有（空港運営案件発掘調査WG）

《メ　モ》

《参　考》

○我が国企業による海外航空インフラ・プロジェクト案件（近年受注した案件）

バングラデシュ・ダッカ
ハズラット・シャージャラール国際空港拡張事業

ターミナル拡張完成イメージ（NOCA-JV提供）

- 事業内容：新旅客ターミナル整備、貨物ターミナル整備、エプロン拡張等
- 施工者：三菱商事・サムスン・フジタコンソーシアム
- 契約金額：2046億円
- 工期：2020年4月～2024年10月（見込）

ハズラット・シャージャラール国際空港概況

- ・滑走路：3,200m×1本
- ・収容能力：800万人/年→2400万人/年
- ・旅客数（2019年）：926万人

エジプト・アレクサンドリア
ボルグ・エル・アラブ国際空港拡張事業

新ターミナル完成イメージ

- 事業内容：新旅客ターミナル整備、エプロン拡張、アクセス道路拡張等
- 施工者：大成建設・オラスコムJV
- 契約金額：157億円
- 工期：2020年2月～2023年10月（見込）

ボルグ・エル・アラブ国際空港概況

- ・滑走路：3,400m×1本
- ・収容能力：100万人/年→400万人/年
- ・旅客数（2019年）：223万人

モンゴル・ウランバートル
チンギスハーン国際空港運営事業

旅客ターミナルビル

- 参画日本企業：三菱商事・成田国際空港・日本空港ビルデング・JALUX
- 事業権契約締結：2019年7月
- 運営開始：2021年7月
- 事業期間：15年
- 事業内容：空港運営事業

チンギスハーン国際空港概況

- ・滑走路：3,600m×1本
- ・旅客数（2019年・旧空港）：160万人
- ・旅客処理能力：200万人／年

パラオ
パラオ国際空港整備・運営事業

旅客ターミナルビル完成イメージ（大成建設提供）

- 参画日本企業：双日・日本空港ビルデング・JOIN
- 事業権契約締結：2017年4月
- 運営開始：2019年4月
- 事業期間：20年
- 事業内容：旅客ターミナル、貨物ターミナル、駐車場等の運営

パラオ国際空港概況

- ・滑走路：2,195m×1本
- ・旅客数（2019年）：22万人
- ・旅客処理能力：100万人／年

《参　考》

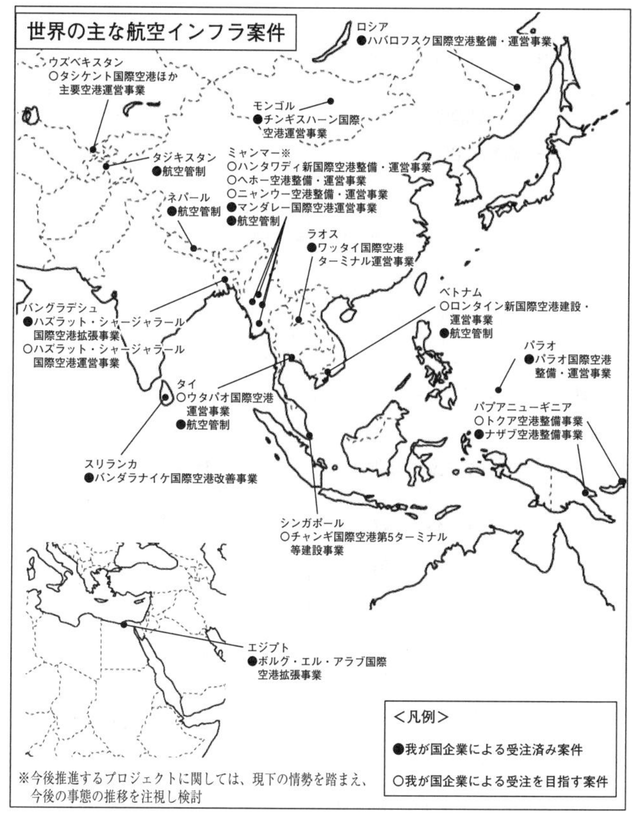
世界の主な航空インフラ案件
ロシア
●ハバロフスク国際空港整備・運営事業
ウズベキスタン
○タシケント国際空港ほか
主要空港運営事業
モンゴル
●チンギスハーン国際
空港運営事業
タジキスタン
●航空管制
ミャンマー※
○ハンタワディ新国際空港整備・運営事業
○ヘホー空港整備・運営事業
○ニャンウー空港整備・運営事業
●マンダレー国際空港運営事業
●航空管制
ネパール
●航空管制
ラオス
●ワッタイ国際空港
ターミナル運営事業
ベトナム
○ロンタイン新国際空港建設・
運営事業
●航空管制
バングラデシュ
●ハズラット・シャージャラール
国際空港拡張事業
○ハズラット・シャージャラール
国際空港運営事業
パラオ
●パラオ国際空港
整備・運営事業
タイ
○ウタパオ国際空港
運営事業
●航空管制
パプアニューギニア
○トクア空港整備事業
●ナザブ空港整備事業
スリランカ
●バンダラナイケ国際空港改善事業
シンガポール
○チャンギ国際空港第5ターミナル
等建設事業
エジプト
●ボルグ・エル・アラブ国際
空港拡張事業
<凡例>
●我が国企業による受注済み案件
○我が国企業による受注を目指す案件
※今後推進するプロジェクトに関しては、現下の情勢を踏まえ、
今後の事態の推移を注視し検討

《参　考》

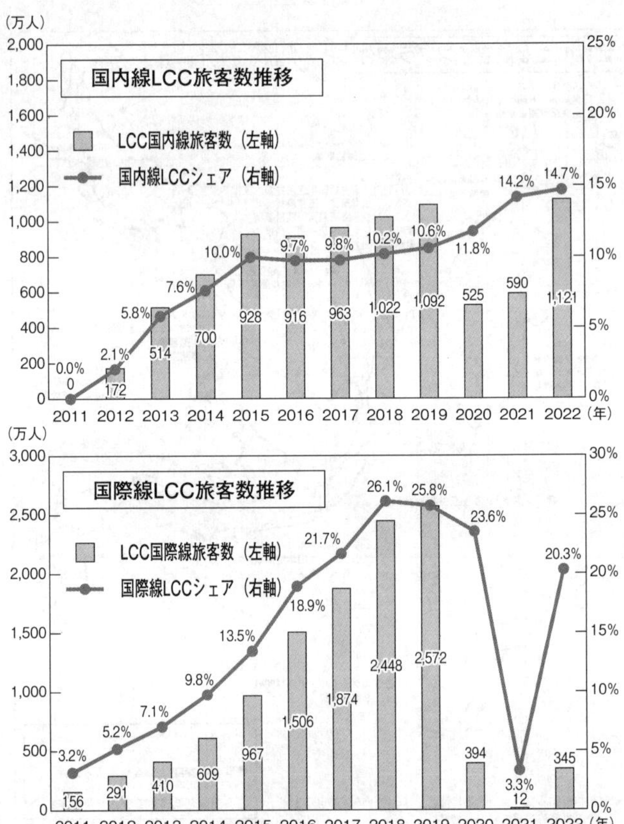

出典：国土交通省航空局作成　各年（暦年）の統計

《参　考》

ビジネスジェットの保有状況

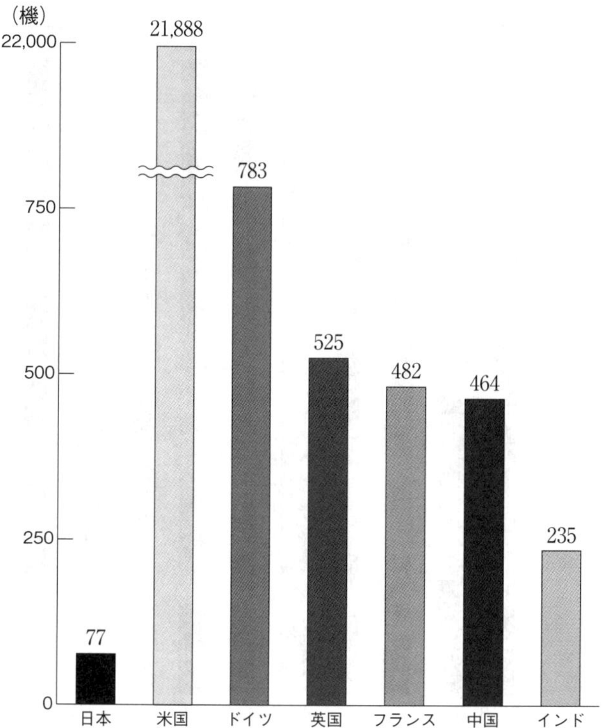

（出典）　日本：航空局調べ（2022年12月31日現在。公用機及び軍用機を含まない。）
　　　　　その他：BUSINESS AVIATION TIMELINE 2019 EXCLUSIVE FLEET REPORTより作成（公用機及び軍用機を含まない。）

《参　考》

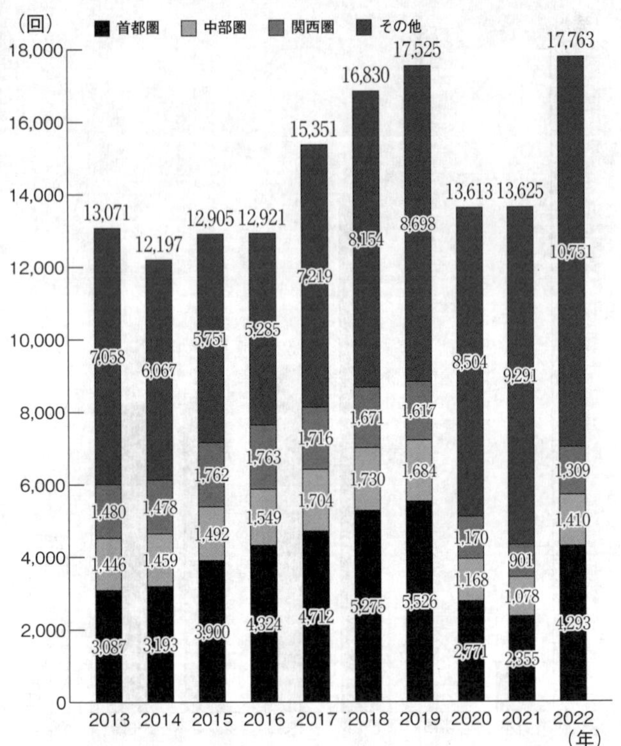

（注）首都圏：東京国際空港、成田国際空港
　　　中部圏：中部国際空港、名古屋空港
　　　関西圏：関西国際空港、大阪国際空港、八尾空港、神戸空港
（出典）運航記録データより航空局集計

《参　考》

航空安全プログラムの概要

○国土交通省航空局（航空安全当局）は、国際民間航空条約第19附属書に従い、「航空安全プログラム（State Safety Programme：SSP）」を策定（平成25年10月）。
○SSPはICAOが提示している4つの構成要素及び8つの重要要素（Critical Element：CE）を中心として構成されており、我が国の安全目標と安全方針を明確化。
○SSPに基づき、航空安全当局及び業務提供者は、自ら安全目標等を定めるなどしてリスク管理を実施。

ICAOが提示している4つの構成要素及び8つのCE

構成要素			
SSP構成要素1 国の安全方針目標とリソース	CE-1 基本的な航空法令	CE-3 国のシステムと機能	CE-5 技術ガイダンス・ツールおよび安全重要情報の提供
	CE-2 具体的な運用規則	CE-4 資格を持つ技術者	
SSP構成要素2 国の安全リスク管理	CE-6 ライセンス認証、認可および/または承認義務	事故・インシデント調査	安全リスク管理
	安全管理システムの義務	ハザードの特定と安全リスク評価	CE-8 安全上の問題の解決
SSP構成要素3 国の安全保証	CE-7 監視義務	国の安全パフォーマンス	
SSP構成要素4 国の安全推進	内部コミュニケーションおよび安全情報の周知	外部コミュニケーションおよび安全情報の周知	

《参　考》

安全指標及び安全目標値

毎年度1回国の安全目標値を設定し、期間終了時に目標の達成状況を確認・評価。

【最重要目標】

○本邦航空運送事業者が運航する定期便

指標		R4年度目標値	R4年度実績値	R5年度目標値
死亡事故発生率	件/100万回	0.00	0.00	0.00
全損事故発生率	件/100万回	0.00	0.00	0.00

【その他安全目標】

①運航者に着目した安全指標及び安全目標値

○定期便を運航する本邦航空運送事業者（定期便以外の運航を含む）

指標		R4年度目標値	R4年度実績値	R5年度目標値
航空事故発生率	件/100万時間	0.57	4.40	0.55
	件/100万回	1.14	8.83	1.09
重大インシデント発生率	件/100万時間	1.72	0.55	1.65
	件/100万回	3.42	1.10	3.28

○航空運送事業許可及び／または航空機使用事業許可を受けている事業者（定期便を運航する事業者を含まない。）

指標		R4年度目標値	R4年度実績値	R5年度目標値
航空事故発生率	件/100万時間	13.89	17.93	13.31
	件/100万回	9.99	12.90	9.58
重大インシデント発生率	件/100万時間	31.15	35.87	29.85
	件/100万回	21.64	25.79	20.74

○国、地方自治体（滑空機、超軽量動力機を含まない）

指標		R4年度目標値	R4年度実績値	R5年度目標値
航空事故発生率	件/100万時間	14.10	12.58	13.51
	件/100万回	16.91	14.94	16.21
重大インシデント発生率	件/100万時間	4.03	12.58	3.86
	件/100万回	4.83	14.94	4.63

○個人（滑空機、超軽量動力機を含まない）

指標		R4年度目標値	R4年度実績値	R5年度目標値
航空事故発生率	件/100万時間	130.32	148.08	124.89
	件/100万回	125.48	132.65	120.25
重大インシデント発生率	件/100万時間	57.92	74.04	55.50
	件/100万回	55.77	66.32	53.44

○本邦航空運送事業者が運航する定期便

指標		R4年度目標値	R4年度実績値	R5年度目標値
航空事故発生率	件/100万回	0.98	8.85	0.94

②交通管制分野に着目した安全指標及び安全目標値

指標		R4年度目標値	R4年度実績値	R5年度目標値
交通管制分野に関連する又は関連するおそれがある航空事故発生率	件/100万機（管制取扱機数）	0.00	0.00	0.00
交通管制分野に関連する又は関連するおそれがある重大インシデント発生率	件/100万機（管制取扱機数）	0.73	2.63	0.70

③空港分野に着目した安全指標及び安全目標値

指標		R4年度目標値	R4年度実績値	R5年度目標値
空港の設置管理者が管理する施設若しくは運用に起因する又は起因して発生したおそれのある航空事故発生率	件/100万回（着陸回数）	0.00	0.00	0.00
空港の設置管理者が管理する施設若しくは運用に起因する又は起因して発生したおそれのある重大インシデント発生率	件/100万回（着陸回数）	0.00	0.93	0.00
制限区域内において、地上での作業又は地上の施設若しくは物件に起因する人の死傷、又は航空機が損傷した事態の発生率	件/100万回（着陸回数）	20.09	29.63	19.25

《参　考》

航空保安対策の強化

我が国においては、国際テロの脅威が高まる中で、訪日外国人の急増を踏まえ、万全の備えを速やかに進めることが喫緊の課題となっています。

このため、「テロに強い空港」を目指し、全国の空港において従来型の検査機器からボディスキャナーや爆発物自動検知装置等の高度な保安検査機器への入れ替えを促進し、今後の航空需要の回復・増大に向け、航空保安検査の高度化を図ります。

高度な保安検査機器

ボディスキャナー

現行の接触検査に代わるものとして、自動的に非接触で人体表面の異物を検知する装置

高性能X線検査装置

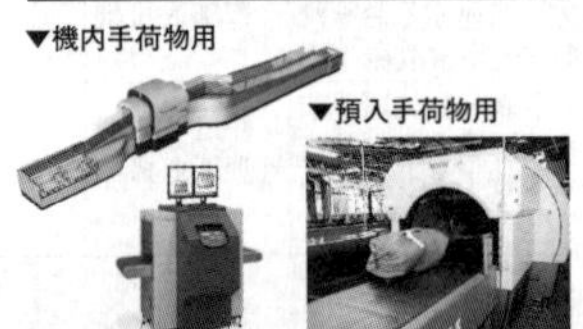

機内持込・預入手荷物のX線検査機器のうち、爆発物を自動的に検知するシステム

蒸散痕跡物等利用爆発物検査装置

液体爆発物検査装置

＊【参考】現在、国管理空港において、航空会社等が実施している保安検査(検査機器の整備費や検査職員の委託費)に対し、国は当該経費の1／2を補助。
なお、国管理空港以外は、地方公共団体をはじめとする各空港管理者が支援。

旅客及び機内持込手荷物の検査

預入手荷物の検査

空港関係者及び搬入物の検査

駐機中の航空機の監視　等

《参　考》

空　港　の

区　分		凡　例	数
航空気象官署	航空地方気象台	●	5
	航空測候所	○	2
	航空気象観測所	■	76
	空港気象連絡室	△	7
	計		90

（令和5年4月1日現在）

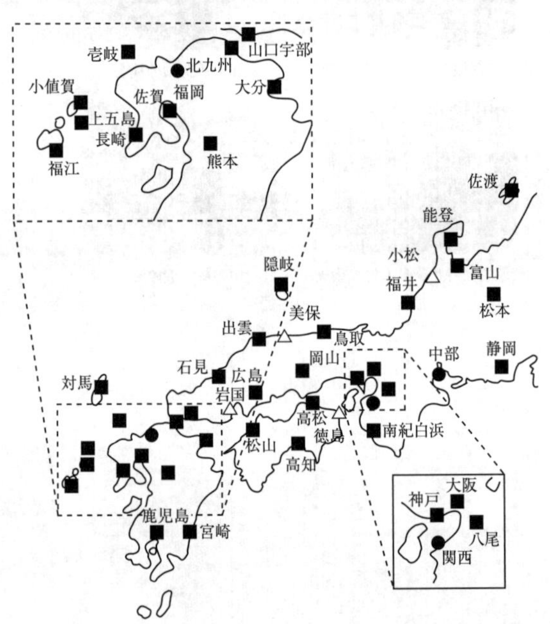

気　象　官　署　等

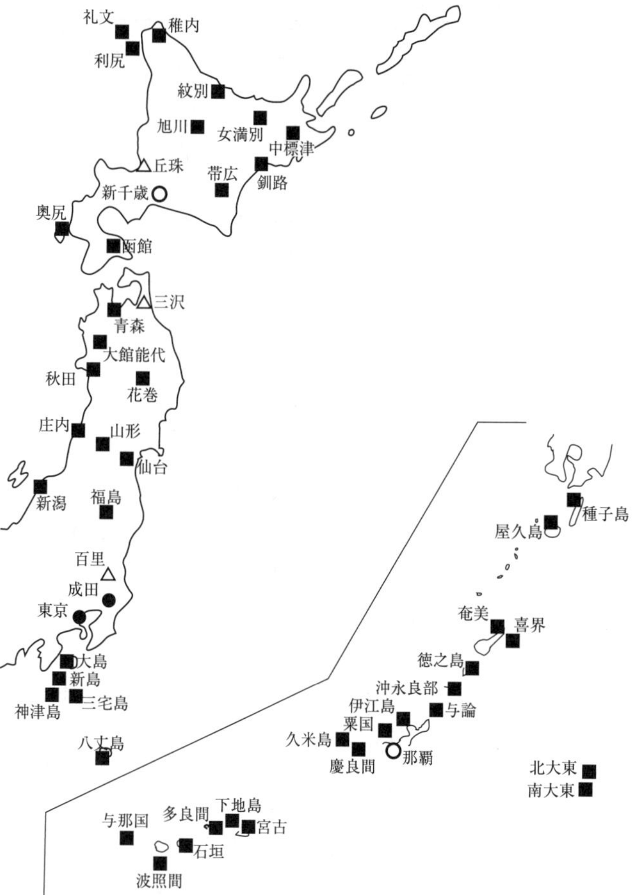
礼文
稚内
利尻
紋別
旭川
女満別
中標津
丘珠
帯広
釧路
新千歳
奥尻
函館
三沢
青森
大館能代
秋田
花巻
庄内
山形
仙台
新潟
福島
百里
成田
東京
大島
新島
三宅島
神津島
八丈島
種子島
屋久島
奄美
喜界
徳之島
沖永良部
伊江島
与論
粟国
久米島
慶良間
那覇
北大東
南大東
与那国
多良間
下地島
宮古
石垣
波照間

《参　考》

地域間輸送における航空旅客数及びシェアの推移

上段：航空利用者（千人）　下段：全交通機関に占める航空の割合（%）

年度	地域	北海道	四国	九州	沖縄
平成23	首都圏	12,208 96%	3,829 80%	16,476 92%	5,280 100%
	近畿圏	2,186 97%	746 8%	3,693 29%	2,136 100%
24	首都圏	13,198 96%	4,216 81%	17,842 93%	5,779 100%
	近畿圏	2,638 98%	764 10%	4,196 32%	2,310 100%
25	首都圏	13,878 97%	4,621 79%	19,271 93%	6,272 100%
	近畿圏	2,542 98%	823 11%	4,346 32%	2,561 100%
26	首都圏	13,923 97%	4,879 83%	19,813 94%	6,472 100%
	近畿圏	2,681 97%	927 9%	4,299 31%	2,724 100%
27	首都圏	14,516 98%	4,902 83%	20,367 93%	6,561 100%
	近畿圏	2,840 99%	934 10%	4,387 30%	2,898 100%
28	首都圏	14,495 95%	5,044 84%	20,404 94%	7,149 100%
	近畿圏	2,863 99%	889 10%	4,265 30%	3,042 100%
29	首都圏	14,939 96%	5,235 84%	21,129 94%	7,454 100%
	近畿圏	3,033 99%	909 12%	4,480 30%	3,160 100%
30	首都圏	15,036 96%	5,368 86%	21,621 93%	7,669 100%
	近畿圏	2,967 99%	950 11%	4,536 30%	3,164 100%
令和元	首都圏	14,540 96%	5,160 86%	20,734 93%	7,623 100%
	近畿圏	3,019 99%	946 12%	4,471 30%	3,284 100%
2	首都圏	4,677 96%	1,325 86%	6,493 93%	3,044 100%
	近畿圏	1,139 99%	281 16%	1,531 29%	1,287 100%
3	首都圏	7,122 97%	2,179 87%	10,558 93%	4,064 100%
	近畿圏	1,700 99%	377 14%	2,276 32%	1,636 100%

(注)(1)旅客地域流動調査（国土交通省総合政策局）による。
　　(2)首都圏、近畿圏は次の都府県を示す。
首都圏：茨城、栃木、群馬、埼玉、千葉、東京、神奈川　近畿圏：滋賀、京都、奈良、和歌山、大阪、兵庫

《参　考》

レジャー航空の現況

(1) レジャー航空人口

（令和4年12月末現在）

気　　　球	1,454（人）	模型航空機	5,791（人）
自作航空機	約100（人）	落　下　傘	—
小型航空機	477（人）	超軽量動力機	422（人）
滑　空　機	581（人）	ハンググライダー パラグライダー	6,904（人）

(2) レジャー航空に関する事故発生件数

（令和4年12月末現在）

種類／暦年	気球	自作航空機（ジャイロを含む）	自家用航空機	滑空機	模型航空機	落下傘	超軽量動力機	ハンググライダー・パラグライダー
平成13年	0	0	5	4	0	1	2	19
平成14年	3	0	8	7	0	0	5	43
平成15年	4	0	6	2	1	0	3	36
平成16年	0	1	10	3	0	1	2	11
平成17年	4	0	8	7	1	2	0	40
平成18年	4	3	1	5	0	—	2	32
平成19年	0	0	3	4	7	—	4	33
平成20年	6	1	4	3	14	—	1	20
平成21年	19	0	4	3	19	—	1	26
平成22年	11	1	3	2	18	—	1	18
平成23年	13	0	5	1	18	—	1	21
平成24年	22	0	2	1	14	—	2	22
平成25年	19	0	5	2	16	—	1	24
平成26年	22	0	5	5	9	—	2	28
平成27年	29	2	7	8	9	—	2	38
平成28年	17	0	3	4	10	—	1	26
平成29年	7	2	5	2	6	—	2	29
平成30年	21	1	1	1	6	—	3	31
令和元年	23	1	0	3	17	—	1	45
令和2年	8	1	2	0	28	—	4	29
令和3年	12	0	4	3	17	—	2	36
令和4年	13	1	3	2	14	—	3	33

(注) 人口（各団体の会員数）及び事故件数（気球、模型航空機、落下傘、ハンググライダー・パラグライダー（パラモーター含））は、日本航空協会資料

《参　考》

小型機による旅客輸送実績

会　社	区　間	輸送人員（3年度）（人）	利用率（3年度）（%）
新中央航空	調布　—　新島	24,389	62.0
	調布　—　大島	10,262	48.4
	調布　—　神津島	17,524	57.7
	調布　—　三宅島	18,485	58.3
東邦航空	八丈島　—　青ヶ島	4,423	76.3
	八丈島　—　御蔵島	2,663	44.6
	御蔵島　—　三宅島	3,908	65.5
	利島　—　大島	2,290	42.3
	三宅島　—　大島	2,240	37.9
オリエンタルエアブリッジ	長崎　—　対馬	52,811	54.6
	長崎　—　福江	29,857	43.5
	長崎　—　壱岐	24,814	47.4
	福岡　—　福江	39,605	39.6
	福岡　—　宮崎	94,437	44.1
	福岡　—　小松	41,543	46.8
	福岡　—　対馬	47,008	50.4
日本エアコミューター	鹿児島　—　松山	5,892	30.1
	鹿児島　—　福岡	13,323	38.7
	鹿児島　—　種子島	51,951	43.4
	鹿児島　—　屋久島	89,483	49.0
	鹿児島　—　奄美	25,371	56.5
	鹿児島　—　喜界島	25,338	41.0
	鹿児島　—　徳之島	11,045	29.1
	鹿児島　—　沖永良部	48,780	50.9
	鹿児島　—　与論	23,856	48.8
	大阪　—　屋久島	19,902	58.8
	大阪　—　但馬	20,910	34.3
	福岡　—　出雲	25,284	38.4
	福岡　—　屋久島	16,636	49.6
	奄美　—　喜界島	30,895	35.4
	奄美　—　徳之島	31,862	47.7
	奄美　—　与論	7,851	23.6
	出雲　—　隠岐	17,066	52.8
	沖永良部　—　徳之島	14,010	41.1
	沖永良部　—　那覇	15,446	45.6
琉球エアーコミューター	那覇　—　奄美	6,792	44.1
	那覇　—　与論	24,048	65.6
	那覇　—　久米島	112,465	64.8
	那覇　—　南大東	27,864	55.3
	那覇　—　北大東	13,255	73.6
	那覇　—　宮古	18,119	51.0
	那覇　—　石垣	18,914	53.9
	那覇　—　与那国	18,243	52.0
	宮古　—　多良間	27,869	53.1
	宮古　—　石垣	33,036	61.9
	南大東　—　北大東	11,784	67.0
	石垣　—　与那国	48,205	66.0

《参　考》

（令和4年3月31日現在）

使用機材	備　　考
ドルニエ式228-212型（19席）2機 ルアグ式228-212型（19席）3機	○出資（川田工業） ○離島補助（東京都） ○着陸料減免（東京都）
シコルスキー式S-76C型（9席）2機	○出資（川田工業・他） ○離島補助（㈶東京都島しょ振興公社）
デハビランド・エアクラフト・オブ・カナダ式DHC-8-201型（39席）3機 デハビランド・エアクラフト・オブ・カナダ式DHC-8-402型（74席）3機 ※ANAとの共通事業機	○出資（長崎空港ビルディング・長崎県・他） ○離島補助（長崎県・関係市町村） ○着陸料減免（長崎県）
ATR式 42-500型（48席）8機 ATR式 72-212A型（70席）2機	○出資（日本航空・関係市町村） ○離島補助（鹿児島県・関係市町村） ○着陸料減免（島根県・鹿児島県）
ボンバルディア式 DHC-8-402型（50席）5機	○出資（日本トランスオーシャン航空・沖縄県・他） ○離島補助（沖縄県・関係市町村） ○着陸料減免（沖縄県・鹿児島県）

《参　考》

会　　社	区　　間	輸送人員(3年度)(人)	利用率(3年度)(%)
フジドリームエアラインズ	静岡　—　丘珠	16,557	36.2
	静岡　—　福岡	83,850	42.7
	静岡　—　鹿児島	22,207	44.6
	静岡　—　出雲	17,352	36.1
	静岡　—　熊本	15,063	38.5
	静岡　—　新千歳	18,959	76.0
	松本　—　丘珠	3,853	29.8
	松本　—　新千歳	29,659	50.7
	松本　—　福岡	52,483	48.2
	小牧　—　福岡	131,888	52.2
	小牧　—　熊本	61,763	42.4
	小牧　—　花巻	72,318	37.4
	小牧　—　山形	39,823	40.6
	小牧　—　青森	62,217	36.6
	小牧　—　新潟	26,710	46.3
	小牧　—　高知	54,682	39.4
	小牧　—　出雲	42,925	40.4
	神戸　—　花巻	17,032	35.9
	神戸　—　高知	14,989	32.9
	神戸　—　青森	20,728	40.2
	神戸　—　松本	37,663	42.4
	神戸　—　新潟	402	51.8
	福岡　—　新潟	20,993	38.2
	仙台　—　出雲	13,969	31.7
	山形　—　新千歳	13,729	34.3
天草エアライン	天草　—　福岡	20,102	22.7
	天草　—　熊本	5,309	18.3
	大阪　—　熊本	12,547	41.9
アイベックスエアラインズ	伊丹　—　仙台	64,332	63.0
	伊丹　—　福岡	36,375	71.8
	伊丹　—　大分	22,986	45.1
	伊丹　—　福島	44,077	50.2
	伊丹　—　新潟	51,967	59.7
	伊丹　—　鹿児島	24,937	49.1
	仙台　—　広島	55,339	46.7
	仙台　—　福岡	138,602	56.9
	仙台　—　松山	12,810	44.2
	中部　—　大分	41,677	41.2
	中部　—　仙台	48,909	48.0
	中部　—　福岡	25,055	49.5
	中部　—　鹿児島	30,438	60.1
	仙台　—　新千歳	93,202	61.8
	新千歳　—　松山	6,706	37.1
	新千歳　—　福島	7,080	39.1
	中部　—　松山	30,331	59.9
	福岡　—　新潟	39,862	39.8

※共同引受により、ジェイエア及び北海道エアシステムは日本航空に輸送人員を計上している

使用機材	備　　考
エンブラエル式 ERJ170-100STD型 （76席）3機 ERJ170-200STD型 （84席）13機	○出資（鈴与㈱） ○着陸料減免（青森県、岩手県、長野県、島根県、山形県、愛知県、静岡県、関西エアポート㈱、福岡国際空港㈱、北海道エアポート㈱、熊本国際空港㈱）
ATR式 42-500型　（48席）1機	○出資（熊本県・天草2市1町・他） ○着陸料減免（熊本県）
ボンバルディア式 CL-600-2C10型 （70席）10機	○出資（㈱日本デジタル研究所・他）

《参　考》

空港使用料

（令和5年4月1日現在）

使用料の種類	料金率	準則
着陸料	ア.【他人の需要に応じ、有償で旅客の運送を行う国内航空に従事するジェット機のうち、航空機の重量が15tを超えるもの】 (a) 3,400円× (騒音値－83)EPNdB (b) 重量が100t以下 　有償旅客数×720円 重量が101t以上 　有償旅客数×1,080円	他人の需要に応じ、有償で旅客の運送を行う国内航空に従事するジェット機のうち、航空機の重量が15tを超えるものの着陸1回ごとに、左の(a)と(b)との合計金額。 (a)の騒音値は、離陸測定点と進入測定点における航空機の騒音値を相加平均して得た値（1EPNdB未満は1EPNdBとする。）。 (b)の有償旅客数については、一ヶ月間の座席利用率が、ジェット機の重量が100t以下の時に70％を超える場合には、70％に相当する旅客数、ジェット機の重量が101t以上の時に75％を超える場合には、75％に相当する旅客数とする。

使用料の種類	料　金　率	準　則
着陸料	イ.【他人の需要に応じ、有償で旅客又は貨物の運送を行う国内航空に従事するジェット機のうち、アに規定するジェット機以外】 (a) 25t以下　750円/t 26～100t　1,150円/t 101～200t　1,490円/t 201t以上　1,610円/t (b) 3,400円× (騒音値－83)EPNdB (c) 有償旅客数　120円/人	他人の需要に応じ、有償で旅客又は貨物の運送を行う国内航空に従事するジェット機のうち、アに規定するジェット機以外の着陸1回ごとに、左の(a)と(b)と(c)の合計金額。 (a)については、航空機の重量をそれぞれ左の各級に区分して、順次に各料金率を適用して計算して得た金額の合計額（航空機の重量は、最大離陸重量を適用する。(1t未満は1tとする。))。 (b)の騒音値は、離陸測定点と進入測定点における航空機の騒音値を相加平均して得た値（1EPNdB未満は1EPNdBとする。)。 (c)の有償旅客数については、一ヶ月間の座席利用率が70％を超える場合には、70%に相当する旅客数とする。

《参　考》

使用料の種類	料　　金　　率	準　　　則
着陸料	ウ.【ア及びイに規定するジェット機以外のジェット機】 (a) 25t以下　950円/t 26～100t　1,380円/t 101～200t　1,650円/t 201t以上　1,800円/t (b) 3,400円× (騒音値－83)EPNdB	ア及びイに規定するジェット機以外のジェット機の着陸1回ごとに、左の(a)と(b)の合計金額。 (a)については、航空機の重量をそれぞれ左の各級に区分して、順次に各料金率を適用して計算して得た金額の合計額。 (b)の騒音値は、離陸測定点と進入測定点における航空機の騒音値を相加平均して得た値。
	エ.【その他の航空機】 (6t以下の航空機) 一律　1,000円 (7t以上の航空機) 6t以下　一律　700円 7t以上　590円/t	その他の航空機の着陸1回ごとに、航空機の重量をそれぞれ左の各級に区分して、順次に各料金率を適用して計算して得た金額の合計額。
停留料	【23t以下の航空機】 3t以下　一律　810円 4～6t　一律　810円 7～23t　30円/t	3時間以上空港内に停留する航空機について、航空機の重量をそれぞれ左の区分等に応じて、料金計算して得た金額の合計額とし、停留開始から24時間（24時間未満は24時間とする。）を超えるごとに、同額を停留終了までの間、加算する。
	【24t以上の航空機】 25t以下　90円/t 26～100t　80円/t 101t以上　70円/t	

使用料の種類	料　金　率	準　則
保安料	【旅客運送事業の用に供するジェット機】 有償旅客数　105円/人 有償貨物量　315円/t	離陸した空港において、左の料金率を適用し、計算して得た金額とする。

(t＝トン)

(注)

(1) 空港使用料の特則

国際航空に従事する航空機が東京国際空港に着陸・停留する場合の着陸料及び停留料は次のとおり。

着陸料

(a)騒音値が98以上　2,600円/t ＋ 6,100円 ×(騒音値－83)EPNdB
(b)騒音値が97　2,600円/t ＋ 5,100円 ×(騒音値－83)EPNdB
(c)騒音値が95以上96以下　2,600円/t ＋ 3,400円 ×(騒音値－83)EPNdB
(d)騒音値が94以下　2,600円/t ＋ 2,000円 ×(騒音値－83)EPNdB

停留料：空港における停留時間をそれぞれ次の各級に区分して、順次に各料金率を適用して計算して得た金額の合計額。

3時間未満　200円/t
3～24時間　50円/t
25時間以上　24時間ごと50円/t

(2) 沖縄島及び離島を離着陸する航空機の着陸料の軽減

①沖縄島：ジェット機……………………………………5/6(1/6)に軽減
　その他の航空機　…………………………………1/2(1/8)に軽減
　(うち6t以下の航空機)　……………… 1/4(1/16)に軽減
②離　島：ジェット機……………………………………2/3(1/6)に軽減
　その他の航空機　…………………………………1/4(1/8)に軽減
　(うち6t以下の航空機)　……………… 1/8(1/16)に軽減

※①の軽減率の(　)書きは、令和6年3月31日までの間適用
※①、②の軽減率の(　)書きは、他人の需要に応じ有償で旅客又は貨物の運送を行うものについて適用

(3) 着陸料の軽減

①国内航空に従事する航空機のうち重量が

《参　考》

50t以下のもの　………………………………… 4/5に軽減
20t以下のもの　………………………………… 7/10に軽減

②国が設置し、及び管理する空港法第4条第1項第6号に掲げる空港に着陸する航空機
・国内航空に従事するもの
東京国際、大阪国際、新千歳、福岡　……………… 1/2に軽減
成田国際、中部国際、関西国際　…………………… 1/3に軽減
成田国際、東京国際、中部国際、関西国際、大阪国際、新千歳、福岡以外の空港等　……………………………… 1/4に軽減
・国際航空に従事するもの　……………………… 7/10に軽減
・国際旅客チャーター便であるもの　…………… 1/2に軽減

③国際路線の拡大に向けた取組が行われていると認められる空港（東京国際を除く）に着陸する航空機（一ヶ月間の運航回数が増加する場合における当該増加分に限る）
・国際航空に従事するものであって、旅客の運送を行うもの ………7/20に軽減
・国際旅客チャーター便　……………………………… 1/4に軽減

④東京国際空港に着陸する深夜早朝国際旅客便の航空機
・東京国際空港における低需要時間帯の利用促進のため、2：00～3：59に着陸する国際旅客便（新規就航・増便分）… 1/2に軽減

⑤東京国際空港、北九州空港に着陸する深夜早朝国際貨物便の航空機
・東京国際空港、北九州空港について、深夜早朝国際貨物便（22：00～6：59）……………………………………… 1/2に軽減

⑥東京国際空港に着陸する航空機
・関西国際、広島、高松、松山、北九州、長崎、熊本、大分、宮崎、鹿児島空港を使用空港とする路線に係る航空機 ………2/3に軽減
・釧路、函館、高知空港、小松、美保（米子）、岩国、徳島飛行場を使用空港等とする路線に係る航空機　………… 2/5に軽減
・旭川、帯広、秋田、山口宇部、女満別、青森、庄内、富山、神戸、鳥取、出雲、岡山、佐賀空港を使用空港とする路線に係る航空機　……………………………………… 1/5に軽減
・その他の空港等（大阪国際、新千歳、福岡空港を除く）を使用空港等とする路線に係る航空機　………………… 1/6に軽減

⑦深夜早朝国内便の航空機

・新千歳空港、北九州空港及び関西国際空港の深夜早朝利用促進のため、これら3空港を離陸し、東京国際空港に着陸する深夜早朝便（出発時刻若しくは到着時刻を22：00～6：59までの間に設定しているもの）　…………………………… 1/2に軽減

⑧那覇空港を離着陸する航空機のうち国際貨物便であるもの

ジェット機　………………………………………………… 1/6に軽減

その他の航空機　…………………………………………… 1/8に軽減

（うち6t以下の航空機）　………………………………… 1/16に軽減

⑨令和5年度の特例措置

令和5年3月1日から令和6年2月29日までの間において、他人の需要に応じ、有償で旅客の運送を行う国内航空に従事する航空機（航空運送事業の基盤強化に関する計画を作成し、国土交通大臣に届出を行う定期航空旅客運送事業者が運航するものに限る）　……………………………………………………… 更に5/6に軽減

※適用区分：(3)の着陸料の軽減は、他人の需要に応じ有償で旅客又は貨物の運送を行うものについて適用

※適用期間：①～⑧については、令和6年3月31日までの措置

(4)　支払額

①着陸料及び停留料について、消費税法（昭和63年法律第108号）により消費税が課せられる場合は、計算された着陸料及び停留料にそれぞれ1.10を乗じた額。

②保安料について、消費税法（昭和63年法律第108号）により消費税が免除される場合は、計算された保安料を1.10で除した額。

《参　考》

成田国際空港、関西国際空港、大阪国際空港、

使用料の種類	着陸料（特別着陸料相当を含む）
成田国際空港	トン：重量（最大離陸重量） 国際線　1トン当たり（成田騒音indexより） A：1,550円　B：1,650円　C：1,750円　D：1,850円 E：1,950円　F：2,000円 ただし、計算して得た金額が50,000円に満たない場合は、50,000円とする。 国内線 【ターボジェット機】 (a) 25トン以下　1トン当たり　1,100円 26～100トン　〃　1,500円 101～200トン　〃　1,700円 201トン以上　〃　1,800円 (b) 3,400円×（平均騒音値－83）EPNdB ・ターボジェット機の着陸1回毎に、左の（a）と（b）の合計額。 ・（a）については、航空機の重量をそれぞれ左の各級に区分して順次に各料金率を適用して計算して得た金額の合計額 【その他の航空機】 （6トン以下の航空機） 一律　1,000円 （6トンを超える航空機） 6トン以下　一律　700円 7トン以上　1トン当たり　590円 ・その他の航空機の着陸1回毎に、航空機の重量をそれぞれ左の各級に区分して、順次に各料金率を適用して計算して得た金額の合計額 ただし、上記の料率により計算して得た金額が3,500円（回転翼航空機にあっては2,000円）に満たない場合は、3,500円（回転翼航空機にあっては2,000円）とする。 （注）以下の場合には着陸料の割引がある。 ①新千歳空港、大阪国際空港、福岡空港以外の飛行場を離陸した航空機については2/3に減額 ②運航計画において、到着時刻を午前8時29分以前に設定している航空機については1/2に減額 ③沖縄島及び離島就航機について ・沖縄島：ターボジェット機 ……………………………… 5/6(1/6)に減額 その他の航空機 ……………………………… 1/2(1/8)に減額 （うち、6トン以下の航空機）……………………1/4(1/16)に減額 ・離　島（沖縄島を除く）：ターボジェット機 ……………………………… 2/3(1/6)に減額 その他の航空機……………………………… 1/4(1/8)に減額 （うち、6トン以下の航空機）……………………1/8(1/16)に減額 ※①、②、③の（　）の軽減率は、他人の需要に応じ、有償で旅客又は貨物の運送を行うもの

中部国際空港の空港使用料金

令和5年9月1日現在

停　留　料	旅客サービス 施設使用料（PSFC）
1トン当たり ［国際線］ 6時間未満/　200円 6時間以降24時間毎/　200円 ［国内線］ 24時間事毎/　180円 （ただし6時間未満は無料） **給油施設使用料** 【航空燃料輸送料】 1リットル当たり 2.69円 【ハイドラント施設使用料】 1リットル当たり 1.0円 **旅客保安サービス料（PSSC）** 出国旅客及び国際線乗り継ぎ旅客について 1人当たり　550円	〈第1・2ターミナルビル〉 ［国際線］ 出国旅客について 1人当たり　2,460円 ただし、小児用割引航空券を使用する場合は　1,240円 乗り継ぎ後に第1・2ターミナルビルから出国する旅客について 1人当たり　1,230円 ただし、小児用割引航空券を使用する場合は　620円 ［国内線］ 出発／到着旅客について 1人当たり　450円 ただし、小児用割引航空券を使用する場合は　220円 〈第3ターミナルビル〉 ［国際線］ 出国旅客について 1人当たり　1,370円 ただし、小児用割引航空券を使用する場合は　690円 乗り継ぎ後に第3ターミナルビルから出国する旅客について 1人当たり　690円 ただし、小児用割引航空券を使用する場合は　350円 ［国内線］ 出発／到着旅客について 1人当たり　390円 ただし、小児用割引航空券を使用する場合は　190円

《参　考》

1. 国際線増量割引

着陸重量が、比較年度同期比で増加した場合に、増加重量に対して50%の割引を適用（制度実施期間：2013年4月1日～2024年3月31日）

■対象便

国際線定期便（旅客便と貨物便は区分する）

■適用単位

航空会社単位

■単位期間

1年間（4月1日から翌年3月31日まで）

■割引率

50%

■割引額

増加重量×割引率50%×適用単価1,550円/t（Aランク相当）

■備考

国際線新規就航割引の対象路線は、対象年度と比較年度の国際線増量割引の算定対象から除く

2023年度の国際線定期旅客便に対する増量割引は、2019年度を比較年度とし、2023年度の国際線定期貨物便に対する増量割引は、2022年度を比較年度とする

2. 国内線増量割引

累計着陸料が、比較年度同期比で増加した場合に、着陸料の増加分に対して50%の割引を適用（制度実施期間：2015年4月1日～2024年3月31日）

■対象便

国内線定期便（旅客便と貨物便は区分する）

■適用単位

航空会社単位

■単位期間

1年間（4月1日から翌年3月31日まで）

■割引率

50%

■割引額

増加着陸料×割引率50%

■備考

国内線新規就航割引の対象路線は、対象年度と比較年度の国内線増量割引の算定対象から除く

2023年度の国内線定期旅客便に対する増量割引は、2019年度を比較年度とし、2023年度の国内線定期貨物便に対する増量割引は、2022年度を比較年度とする

3. 国際線新規就航割引

国際線に新規就航路線を開設する場合、当該路線の着陸料に対して割引を適用（制度実施期間：2019年4月1日～2024年3月31日）

■対象便

国際線定期便（旅客便と貨物便は区分する）

■適用単位

航空会社毎の新規就航路線

■単位期間

1年間（4月1日から翌年3月31日まで）

■割引期間

3年間

■割引率

1年目：成田空港にとっての新規就航路線の場合は100%割引、航空会社にとっての新規就航路線の場合は50%割引

2年目：成田空港にとっての新規就航路線の場合は70%割引、航空会社にとっての新規就航路線の場合は30%割引

3年目：成田空港にとっての新規就航路線の場合は40%割引、航空会社にとっての新規就航路線の場合は10%割引

■国際線朝発ボーナス

国際線新規就航割引対象の国際線定期便が出発時刻を8時59分以前に設定する場合、成田空港にとっての新規就航路線の場合は着陸料を3年間100%割引、航空会社にとっての新規就航路線の場合は着陸料を3年間50%割引

■国際線長距離ボーナス
国際線新規就航割引対象の国際線定期旅客便が長距離路線※且つ成田空港にとっての新規就航路線の場合、着陸料を3年間100%割引（2020年1月1日以降に新規就航した路線に限る）
※「長距離路線」とは、IATA提供データに基づく空港間の距離において、成田空港から7,000kmの地点を結ぶ路線をいう。

4. 国内線新規就航割引

国内線に新規就航路線を開設する場合、当該路線の着陸料に対して割引を適用
（制度実施期間：2019年4月1日～2024年3月31日）

■対象便
国内線定期便（旅客便と貨物便は区分する）

■適用単位
航空会社毎の新規就航路線

■単位期間
1年間（4月1日から翌年3月31日まで）

■割引期間
3年間

■割引率
1年目：成田空港にとっての新規就航路線の場合は100%割引、航空会社にとっての新規就航路線の場合は50%割引
2年目：成田空港にとっての新規就航路線の場合は70%割引、航空会社にとっての新規就航路線の場合は30%割引
3年目：成田空港にとっての新規就航路線の場合は40%割引、航空会社にとっての新規就航路線の場合は10%割引

■国内線朝発ボーナス
国内線新規就航割引対象の国内線定期便が出発時刻を7時59分以前に設定する場合、成田空港にとっての新規就航路線の場合は着陸料を3年間100%割引、航空会社にとっての新規就航路線の場合は着陸料を3年間50%割引

《参　考》

使用料の種類	着陸料
関西国際空港	トン：重量（最大離陸重量） 国際線　1トン当たり　1,900円 他人の需要に応じ、路線を定めて一定の日時により有償で旅客又は貨物の運送を行う航空機のうち、深夜早朝時間帯（1：00-5：59）に着陸した航空機については、1/2に減額 国内線 (a) 沖縄・離島発以外の航空機　1トン当たり　1,900円 (b) 沖縄発の航空機　〃　1,600円 (c) 離島発の航空機　〃　1,300円（※350円） （※他人の需要に応じ、有償で旅客又は貨物の運送をおこなうもの） ただし、ターボジェット発動機を装備しない航空機（回転翼航空機を除く）であって、他人の需要に応じ、有償で旅客又は貨物の運送をおこなうものにあっては、以下のとおりとする。 (d) 6トン以下の航空機　一律　1,000円 (e) 6トンを超える航空機 （ⅰ）6トン以下の重量　一律　700円 （ⅱ）6トンを超える重量　1トン当たり　590円 また、(d)及び(e)に該当する航空機にあっては、次の場合に着陸料の割引がある。 ・新千歳空港、東京国際空港又は福岡空港発以外の航空機　2/3に減額 ・沖縄又は離島発の航空機　1/8に減額 また、(a)～(e)に該当し、他人の需要に応じ、路線を定めて一定の日時により有償で旅客又は貨物の運送を行う航空機のうち、深夜早朝時間帯（1：00-5：59）に着陸した航空機については、1/2に減額
備考	着陸1回ごとに課される。 （1トン未満は1トンとする。以下同じ。）

<table>
<tr><th>停　留　料</th><th>旅客サービス施設使用料（PSFC）</th><th>給油施設使用料
(ハイドランド施設使用料を含む。)</th></tr>
<tr><td rowspan="3">停留時間15分（15分未満は、15分として計算する）ごとに、最大離陸重量に下記料金単価を乗じて得た額とする。
[国際線]
①第1旅客ターミナルビル国際線スポットに停留する航空機
オンピーク：1トン当たり・15分ごと　25円
オフピーク：1トン当たり・15分ごと　15円
深夜早朝：無料
②①以外の航空機
一律：1トン当たり・15分ごと　15円
深夜早朝：無料
[国内線]
一律：1トン当たり・15分ごと　15円
深夜早朝：無料</td><td>〈第1ターミナルビル〉
[国際線]
出国旅客について
1人当たり　2,780円
ただし、小児用割引航空券を使用する場合は　1,390円
乗り継ぎ旅客について
1人当たり　560円
ただし、小児用割引航空券を使用する場合は 280円
[国内線]
出発/到着旅客について
1人当たり　440円
ただし、年齢が3歳以上12歳未満であることが確認できる場合は　220円
〈第2ターミナルビル〉
[国際線]
出国旅客について
1人当たり　1,250円
乗り継ぎ旅客について
1人当たり　260円
[国内線]
出発旅客について
1人当たり　420円
到着旅客について
1人当たり　370円</td><td rowspan="3">1リットル当たり
4.90円</td></tr>
<tr><td>旅客保安サービス料
(PSSC)</td></tr>
<tr><td>〈第1ターミナルビル〉
出国旅客及び乗り継ぎ旅客について1人当たり　320円
〈第2ターミナルビル〉
出国旅客及び乗り継ぎ旅客について1人当たり　320円</td></tr>
<tr><td>小型機90分、大型機（複数通路機）150分、貨物便＆リモートスポット使用便360分までは無料

オンピーク：7：00–11：29/18:00–20:59、オフピーク：6：00–6：59/11：30–17：59/21：00–21：59、深夜早朝：22：00–5：59</td><td>国賓等は免除</td><td></td></tr>
</table>

《参　考》

使用料の種類	着陸料
大阪国際空港	（以下参照）

大阪国際空港　着陸料

1）下表の航空機が、他人の需要に応じ、有償で旅客の運送を行う場合は、着陸1回ごとに下表の額とする。

型　式	金　額	型　式	金　額
ボーイング式777-200	454,896	エアバス・インダストリー式A350-900	405,965
ボーイング式777-300	645,425	エアバス・インダストリー式A321neo	140,427
ボーイング式777-300ER	549,062	エアバス・インダストリー式A321	161,041
ボーイング式787-8	277,373	エアバス・インダストリー式A320neo	110,931
ボーイング式787-9	368,149	エアバス・インダストリー式A320-200	139,428
ボーイング式767-300	315,845	ボンバルディア式CL-600-2C10	46,611
ボーイング式737-400	159,346	ボンバルディア式CL-600-2C10	26,640
ボーイング式737-500	146,671	エンブラエル式ERJ190	61,515
ボーイング式737-700	101,416	エンブラエル式ERJ170	49,095
ボーイング式737-800	140,171		

型　式	金　額	型　式	金　額
ボンバルディア式DHC-8-402	12,843	ATR式72-600	9,657
ボンバルディア式DHC-8-314	7,533	ATR式42-600	7,533
ボンバルディア式DHC-8-103	5,409	サーブ式SAAB340B	4,347

2）1）以外の機材

【ターボジェット機】

(a) 25トン以下	1トン当たり	950円
26～100トン	〃	1,380円
101～200トン	〃	1,650円
201トン以上	〃	1,800円

【その他の航空機】

6トン以下	一律	700円
7トン以上	1トン当たり	590円

・ターボジェット機の着陸1回毎に、左の (a) と (b) の合計額。
・(a) については、航空機の重量を各級分して順次に各料金率を適用して計算して得た金額の合計額。
(b) 3,400円×（騒音値－83）EPNdB
・その他の航空機の着陸1回毎に、航空機の重量をそれぞれ左の各級に区分して、順次に各料金率を適用して計算して得た金額の合計額。

ただし、上記計算方法により得た金額が3,500円（回転翼航空機にあっては2,000円）に満たないときは、3,500円（回転翼航空機にあっては2,000円）とする。（※）

(注) 以下の場合には、着陸料の割引がある。

①離島発の航空機のうち、下表の航空機が、他人の需要に応じ、有償で旅客の運送を行う場合は、着陸1回ごとに下表の額とする。

型　式	金　額	型　式	金　額
ボーイング式777-200	160,234	ボーイング式737-700	39,783
ボーイング式777-300	254,575	ボーイング式737-800	58,969
ボーイング式777-300ER	165,012	エアバス・インダストリー式A350-900	148,528
ボーイング式787-8	99,806	エアバス・インダストリー式A321neo	60,394
ボーイング式787-9	144,799	エアバス・インダストリー式A321	68,454
ボーイング式767-300	121,328	エアバス・インダストリー式A320neo	46,898
ボーイング式737-400	64,572	エアバス・インダストリー式A320-200	60,776
ボーイング式737-500	60,481		

②沖縄発の航空機のうち、下表の航空機が、他人の需要に応じ、有償で旅客の運送を行う場合は、着陸1回ごとに下表の額とする。

型　式	金　額	型　式	金　額
ボーイング式777-200	395,964	ボーイング式737-700	89,089
ボーイング式777-300	567,255	ボーイング式737-800	123,931
ボーイング式777-300ER	472,252	エアバス・インダストリー式A350-900	354,478
ボーイング式787-8	241,860	エアバス・インダストリー式A321neo	124,420
ボーイング式787-9	323,479	エアバス・インダストリー式A321	142,524
ボーイング式767-300	276,942	エアバス・インダストリー式A320neo	98,124
ボーイング式737-400	140,391	エアバス・インダストリー式A320-200	123,698
ボーイング式737-500	129,433		

③①及び②以外の航空機で、以下に該当する航空機は、1）及び2）により計算して得た金額に各軽減率を乗じた金額とする。

・離島発：ターボジェット機…2/3（1/ 6）
　その他の航空機　…1/4（1/ 8）
　（うち、6トン以下の航空機）…1/8（1/16）

・沖縄発：ターボジェット機…5/6（1/ 6）
　その他の航空機　…1/2（1/ 8）
　（うち、6トン以下の航空機）…1/4（1/16）

※（　）の軽減率は、他人の需要に応じ、有償で旅客又は貨物の運送を行うもの。

停　留　料	旅客サービス施設使用料（PSFC）	保　安　料
停留24時間ごとに航空機の重量を各級に区分して、順次に各料金率を適用して得た金額の合計額。(3時間未満は無料) 1）23トン以下の航空機 3トン以下　一律810円 4～6トン　一律810円 7～23トン　30円/トン 2）24トン以上の航空機 25トン以下　90円/トン 26～100トン　80円/トン 101トン以上　70円/トン	［国内線］ 出発/到着旅客について 1人当たり　340円 ただし、年齢が3歳以上12歳未満であることが確認できる場合は　170円	(1) 他人の需要に応じ、旅客の運送を行う航空機（ジェット機に限る） 離陸1回につき 有償旅客数 96円/人（税抜） (2) 他人の需要に応じ、貨物の運送を行う航空機（ジェット機に限る） 離陸1回につき 有償貨物量 287円/トン （税抜） （旅客手荷物、超過手荷物、郵便物は除く）

《参　考》

<table>
<tr><td>使用料の種類</td><td>着陸料（特別着陸料相当を含む）</td></tr>
<tr><td>中部国際空港</td><td>トン：重量（最大離陸重量）

【ジェット機】
1トン当たり　1,660円
ただし、計算して得た金額が33,000円に満たない場合は、33,000円とする。

【ジェット機以外の航空機】
6トン以下　一律　700円
7トン以上　トン当たり　590円
・ジェット機以外の航空機の着陸1回毎に、航空機の重量をそれぞれ左の各級に区分して順次に各料金率を適用して計算して得た金額の合計額

ただし、計算して得た金額が3,500円（回転翼航空機にあっては2,000円）に満たない場合は、3,500円（回転翼航空機にあっては2,000円）とする。

（注）以下の場合には着陸料の割引がある。
沖縄島及び離島就航機について
・沖縄島：ジェット機 ……………………………………… 5/6に減額
ジェット機以外の航空機 …………………… 1/2に減額
・離　島：ジェット機 ………………………………2/3(1/6)に減額
（沖縄島を除く）ジェット機以外の航空機 ……………1/4(1/8)に減額
※(　)は、他人の需要に応じ、有償で旅客又は貨物の運送を行うもの
ジェット機以外の航空機であって、他人の需要に応じ、有償で旅客又は貨物の運送を行うもの …………………………7/10に減額</td></tr>
</table>

《参　考》

令和4年4月1日現在

停　留　料	旅客サービス 施設使用料（PSFC）	給油施設使用料 （ハイドランド施設使用料を含む。）
1トン当り 6時間未満／ 無料 6時間以降24時間毎／ 200円	〈第1ターミナルビル〉 ［国際線］ 出国旅客について 1人当たり　2,620円 ただし、小児用割引航空券を使用する場合は 1,310円 ［国内線］ 出発・到着旅客について 1人当たり　440円 ただし、小児用割引航空券を使用する場合は 220円 〈第2ターミナルビル〉 ［国際線］ 出国旅客について 1人当たり　1,300円 ただし、小児用割引航空券を使用する場合は 650円 ［国内線］ 出発・到着旅客について 1人当たり　380円 ただし、小児用割引航空券を使用する場合は 190円	1リットル当り 3.39円
	旅客保安サービス料 （PSSC）	
	〈第1ターミナルビル〉 出国旅客について 1人当たり　350円 〈第2ターミナルビル〉 出国旅客について 1人当たり　350円	

《参　考》

主要機種別着陸料

(1) 国内線（本則料金（50t以下の機材はさらに4/5（20t以下の機材については7/10）））（令和5年4月1日現在）

機種		重量（最大離陸重量）トン	騒音値 EPNdB	旅客数 人	着陸料 円
ボーイング式	777-200型	203	93	263	318,040
ボーイング式	787-8型	173	89	217	254,760
ボーイング式	767-300型	131	93	175	223,000
ボーイング式	737-800型	71	91	108	104,960
エアバス式	A320-200型	67	91	107	104,240
エンブラエル式	ERJ170-100STD型	35	88	49	41,824
ボンバルディア式	DHC-8-402	29	—	—	11,416
ATR式	ATR46型	19	—	—	5,859

(2) 国際線（本則料金）

機種		重量（最大離陸重量）トン	騒音値 EPNdB	着陸料 円
ボーイング式	777-300ER型	349	97	978,800
ボーイング式	777-200型	268	94	718,800
エアバス式	A330-300型	230	96	642,200
ボーイング式	767-300型	157	92	426,200
ボーイング式	737-800型	80	92	226,000
エアバス式	A320型	79	88	215,400

（注）(1) 最大離陸重量及び騒音値は、それぞれの標準的な仕様のものである。旅客数は、それぞれ標準的な仕様のもので座席利用率が65％程度の場合。

(2) 上記の着陸料は、国内線、国際線ともに東京国際空港に着陸する際の本則料金（国内線については、50t以下の機材は4/5（20t以下の機材については7/10））である。

(3) 沖縄島及び離島の就航路線については、「空港使用料」(P302) の（注）(2) に掲げる軽減の着陸料となる。

(4) 着陸料には消費税は含んでいない。

航行援助施設利用料

1. 最大離陸重量が15tを超える航空機（航空運送事業の許可を受けた者及び国際航空に従事するものに限る）（飛行1回あたり）
   - 有償で旅客の国内運送を行う航空機：以下（1）および（2）の合計額。
   - 上記以外の航空機：以下（1）から（3）の合計額。

   飛行1回とは
   - 国内において離陸し、及び着陸するまでの飛行を1回（国内飛行）
   - 国外において離陸し、国内において着陸するまでの飛行及び国内において離陸し、国外において着陸するまでの飛行それぞれを1回（国際飛行）
   - 日本の管轄する飛行情報区を通過する飛行を1回（上空通過）

(1) 空港料金
   - 有償で旅客の国内運送を行う航空機

空港グループ単価×（有償旅客数）

     有償旅客数については、一ヶ月間の座席利用率が70%を超える場合には70%に相当する旅客数（100tを超える航空機においては、75%を超える場合には75%に相当する旅客数）とする。
   - 上記以外の航空機

空港グループ単価×（最大離陸重量／50）$^{0.7}$

     上限：最大離陸重量＝250t

《参　考》

空港グループ単価

グループ	空港	グループ単価（円）	
		国内旅客	その他
G1	東京国際	424	38,800
G2	成田国際、中部国際、関西国際、大阪国際、福岡、那覇	187	17,100
G3	新千歳、旭川、釧路、帯広、函館、仙台、秋田、新潟、広島、高松、松山、高知、北九州、長崎、熊本、大分、宮崎、鹿児島、女満別、青森、富山、神戸、岡山、宮古、新石垣、札幌、小松、徳島、名古屋	40	3,700
G4	稚内、山形、山口宇部、利尻、礼文、奥尻、中標津、紋別、花巻、大館能代、庄内、福島、大島、新島、神津島、三宅島、八丈島、佐渡、能登、福井、松本、静岡、南紀白浜、鳥取、隠岐、出雲、石見、佐賀、対馬、小値賀、福江、上五島、壱岐、種子島、屋久島、奄美、喜界、徳之島、沖永良部、与論、粟国、久米島、慶良間、南大東、北大東、伊江島、下地島、多良間、波照間、与那国、三沢、百里、美保、岩国、八尾、但馬、天草	5	470

(2)　航空路（陸上空域）料金

・有償で旅客の国内運送を行う航空機

52×（飛行距離－Akm）／100×（有償旅客数）

有償旅客数については、一ヶ月間の座席利用率が70%を超える場合には70%に相当する旅客数（100tを超える航空機においては、75%を超える場合には75%に相当する旅客数）とする。

上限：距離上限(飛行距離－Akm)＝1,000km

・上記以外の航空機

5,300×（飛行距離－Akm）／100×（最大離陸重量／50）$^{0.5}$

上限：最大離陸重量＝250t、距離上限（飛行距離－Akm）＝1,000km

・陸上空域とはQNH適用区域及びその直上空域である。その飛行距離は、陸上空域における1）飛行経路とQNH適用区域境界点との交点間、及び2）当該交点と空港標点間を結ぶ大圏距離で計算する。

・1回の飛行で航空路（陸上空域）を複数回飛行した場合は、その合計距離とする。

・国内飛行（2空港利用）の場合はA＝18.52、国際飛行（1空港利用）の場合はA=9.26とする。

(3) 航空路（洋上空域）料金

13,000円（データリンク対応機）、18,000円（データリンク非対応機）

・洋上空域とは、日本の管轄する飛行情報区のうち陸上空域以外の空域である。

・1回の飛行で航空路（洋上空域）を複数回飛行した場合は、その飛行回数は1回として取り扱う。

・データリンク対応機とは、管制官とパイロットの間の通信手段としてデータリンクを利用する航空機をいう。

2. 上記1.以外の航空機（着陸1回あたり）：120円

（注）(1) 航行援助施設利用料は、航空機の航行を援助するための施設の整備・維持運営に要する費用の対価として航空機の使用者から徴収するもの。

(2) QNH適用区域とは日本の飛行情報区のうち平均海面上大気圧による高度計規正値が適用される空域をいう。

《参　考》

国内主要路線の主要航空機の航行援助施設利用料

機　種	座席数	路線 東京～大阪 405km	 東京～新千歳 820km	 東京～福岡 883km	 東京～那覇 1,553km
		円	円	円	円
ボーイング式777-300型	514	271,195	294,181	354,239	62,977
ボーイング式777-200型	405	213,685	231,796	279,118	49,622
ボーイング式787-8型	335	176,752	191,733	230,875	41,045
ボーイング式767-300型	270	142,456	154,531	186,079	33,081
ボーイング式737-800型	166	87,584	95,008	114,404	20,339
エアバス式A320-200型	146	77,032	83,561	100,620	17,888
エンブラエル式ERJ170-100STD型	76	40,098	43,497	52,377	9,311
ボンバルディア式CL-600-2C10(CRJ700)型	70	36,933	40,063	48,242	8,576

(注)　(1) 座席数は標準的な仕様のものである。
(2) 座席利用率が65％の場合の額。
(3) 旅客便1便あたりの額。
(4) 那覇への運航については軽減後の額。
(5) 消費税は含んでいない。

世界主要空港の国際線空港利用料

(1) ①世界主要空港の空港利用料金（国際線：旅客1人あたり）

（令和5年4月1日現在）

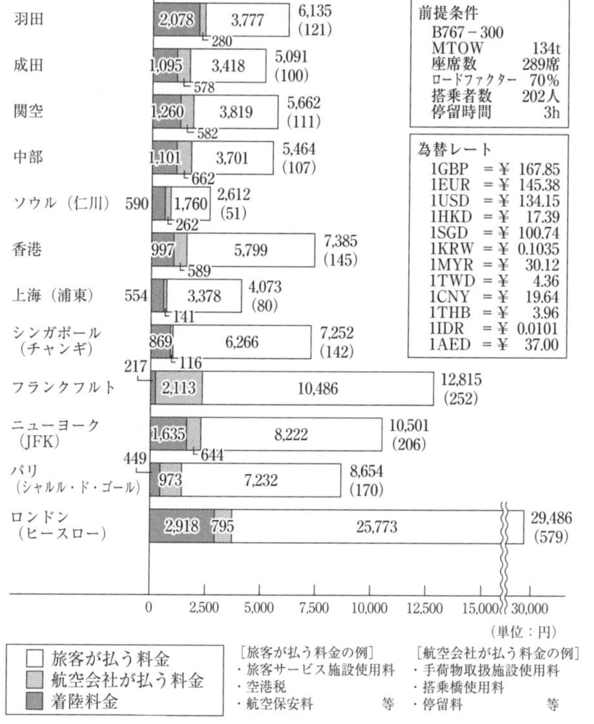

※ (1) IATA ACIC REPORT (2023) で航空会社、旅客が支払うとされているもの等を基に作成。これ以外に、別途、税金等が課されている場合があり得る。

(2) (　) は成田を100とする指数。

(3) 羽田、成田、関空、中部は、「旅客が払う料金」中に国際観光旅客税（1,000円）を含む。

《参　考》

②世界主要空港の空港利用料金比較（国内線：旅客1人あたり）

（令和5年4月1日現在）

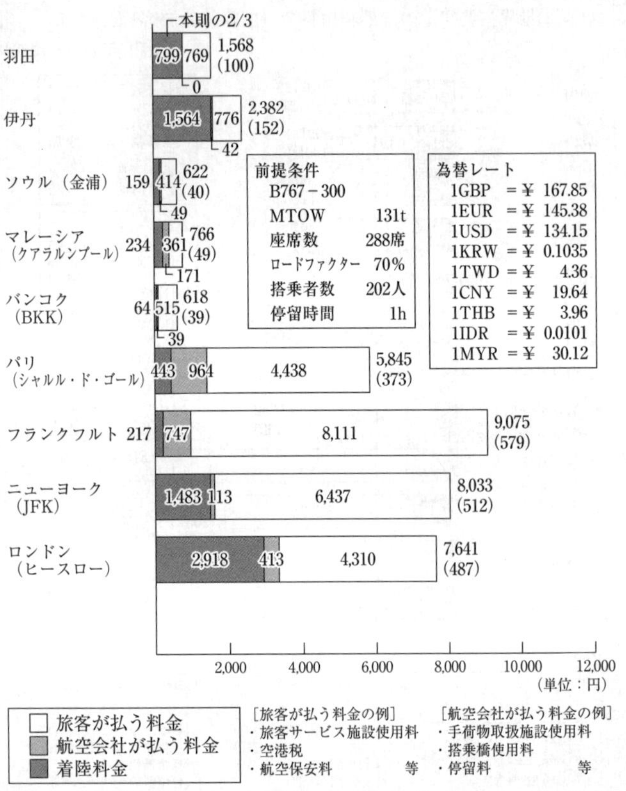

□ 旅客が払う料金
■ 航空会社が払う料金
■ 着陸料金

［旅客が払う料金の例］
・旅客サービス施設使用料
・空港税
・航空保安料　等

［航空会社が払う料金の例］
・手荷物取扱施設使用料
・搭乗橋使用料
・停留料　等

※ (1) IATA ACIC REPORT (2023) で航空会社、旅客が支払うとされているもの等を基に作成。これ以外に、別途、税金等が課されている場合があり得る。

(2) (　) は羽田を100とする指数。

損害賠償限度額の推移

令和5年4月1日現在

年	月	国内			国際			参考
		旅客	手荷物	貨物	旅客	手荷物	貨物	
26	10	100万円	7万円/ 1人 3万円/ 1個	3万円/ 1個				
29	2				12万5,000金フラン	(持込 手荷物) 5,000金 フラン	250金 フラン	ワルソー条約 批准 (28.5)
29	6		5万円/ 1人			(受託 手荷物) 250金 フラン		
33	10		15万円/ 1人					
36	4	300万円						
41	6				米国を発地、着地又は予定寄航地とする場合のみ、7万5,000ドル			モントリオール協定 (航空企業間協定) 締結(41.5)
42	11	600万円			上記以外25万金フラン			ヘーグ議定書 批准(42.8)
								グアテマラ議 定書(46.3) 旅客 150万金フラン 〔未発効〕
50	4	2,300 万円						モントリオール 第三議定書 (50.9) 旅客 10万S.D.R. 〔未発効〕
51	4				米国を発地、着地又は予定寄航地とする場合以外も7万5,000ドル			
56	8				10万S.D.R.			モントリオール 第四議定書 (50.9)
57	4	限度額 撤廃					17S.D.R./kg	貨物 17S.D.R./kg 〔H12.6批准〕
H4	11				限度額撤廃			
H13	5							モントリオール条約 批准(H12.6)
H21	12					*1000S.D.R./1人 1131S.D.R./1人	19S.D.R./kg	モントリオール条約 改正(H.21.12)
R1	12					1288S.D.R./1人	22S.D.R./kg	モントリオール条約 改正(R.1.12)

(注)　(1) 日本航空株式会社運送約款による賠償限度額

(2) 1金フランとは純分900/1000の金65.5mgに相当する金額(フランス金フラン)で、純金1オンス＝42.22ドルとすると1金フラン＝0.08ドル。

(3) 1S.D.R.＝約172円(R4.5.20現在)

(4) 手荷物、貨物については、価格申告がなされた場合には申告価格が賠償限度額となる。

《参　考》

我が国航空機に係るハイジャック等一覧表

番号	発生日・機種	事件の概要	搭乗者
1	S45. 3.31 B727 よど号事件	日航351便（東京→福岡）は、7時30分頃名古屋上空で日本刀、鉄パイプ爆弾等を持った赤軍派9人に奪取された。「北朝鮮へ行け。」と要求されたが、燃料がなく福岡空港に着陸し、乗客の一部を降ろした後、ソウル金甫空港に着陸した。残りの乗客、スチュワーデスと引き換えに現地に急派された山村運輸政務次官が搭乗し、犯人の要求どおり北朝鮮に向かい、平壌美林飛行場に着陸した。	乗客 131名 乗員 7名 合計 138名
2	S45. 8.19 B727 あかしや号事件	全日空175便（名古屋→札幌）は、16時50分頃名古屋上空でモデルガンを持った男に奪取された。操縦室に侵入し、「浜松に降りろ。ライフル銃とガソリンを用意しろ。」と要求され、航空自衛隊浜松基地に着陸した。犯人逮捕。	乗客 75名 乗員 6名 合計 81名
3	S46. 5.13 YS-11	全日空801便（東京→仙台）は、7時40分頃東京湾上空で、ビニール電線を爆弾に擬した男に奪取された。「平壌に行け。」と要求されたが、東京国際空港に緊急着陸した。犯人逮捕。	乗客 49名 乗員 3名 合計 52名
4	S46. 12.19 F27	全日空758便（福井→東京）が、14時5分頃東京国際空港に着陸するため高度を下げていたところ、後部トイレに放火した男が、この消火活動のすきに操縦室に入り込み、機長にナイフで切りつけた。犯人は機長ともみ合ううちに自殺を図るなどしたが、取り押さえられた。犯人は、逮捕後死亡。自殺が目的とみられている。	乗客 14名 乗員 3名 合計 17名

番号	発生日・機　　種	事　件　の　概　要	搭乗者
5	S47.11. 6 B727	日航351便（東京→福岡）は、8時5分頃名古屋上空でけん銃、手製爆弾を持った男に奪取された。「キューバへ政治亡命する。政治資金として200万ドル要求する。」と脅迫され、東京国際空港に着陸した。犯人は、代替機DC-8に乗り換えた直後に逮捕された。	乗客 121名 乗員 6名 合計 127名
6	S48. 7.10	犯人は、東京エアーランズ株式会社のヘリコプターをチャーターしたうえ、操縦士に暴行脅迫を加えて運航を支配し、同日前橋市で開催される日教組大会会場周辺に多数の発煙筒やビラを投下するため、東京ヘリポートに発煙筒、ビラ、果物ナイフなどを携行して現れ、ヘリコプターに搭乗しようとしたところを航空機の運航を支配する罪の予備で逮捕された。	
※ 7	S48. 7.20 B747 ドバイ事件	日航北回り404便（パリ→アムステルダム→アンカレッジ→東京）は、アムステルダムを離陸後の23時55分頃、けん銃、鉄パイプ爆弾で武装し、操縦室に乱入した日本赤軍（1人）とパレスチナ・ゲリラ（1人）に奪取された。イタリア、ギリシア、レバノン、シリアの上空を経て、アラブ首長国連邦のドバイ空港に着陸した。21日から24日まで滞港、佐藤運輸政務次官らの説得に応ぜず、同空港を離陸。ダマスカス空港で燃料を補給した後、リビアのベンガジ空港に着陸。乗客・乗員全員が機外へ脱出した後、犯人の手で同機は爆破。犯人（1名は機中で爆死）はリビア政府に逮捕された。	乗客 123名 乗員 22名 合計 145名

《参　考》

番号	発生日・機　種	事　件　の　概　要	搭乗者
8	S49. 3.12 B747-SR	日航903便（東京→那覇）は、13時20分頃沖永良部上空で、鞄の中身を爆弾に擬した少年に奪取された。「那覇空港で給油のうえ東京へ引き返せ。」と要求され、那覇空港に着陸した。さらに金銭、ロープ、パラシュート等を要求。婦女子・病人等を釈放した後、犯人逮捕。	乗客 409名 乗員 17名 合計 426名
9	S49. 7.15 DC-8	日航124便（大阪→東京）は、20時30分頃知多半島河和上空で登山ナイフを持った男に奪取された。「元赤軍派議長を釈放し、北朝鮮へ行け。」と要求され、東京国際空港に着陸した。その後、同空港を離陸し燃料補給のため名古屋空港に着陸した。スチュワーデスの機転により乗客が後部脱出口より脱出した後、犯人逮捕。思想的背景なし。	乗客 76名 乗員 8名 合計 84名
10	S49. 11.23 B727	全日空72便（札幌→東京）が、21時45分頃大子上空で、操縦室のドアを開け、模擬ダイナマイトを持った少年に奪取されかかったが、乗員が取り押さえた。	乗客 21名 乗員 7名 合計 28名
11	S50. 4. 9 B747-SR	日航514便（札幌→東京）は、16時57分頃東京国際空港滑走路を着陸のため走行中、乗員がけん銃を持った男に脅された。滑走路南端で乗客全員が無事降機した後、犯人逮捕。逮捕の際、けん銃発射。	乗客 200名 乗員 15名 合計 215名
12	S50. 7.28 L1011	全日空63便（東京→札幌）は、15時45分頃松島上空で凶器を所持しているがごとく装った少年に奪取され、東京国際空港に緊急着陸した。犯人逮捕。	乗客 275名 乗員 11名 合計 286名

番号	発生日・機　種	事件の概要	搭乗者
※13	S51. 1. 5 DC-8	日航768便（バンコク→マニラ→大阪→東京）は、マニラ空港寄航中，けん銃を持って同機に侵入した男（2人）に奪取された。乗客は半分程搭乗しており、「東京行き」を要求されたが、説得の結果、降機、逮捕された。航空機を利用した特殊人質事件とされている。	乗客 211名 乗員 12名 合計 223名
14	S52. 3.17 B727	全日空724便（札幌→仙台）は、13時05分頃函館上空付近で、ナイフを持った男に奪取されかかったが、乗客に取り押さえられた。函館空港に緊急着陸。	乗客 36名 乗員 7名 合計 43名
15	S52. 3.17 B727	全日空817便（東京→仙台）は、18時34分頃東京国際空港上空で、模造けん銃を持った男に奪取され、東京国際空港に緊急着陸した。犯人は、「東京—仙台間を燃料がある限り飛べ。」と要求。その後機内で服毒自殺を図り、逮捕後死亡。	乗客 173名 乗員 7名 合計 180名
※16	S52. 9.28 DC-8 ダッカ事件	日航南回り472便（パリ→カラチ→ボンベイ→バンコク→東京）は、ボンベイを離陸後の10時45分頃、けん銃及び手りゅう弾で武装した日本赤軍（5人）に奪取され、バングラディッシュ国ダッカ空港に着陸した。犯人は、「日本に拘禁中の奥平純三ら9人の釈放と現金600万ドル」を要求。政府は、石井運輸政務次官らを急派するとともに、奥平ら6人と600万ドルをダッカに移送し、人質の乗客大半と交換。犯人は、ダッカを離陸し、クウェート、シリアを経て、アルジェリア国ダル・エル・ベイダ空港に着陸。アルジェリア政府に投降。	乗客 142名 乗員 14名 合計 156名

《参　考》

番号	発生日・機　　種	事　件　の　概　要	搭乗者
17	S54.11.23 DC-10	日航112便（大阪→東京）は、12時25分頃浜松市上空で栓抜き（航空機ギャレイにあったもの）を持った男に奪取され、「ロシアへ行け。」などと要求され、新東京国際空港に緊急着陸した。給油中、機長らに取り押さえられた。	乗客 345名 乗員 11名 合計 356名
18	H7. 6.21 B747-SR	全日空857便（東京→函館）は、山形市付近上空を飛行中、アイスピック状のドライバー、サリンに見せかけた液体入りの袋及びプラスティック爆弾に見せかけた粘土を持った男に奪取された。犯人は、函館空港に着陸後に燃料を補給して東京へ戻るよう要求したが、着陸から15時間後、警官隊が機内に突入して犯人を逮捕した。	乗客 350名 乗員 15名 合計 365名
19	H9. 1.20 B777	全日空217便（大阪→福岡）は、宇部市上空付近を飛行中、包丁を持った男に奪取された。犯人は外国に行くことを示唆したが、福岡空港に着陸後、乗客を降機させ、自分も降機したところを警察官に逮捕された。	乗客 182名 乗員 10名 合計 192名
20	H11. 7.23 B747-400	全日空61便（東京→新千歳）が離陸直後にナイフを持った男に奪取された。犯人は、機長に対し操縦を代わるよう要求したが、受け入れられなかったため刺殺した。その後、副操縦士等に取り押さえられ、東京国際空港に着陸後、警察に引き渡された。	乗客 503名 乗員 14名 合計 517名

（注）(1) 乗客のうちには幼児も含めている。
(2) ※は国外で発生した事件である。
(3) 4、6及び13の事件は、航空機の奪取等の処罰に関する法律の「航空機の奪取等（予備罪は除く。）」には該当しなかったものである。

（参考）

発生日・機種	事件の概要	搭乗者
H1.12.16 B747	中国民航981便（北京→上海→サンフランシスコ→ニューヨーク）が、北京から上海に向かう途中ハイジャックされソウルへ行くよう要求されたが、韓国側に拒否され福岡空港に着陸した。犯人は中国人で、着陸後まもなく後部ドアから乗員に突き落とされ病院に収容された。	乗客 200名 乗員 23名 合計 223名

我が国に係る航空機爆破等事件の概要

発生年月日	対象機	事件の概要
S53.10. 1	東亜国内航空 325便 熊本→東京	離陸後、機内で焼身自殺未遂事件が発生。犯人は元薬品会社社員で、当日、妻・子供2名とともに搭乗、床下にベンジンを撒き火をつけ、機内火災を発生させ自殺を図った。客室乗務員が消火器を使用し消火、大事には至らなかったが当該機は、大分空港に緊急着陸した。
S57. 7.13	日本航空 006便 成田→ アンカレッジ	離陸直後、米国籍男性がマッチを用いて洗面所に放火。乗務員がこの男を取り押さえ、火を消し止めたので被害はなく、当該機は成田空港に引き返した。
S57. 8.12	パン・アメリカン航空 830便 成田→ ホノルル	ホノルル空港に進入中、高度約28,000ft付近で後部座席右側付近で爆発。死亡者1名、負傷者15名、当該機は運航に支障なく、ホノルル空港に着陸した。爆発物は、ニトロベタンを使用した衝撃爆弾とされる。

《参　考》

発生年月日	対象機	事件の概要
S58. 1. 8	大韓航空 007便 アンカレッジ →ソウル	当該機は、アンカレッジの管制当局から「乗客の一人が爆発物を所持している。」との通報を受け、成田空港に緊急着陸した。容疑者は、乗客のカナダ国籍男性で、自分で脅迫状を出したものであり機内から爆発物は発見されなかった。
S60. 6.23	カナダ太平洋 航空　003便 バンクーバー →成田	成田空港に到着したカナダ太平洋航空機が受託手荷物を取り降ろしていたところ爆発した。これにより、作業をしていた2名が死亡。4名が負傷した。
S61.10.26	タイ国際航空 620便 マニラ→大阪	室戸岬上空付近を航行中、機内で爆発が発生。機体後部を損傷したため大阪国際空港に緊急着陸した。日本国籍男性の一人が不法に機内に持ち込んだ手りゅう弾が爆発したものとみられる。
H6.12.11	フィリピン航空 424便 マニラ→セブ →成田	成田に向けて南大東島付近上空を飛行中、機体中央部右側の座席下付近で爆発物が爆発し、那覇空港に緊急着陸した。これにより、爆発箇所付近の座席の乗客1名が死亡、10名が負傷した。

我が国の航空界の歩み

T 9. 8　陸軍省に航空局設置
12. 4　航空局、陸軍省から逓信省に移管
S 25. 6　連合総司令部の覚書により、国内航空運送事業の運営許可
12　電気通信省から航空保安庁を運輸省に移管、航空庁（外局）と改称
26. 1　GHQ、日本資本による国内航空事業を許可
10　（旧）日本航空、ノースウェスト航空に委託して戦後初の国内民間航空営業開始
27. 4　（旧）日本航空機「もく星号」三原山に墜落
7　航空法公布
羽田飛行場返還、東京国際空港と改称
8　航空庁、運輸省の内局となり航空局となる
日米航空協定調印
10　（旧）日本航空、「DC-4」による自主運航開始
28. 7　航空機抵当法公布
8　日本航空株式会社法公布
9　（旧）日本航空、国際民間航空輸送協会（IATA）に加入
10　（新）日本航空株式会社設立
我が国、国際民間航空条約に加盟、国際民間公住機関（ICAO）に加入
29. 2　我が国民間航空戦後初の国際線（サンフランシスコ線）開設
7　航空大学校設置
30. 5　東京国際空港ターミナルビル落成
31. 4　空港整備法公布
33. 3　伊丹飛行場返還、大阪空港と改称
6　東京国際空港全面返還
東京国際空港の航空交通管制権日本に返還
8　全日本空輸機「DC-3」下田沖に墜落
34. 7　我が国、航空交通管制業務の自主運営開始（米軍より全面返還）
11　我が国初のVOR大島に設置
35. 8　日本航空、初のジェット機「DC-8」サンフランシスコ線に就航
37. 8　国産中型航空機「YS-11」初飛行（名古屋空港）

《参　考》

39. 7　東京国際空港に空港監視レーダー（ASR）設置
9　羽田-浜松町間にモノレール開業
40. 2　箱根に我が国初の航空路監視レーダー（ARSR）設置
4　日本国内航空、「YS-11」国産機初の定期路線就航
6　新東京国際空港公団法公布
41. 2　全日本空輸「B-727」東京湾に墜落
3　カナダ太平洋航空機「DC-8」東京国際空港岸壁に墜落
英国海外航空機「B-707」富士山太郎坊付近に墜落
5　札幌、東京、福岡の3航空交通管制部設置
7　新東京国際空港公団設立
11　全日本空輸機「YS-11」松山空港沖に墜落
42. 3　日本航空、世界一周航路開設
7　航空保安職員研修所、附属機関となる
8　公共用飛行場周辺における航空機騒音による障害の防止等に関する法律公布
10　地方航空局設置（東京、大阪）
44. 3　第一次空港整備五箇年計画閣議決定
45. 3　赤軍派日本航空機「よど号」を乗っ取る
4　空港整備特別会計法公布
5　航空機の強取等の処罰に関する法律公布
6　航空機内で行われた犯罪その他のある種の行為に関する条約第13条の規定の実施に関する法律公布
12　飛行計画情報処理システム（FDP）東京航空交通管制部で運用開始
46. 5　航空保安職員研修所、航空保安大学校となる
7　東亜国内航空機YS-11「ばんだい号」函館北方横津岳に墜落
全日本空輸機「B-727」岩手県雫石町上空で自衛隊機と空中衝突し墜落
47. 3　第二次空港整備五箇年計画閣議決定
6　日本航空機「DC-8」ニューデリー郊外で墜落
11　日本航空機「DC-8」モスクワ付近で墜落
48. 7　日本赤軍による日本航空ジャンボ機ハイジャック事件発生
10　航空事故調査委員会設置法公布
49. 1　航空事故調査委員会設置
4　那覇航空交通管制部設置
大阪国際空港周辺整備機構設立

6　航空の危険を生じさせる行為等の処罰に関する法律公布
50. 5　世界初の本格的海上空港である長崎空港開港
11　大阪国際空港騒音訴訟、大阪高裁判決
51. 3　東京国際空港ターミナル管制情報処理システム（ARTS-J）運用開始
7　福岡空港周辺整備機構設立
10　第三次空港整備五箇年計画閣議決定
52. 9　日本航空機「DC-8」クアラルンプールで墜落
日本航空南回り欧州線　472便ボンベイを離陸後ハイジャックされる
10　航空路レーダー情報処理システム（RDP）東京航空交通管制部で運用開始
53. 3　新東京国際空港管制塔乱入事件
4　特定空港周辺航空機騒音対策特別措置法公布
5　新東京国際空港の安全確保に関する緊急措置法公布
新東京国際空港開港
56. 12　第四次空港整備五箇年計画閣議決定
大阪国際空港騒音訴訟最高裁大法廷判決
57. 2　日本航空機「DC-8」羽田沖に墜落
58. 9　大韓航空機墜落事件
59. 1　東京国際空港沖合展開事業着工
3　大阪国際空港騒音訴訟和解成立
6　関西国際空港株式会社法公布
10　関西国際空港株式会社設立
60. 8　日本航空ジャンボ機群馬県上野村山中に墜落
9　空港周辺整備機構設立
11　第五次空港整備五箇年計画閣議決定
61. 7　日米航空交渉決着、日本貨物航空太平洋便増便
62. 1　関西国際空港着工開始
4　我が国初の本格的都市間コミューター航空運航開始（大分—広島—松山間）
9　日本航空株式会社法を廃止する等の法律公布（日本航空の完全民営化）
63. 6　我が国初の本格的ヘリコミューター運航開始（羽田—成田間）
7　東京国際空港新A滑走路供用開始
新千歳空港供用開始

《参　考》

H元.12　日米航空交渉暫定合意
3. 2　成田空港発着枠をめぐる日米航空交渉が決着
11　第六次空港整備五箇年計画閣議決定
第1回成田空港問題シンポジウム開催
4.12　新東京国際空港第2旅客ターミナルビルの供用開始
5. 9　第15回成田空港問題シンポジウム終結
第1回成田空港問題円卓会議開催
東京国際空港西側ターミナル施設供用開始
6. 1　福岡空港騒音公害訴訟最高裁判決
4　名古屋空港において中華航空機墜落事故
新国際航空運賃制度導入
9　関西国際空港開港
10　成田空港問題円卓会議終結
7. 7　日米航空交渉閣僚級・次官級協議を開催、以遠権問題について決着
12　第七次空港整備五箇年計画閣議決定
成田空港に関し「今後の成田空港と地域の共生、空港整備、地域整備に関する基本的考え方」発表
9. 3　東京国際空港新C滑走路供用開始
12　第七次空港整備五箇年計画の2年延長閣議決定
我が国初の航空機の製造検査認定事業場開設
10. 3　中部国際空港の設置及び管理に関する法律公布
日米航空交渉最終合意
5　中部国際空港の設置及び管理に関する法律公布
9　スカイマークエアラインズが羽田－福岡路線に新規参入
12　成田空港に関し「地域と共生する空港づくり大綱」を地元の意見を踏まえた新たなとりまとめを発表
北海道国際航空が羽田—札幌路線に新規参入
11. 7　関西国際空港の2期事業着工
全日本空輸61便ハイジャック事件発生
10　空港処理容量検討委員会が最終報告を発表
全日本空輸がスターアライアンスに加盟
12　成田空港の暫定平行滑走路着工
12. 3　東京国際空港新B滑走路供用開始
7　大阪（関空・伊丹）—東京間シャトル便運航開始
8　中部国際空港着工開始

9　第1回首都圏第3空港調査検討会を開催
13. 1　国土交通省発足
日本航空907便ニアミス事故発生
2　東京国際空港の深夜早朝時間帯の国際便チャーター便運航開始
4　独立行政法人航空大学校発足
9　米国同時多発テロ事件発生
これに伴う航空保安強化措置を順次実施
10　航空・鉄道事故調査会設置
12　羽田再拡張がB滑走路平行案で決定
14. 4　成田空港の暫定平行滑走路供用開始
6　北海道国際航空が東京地裁に民事再生手続き開始の申立て
8　スカイネットアジア航空が、羽田—宮崎路線に新規参入
10　日本航空と日本エアシステムが、共同持株会社「日本航空システム」を設立し、経営統合
12　国際拠点空港に係る民営化の方針が閣議決定
財務大臣・国土交通大臣が関西国際空港二期事業の取扱い、新たな補給金制度の創設等について合意
15. 4　成田空港の夜間着陸禁止時間帯における羽田空港へのダイバートの受入れ可能に
8　「羽田空港再拡張事業の事業スキームについて」を発表
10　空港周辺整備機構独立行政法人化
11　羽田＝金浦チャーター運航開始
12　財務大臣・国土交通大臣が羽田空港再拡張事業の平成16年度からの事業化について合意
16. 2　第4回「羽田空港再拡張事業に関する協議会」を開催し、再拡張後の飛行ルート案を提示
3　「東京国際空港における緊急整備事業の円滑な推進に関する特別措置法」公布
4　成田国際空港株式会社創立（新東京国際空港公団の民営化）
5　羽田空港再拡張後の飛行ルート修正案を公表し、関係自治体と合意
6　羽田空港再拡張事業の入札実施方針の公表
7　佐賀空港貨物深夜便就航
羽田空港再拡張事業の入札公告を実施
9　関西国際空港開港10周年

《参　考》

「当面の羽田空港の望ましい利用の在り方に関する懇談会」報告書とりまとめ

17. 2　中部国際空港（セントレア）開港

3　運輸多目的衛星第1号打ち上げ成功

8　成田空港平行滑走路北伸案で整備着手

9　RVSMの国内空域への導入

10　福岡に航空交通管理センター（ATMセンター）設置

18. 2　管制情報処理システム（FDMS）を航空交通管理センターにて運用開始

運輸多目的衛星第2号打ち上げ成功

4　操縦士に対する航空英語能力証明制度の導入

5　横田空域返還に関する日米交渉スタート

6　日本航空がワンワールドに加盟

7　運輸多目的衛星第1号の航空通信サービス開始

9　横田空域の有効活用開始

成田空港平行滑走路の北伸による2,500m化着工

10　横田空域削減案の日米間合意

19. 7　航空情報センター運用開始

運輸多目的衛星（MTSAT）新2号による航空管制業務の開始

8　関西国際空港2本目滑走路供用開始

9　航空機の効率的な運航を確保するためのRNAV（広域航法）の本格導入

20. 6　「空港整備法」から「空港法」へ改称

12　「空港の設置及び管理に関する基本方針」を策定

21. 3　成田空港においてフェデラルエクスプレス機事故

4　航空安全情報管理・提供システム運用開始

10　成田空港平行滑走路の北伸による2,500m化完了

22. 1　日本航空が会社更生法の適用を申請

3　沖縄進入管制業務（嘉手納ラプコン）を米軍から航空局へ移管

「航空保安に関するアジア太平洋地域大臣会合（APAM-AVSEC)」を東京で開催し、アジア太平洋地域の航空保安強化に向け、共同宣言を採択

10　羽田空港D滑走路及び国際線地区の運用開始、国際定期便就航、日米オープンスカイ了解覚書署名

成田空港発着回数30万回地元合意

12　日本初の動力機による公開飛行成功から100年

23. 3　日本航空、更生手続の終結

東日本大震災により仙台空港が使用不能となるも、花巻・山形・福島の3空港が救援・代替輸送拠点としての役割を果たす

4　仙台空港の民航機が就航再開

5　「関西国際空港及び大阪国際空港の一体的かつ効率的な設置及び管理に関する法律」公布

10　成田空港において同時並行離着陸方式の導入

「空港の津波対策の方針」を策定

24. 3　ピーチアビエーションが関西―新千歳、関西―福岡路線に新規参入

成田国際空港ビジネスジェット専用ターミナル供用開始

4　新関西国際空港株式会社設立

7　関西国際空港及び大阪国際空港の経営統合

ジェットスター・ジャパンが成田―新千歳、成田―福岡路線に新規参入

8　エアアジア・ジャパンが成田―新千歳、成田―福岡路線に新規参入

9　日本航空が東京証券取引所へ再上場

10　関西国際空港第2ターミナル（LCC専用ターミナル）供用開始

12　岩国飛行場において48年ぶりに民間航空再開

25. 1　「B-787」の2件のバッテリー損傷事案（ボストン空港駐機中の発火、及び高松空港における重大インシデント）の発生を受け、耐空性改善通報を発行し、我が国航空会社に運航停止を指示

3　新石垣空港供用開始

成田空港の年間発着容量が27万回に拡大し、併せてオープンスカイを実現

成田空港の離着陸制限（カーフュー）の弾力的運用を開始

4　「B-787」のバッテリー改修後の運航再開を認める耐空性改善通報の発行及び航空会社に対する同型機の安全・安心の確保の要請

6　「民間の能力を活用した国管理空港等の運営等に関する法

律」公布
6　「B-787」の定期便運航再開
10　「民間の能力を活用した国管理空港等の運営等に関する基本方針」を策定
12　バニラ・エア（11月にエアアジア・ジャパンから称号変更）が成田-那覇、成田-台北に新規参入
26. 3　羽田空港国際線地区（旅客ターミナルビル、エプロン等）拡張部供用開始
中部国際空港ドリームリフター・オペレーションズ・センター本稼働
4　航空安全プログラム（SSP）施行
関西国際空港に「フェデックス北太平洋地区ハブ」が開設
7　航空安全情報自発報告制度（VOICES）運用開始
8　春秋航空日本が成田＝広島、成田＝高松、成田＝佐賀路線に新規参入
9　関西国際空港開港20周年
27. 1　スカイマークが民事再生法に基づく手続開始を申立て
2　中部国際空港（セントレア）開港10周年
3　成田空港の年間発着容量が30万回に拡大
4　成田空港第3旅客ターミナルビル供用開始
9　無人航空機の飛行の安全確保の基本的なルールを航空法に策定
我が国初の国産ジェット旅客機「MRJ」初飛行（名古屋飛行場）
28. 3　スカイマーク、再生手続の終結
4　関西国際空港・大阪国際空港　関西エアポート株式会社による運営開始
7　仙台空港　仙台国際空港株式会社による運営開始
中部国際空港ドリームリフター・オペレーションズ・センター2稼働
29. 1　関西国際空港第2ターミナル（国際線）供用開始
4　到着時免税店における携行品免税制度開始
8　準天頂衛星システム「みちびき3号機」の打ち上げ成功
10　エアアジア・ジャパンが中部—新千歳路線に新規参入
30. 3　成田空港第3滑走路の整備等の更なる機能強化に関する最終合意締結

4　高松空港　高松空港株式会社による運営開始
関西3空港一体運営開始（神戸空港　関西エアポート神戸株式会社による運営開始）
12　Honda Jet（ホンダジェット）に対する型式証明を実施
31. 3　航空局のパイロットによるMRJの飛行試験を開始
4　福岡空港　福岡国際空港株式会社による運営開始
R元. 6　「航空法及び運輸安全委員会設置法の一部を改正する法律」を公布
9　羽田空港における国際線発着枠を配分
中部国際空港第2ターミナル供用開始
2. 3　那覇空港第二滑走路供用開始
羽田空港における新飛行経路の運用開始
4　熊本空港　熊本国際空港株式会社による運営開始
3. 3　北海道内7空港　北海道エアポート株式会社による7空港一体の運営開始
7　広島空港　広島国際空港株式会社による運営開始
羽田空港　ビジネスジェット専用ゲート供用開始
10　国産　空飛ぶクルマの型式証明の申請受理
4. 4　「持続可能な航空燃料（SAF）の導入促進に向けた官民協議会」を設置
12　無人航空機の機体認証、無人航空機操縦者技能証明等の新制度の運用開始
5. 3　国内空域におけるCPDLC（管制官―パイロット間データ通信）の運用開始

《参　考》

成田・羽田空港の歴史

年代	羽田空港	成田空港
	1945年　GHQによる飛行場接収 1952年　GHQから大部分が日本に返還（東京国際空港に改称）	1966 年　「新東京国際空港の位置及び規模について」閣議決定
1970	1978年 5月　成田開港に伴い国内線専用空港へ	1970 年代～　反対闘争の激化 ―1971年　東峰十字路事件で警官3人死亡 ―1978年　極左暴力集団による管制塔襲撃 ―1988年　極左暴力集団が千葉県収用委員会会長襲撃、委員全員辞任 1978 年 5月　開港（滑走路1本(4,000m)）
1980	1988年 7月　沖合展開事業第Ⅰ期工事完成 新A滑走路供用開始	
1990	1993年 9月　沖合展開事業第Ⅱ期工事完成 第1旅客ターミナルビル供用開始 1997年 3月　新C滑走路供用開始 2000年 3月　新B滑走路供用開始	1991年　成田空港問題シンポジウム（1993年まで計15回開催） －対立構造を根本的に解決することが全ての基本であることを認識し、収用裁決申請を取り下げ 1993年　成田空港問題円卓会議（1994年まで計12回開催） －国側がB滑走路等を整備することは理解し、その用地の取得はあくまでも話し合いによること等を確認 1996年　2本目(暫定B)滑走路建設について地元合意 1998年　「地域と共生する空港づくり大綱」発表 －「地域と共生する空港」の実現に向けて、共生策、空港づくり、地域づくりを密接に関連させつつ進めていくことを確認
2000	2001年 2月　深夜早朝時間帯の国際旅客チャーター便運航開始 2001年 12月　国交省 4本目(D)滑走路の位置及び建設の決定 2002年 6月　2000年代後半までの国際定期便就航を閣議決定 2003年11月　昼間時間帯のソウル金浦への国際定期的旅客チャーター運航開始 2004年12月　第2旅客ターミナル　供用開始 2007年 9月　昼間時間帯の上海虹橋への国際定期的旅客チャーター運航開始 2009年 4月　昼間時間帯の北京への国際定期的旅客チャーター運航開始 2010年10月　4本目(D)滑走路供用開始　(2,500m)	2002年 4月　2本目(暫定B)滑走路供用開始(2,180m)　(年間20万回) 2004年 4月　成田国際空港株式会社創立(新東京国際空港公団の民営化) 2006年 3月　2本目(暫定B)滑走路の2,500m化について地元合意 2009年10月　2本目(暫定B)滑走路　2,500m供用開始 2010年 3月　年間22万回化 2010年 7月　成田新高速鉄道(成田スカイアクセス)開業 2010年 10月　年間30万回化について地元合意
2010	2013年 3月　国内線年間2万回増枠 2014年 3月　昼間時間帯の国際定期便拡大(昼間年間3万回増枠) 2014年 3月　国際線旅客ターミナルビル増設部供用開始 2020年 3月　新飛行経路の運用開始	2011年 10月　年間23.5万回化(同時平行離着陸方式導入) 2012年 3月　年間25万回化 2013年 3月　年間27万回化、オープンスカイ開始 2015年 3月　年間30万回化 2018年 3月　更なる機能強化(年間50万回化)について地元合意 2019年 10月　夜間飛行制限の緩和をA滑走路で先行実施 2019年 11月　基本計画を更なる機能強化の合意内容に沿って改定 2020年 1月　更なる機能強化に係る施設変更を許可

羽田空港の拡張の歴史

滑走路 300m
羽田三町
海老取川
1931
1931(昭和6)
東京飛行場を羽田に設置
(立川から移転)
滑走路 800m×2
1945
B滑走路 1676m
A滑走路 2133m
1952
1945(昭和20)
GHQによる飛行場接収
※羽田三町（羽田鈴木町・羽田江戸見町・羽田穴守町）に対し48時間以内の退去命令
1952(昭和27)
GHQから大部分が返還
東京国際空港に改称
1955(昭和30)
旧ターミナルビル供用開始
C滑走路 3150m
A滑走路 3000m
B滑走路 1570m
1964
1964(昭和39) 旧C滑走路供用開始（3,150m×60m）
B滑走路 2500m
C滑走路3150m
A滑走路 3000m
1971
1971(昭和46)
B滑走路延長（2,500m）
【沖合展開事業】
B滑走路 2500m
新A滑走路 3000m
C滑走路 3150m
1988
1988(昭和63)
沖合展開事業第Ⅰ期工事完成
新A滑走路供用開始
（3,000m×60m）
B滑走路 2500m
第1ターミナル
新A滑走路 3000m
C滑走路 3150m
1993
1993(平成5)
沖合展開事業第Ⅱ期工事完成
第1旅客ターミナルビル供用開始
1997(平成9)
新C滑走路供用開関（3,000m×60m）
2000(平成12)
新B滑走路供用開始（2,500m×60m）
新C滑走路 3000m
新B滑走路 2500m
第2ターミナル
第1ターミナル
新A滑走路 3000m
2004
2004(平成16)
第2旅客ターミナルビル供用開始
2007(平成19)
沖合展開事業第Ⅲ期工事概成
【再拡張事業以降】
C滑走路 3360m
D滑走路 2500m
第2旅客ターミナルビル
国際線施設
新国際線旅客ターミナルビル
2007(平成19)
再拡張事業（D滑走路）着手
2010(平成22)
新管制塔供用開始
D滑走路供用開始（2,500m×60m）
新国際線旅客ターミナルビル供用開始
2014(平成26)
国際線旅客ターミナルビル増設部供用開始
C滑走路延長(3,000m⇒3, 360m)供用開始
2020(令和2)
新飛行経路の導入・国際線3.9万回増枠
第2旅客ターミナルビル国際線施設供用開始
【空港アクセス鉄道整備事業】
京急空港線
羽田空港第1・第2ターミナル駅引上線
JR東日本
羽田空港アクセス線
羽田空港第２ターミナル駅
旧：羽田空港第2ビル駅（東京モノ）
羽田空港第1・第2ターミナル駅
旧：羽田空港駅（京急電鉄）
羽田空港国内線ターミナル駅（京急電鉄）
羽田空港第１ターミナル駅
旧：羽田空港駅（東京モノ）
羽田空港第1ビル駅（東京モノ）
新整備場駅
羽田空港第3ターミナル駅
旧：羽田空港国際線ターミナル駅（京急電鉄）
羽田空港第3ターミナル駅
旧：羽田空港国際線ビル駅（東京モノ）
天空橋駅
旧：羽田駅（東京モノ、京急電鉄）
1964(昭和39)
※駅名は現駅名で記載
東京モノレール　浜松町駅・天空橋駅間で運行を開始
1993(平成5)
東京モノレール　羽田空港第1ターミナル駅開業
京浜急行電鉄　天空橋駅開業
1998(平成10)
京浜急行電鉄　羽田空港第1・第2ターミナル駅まで運行開始
2004(平成16)
東京モノレール　羽田空港第2ターミナル駅開業
2010(平成16)
東京モノレール　羽田空港第3ターミナル駅開業
京浜急行電鉄　羽田空港第3ターミナル駅開業
2022(令和4)
京浜急行電鉄　羽田空港第1・第2ターミナル駅引上線工事に着手
2023(令和5)
東日本旅客鉄道　羽田空港アクセス線本格着工
京急空港線
羽田空港第1・第2ターミナル駅引上線
羽田空港第２ターミナル駅
JR東日本
羽田空港アクセス線
羽田空港第１・第2ターミナル駅

《参　考》

航空局関係組織定員

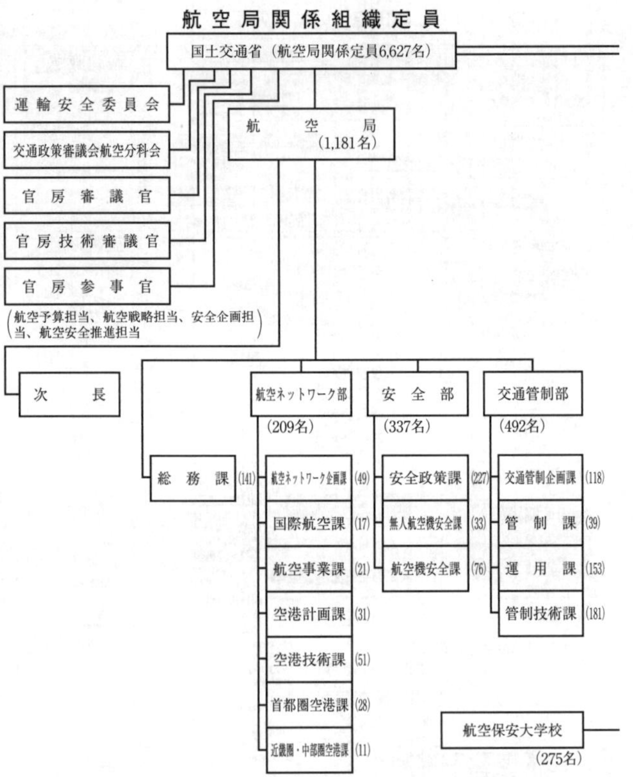

（令和5年3月31日現在）

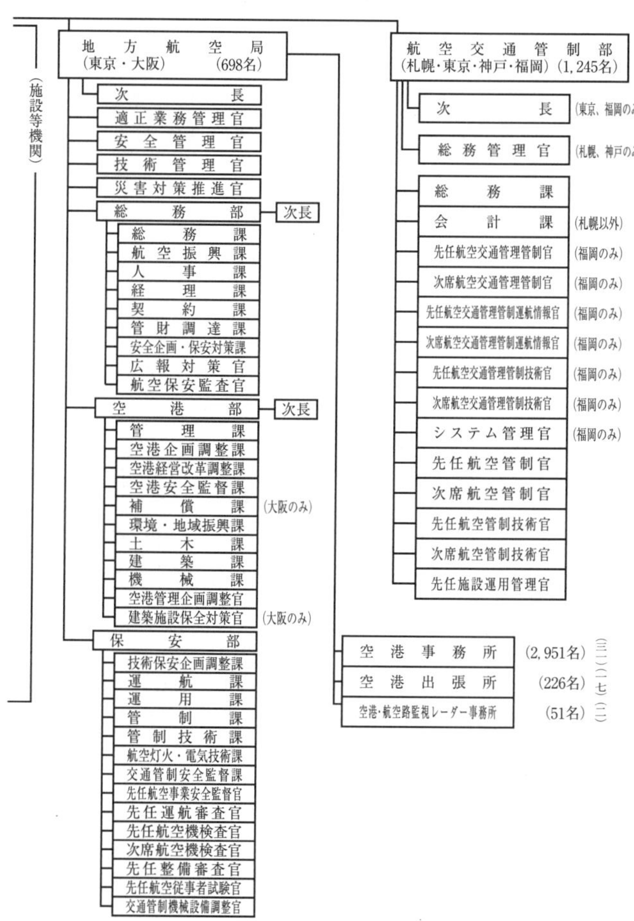
（施設等機関）
地方航空局
（東京・大阪）　（698名）
次長
適正業務管理官
安全管理官
技術管理官
災害対策推進官
総務部
次長
総務課
航空振興課
人事課
経理課
契約課
管財調達課
安全企画・保安対策課
広報対策官
航空保安監査官
空港部
次長
管理課
空港企画調整課
空港経営改革調整課
空港安全監督課
補償課
（大阪のみ）
環境・地域振興課
土木課
建築課
機械課
空港管理企画調整官
建築施設保全対策官
（大阪のみ）
保安部
技術保安企画調整課
運航課
運用課
管制課
管制技術課
航空灯火・電気技術課
交通管制安全監督課
先任航空事業安全監督官
先任運航審査官
先任航空機検査官
次席航空機検査官
先任整備審査官
先任航空従事者試験官
交通管制機械設備調整官
航空交通管制部
（札幌・東京・神戸・福岡）（1,245名）
次長
（東京、福岡のみ）
総務管理官
（札幌、神戸のみ）
総務課
会計課
（札幌以外）
先任航空交通管理管制官
（福岡のみ）
次席航空交通管理管制官
（福岡のみ）
先任航空交通管理管制運航情報官
（福岡のみ）
次席航空交通管理管制運航情報官
（福岡のみ）
先任航空交通管理管制技術官
（福岡のみ）
次席航空交通管理管制技術官
（福岡のみ）
システム管理官
（福岡のみ）
先任航空管制官
次席航空管制官
先任航空管制技術官
次席航空管制技術官
先任施設運用管理官
空港事務所
（2,951名）
（三二）
空港出張所
（226名）
（一七）
空港・航空路監視レーダー事務所
（51名）
（二）

《参　考》

主要税制の概要

項　　目	創設	条項
1. 国税		
（所得税・法人税）		
1. 関西国際空港及び大阪国際空港に係る公共施設等運営権対価にかかる課税の特例	H26	租税特別措置法67条の5の2、68条の102の2
2. 関西国際空港用地整備準備金	H24	租税特別措置法57条の7、68条の57
3. 中部国際空港整備準備金	H10	租税特別措置法57条の7の2、68条の57の2
4. 土地の譲渡等に係る事業所得等の課税の特例	S48	租税特別措置法28条の4
5. 優良住宅地の造成等のために土地等を譲渡した場合の長期譲渡所得の課税の特例	S54	租税特別措置法31条の2、62条の3、68条の68
6. 短期譲渡所得の課税の特例	S48	租税特別措置法32条、63条、68条の69
7. 収用等に伴い代替資産を取得した場合の課税の特例	H4	租税特別措置法33条、33条の2、64条、68条の70
8. 収用交換（換地）等の場合の特別控除	S42	租税特別措置法33条の4、65条の2、68条の73
9. 特定土地区画整理事業等のために土地等を譲渡した場合の特別控除	S44	租税特別措置法34条、65条の3、68条の74
10. 特定住宅地造成事業等のために土地等を譲渡した場合の特別控除	S44	租税特別措置法34条の2、65条の4、68条の75
11. 特定の事業用資産の買換えの課税の特例	S44	租税特別措置法37条、65条の7、68条の78
12. 特定の資産の譲渡に伴い特別勘定を設けた場合の課税の特例	S38	租税特別措置法65条の8、68条の79

（令和5年3月末時点）

内　　容	期限
関西国際空港及び大阪国際空港に係る公共施設等運営権対価について、延払基準の方法により益金算入	—
関西国際空港の用地整備費用に充てるための積立金の損金算入 積立限度額：1又は2の金額のいずれか低い金額 1. イ又はロの金額のうち、いずれか低い金額 イ. 指定会社のH24.7.1を含む事業年度開始時の空港用地の帳簿価額の1/10に相当する金額 ロ. 指定会社所得金額のうち、指定会社所得金額と新関空会社所得金額の合計金額の20/100に相当する金額を超える金額 2. 空港用地整備債務の額から前事業年度から繰越した用地整備準備金の金額を控除した金額	—
中部国際空港の整備費用に充てるための積立金の損金算入 積立限度額：1又は2の金額のいずれか低い金額（所得金額の2/3に相当する金額を超えるときは、当該2/3に相当する金額） 1. 土地の造成価額の1/10に相当する金額 2. 土地の造成価額から、前事業年度から繰越した整備準備金の金額を控除した金額	—
所有期間が5年以下である土地を国、地方公共団体等に譲渡した場合 所得税：重課の適用除外	—
所有期間が5年を超える土地を国、地方公共団体等に譲渡した場合 所得税：10%の軽減税率適用等 法人税：5%重課の適用除外	7.12.31
所有期間が5年以下である土地を国、地方公共団体等に譲渡した場合 所得税：重課の適用緩和 法人税：重課の適用除外	—
土地収用法に基づく収用、公有水面埋立法の規定に基づく埋立等による漁業補償等	—
土地収用法に基づく収用等の場合 特別控除額5,000万円	—
特定土地区画整理事業等のために土地等を譲渡した場合、長期譲渡所得の金額から2,000万円を控除 特別控除額2,000万円	—
特定住宅地造成事業等のために買い取られた場合、その譲渡益を控除 特別控除額1,500万円	—
航空機騒音障害区域内にある土地等を当該区域以外の地域内にある土地等と買い換える場合 所得税：資産譲渡収入金額（80%）の譲渡所得不算入 法人税：買換資産の圧縮記帳（80%） ※令和２年４月１日前に指定された航空機騒音障害区域の内から外への買換えに係るものは、適用対象から除外	所得税 8.12.31 法人税 8.3.31
譲渡所得について、特別勘定を設ける方法により経理した場合、その経理した金額に相当する金額は当該事業年度の所得の金額の計算上、損金の額に算入	8.3.31

《参　考》

項　　目	創設	条項
13. 特定の事業用資産を交換した場合の課税の特例	S44	租税特別措置法37条の4、65条の9、68条の80
（地価税） **〈非課税〉** 非課税土地等	 H3	租税特別措置法71条 地価税法6条 別表1
（登録免許税） **〈免税・非課税〉** 1. 航空機の設計検査等に係る事業場の認定	 H18	 登録免許税法2条（別表1百三十八（二）） 登録免許税法施行規則20条
（石油石炭税）地球温暖化対策のための課税の特例 **〈還付〉** 国内定期運送事業用航空機に積み込まれる航空機燃料	 H24	 租税特別措置法90条の3の4
（航空機燃料税） **〈非課税〉** 有償の国内輸送に供されない外国往来機に積み込まれる航空機燃料 **〈税率の特例〉** 1. 航空機燃料税の税率の特例(本則特例) 2. 沖縄島等路線航空機に積み込まれる航空機燃料 3. 特定離島路線航空機に積み込まれる航空機燃料	 S47 H23 H9 H11	 航空機燃料税法8条 租税特別措置法90条の8 租税特別措置法90条の8の2 租税特別措置法90条の9
（関税） **〈免税〉** 1. 航空機の部分品等 2. 航空機の発着又は航行を安全にするための機械及び器具、民間航空機協定に基づき同協定附属書に掲げる産品 3. 入国旅客が到着時免税店において購入して輸入する外国貨物を携帯品免税制度の対象へ追加	 S35 S29 H29	 関税暫定措置法4条 関税定率法15条 関税定率法14条①七 関税法基本通達42-15

内　　　　容	期限
航空機騒音障害区域内にある土地等を当該区域以外の地域内にある土地等と交換する場合 所得税：交換譲渡資産相当収入金額（80%）の譲渡所得不算入 法人税：交換資産の圧縮記帳等（80%） ※令和２年４月１日前に指定された航空機騒音障害区域の内から外への買換えに係るものは、適用対象から除外	所得税 8.12.31 法人税 8.3.31
—平成10年以後の各年の課税時期において、当分の間、地価税は課税しない— ・公共の用に供する飛行場又は当該飛行場の周辺にある本邦航空運送事業者の格納庫若しくは航空貨物取扱施設の用に供されている土地等 ・(独) 空港周辺整備機構（公共法人：法人税法別表1）が有する土地等	 — —
航空機又は装備品の設計若しくは製造又は整備等を行う事業場の認定で、当該認定有効期限（2年）が満了した後に引き続き当該認定に係る同一の業務の能力及び業務範囲について認定を受ける場合は非課税	—
国内定期航空運送事業の用に係る航空機燃料について地球温暖化対策税上乗せ分を還付 (24.10.1：2,290円/kl、26.4.1：2,540円/kl、28.4.1：2,800円/kl（本則：2,040円/kl）)	8.3.31
  R5･R6：13,000円/kl、R7･R8：15,000円/kl、R9：18,000円/kl R5･R6：6,500円/kl、R7･R8：7,500円/kl、R9：9,000円/kl （沖縄島、宮古島、石垣島若しくは久米島と沖縄県の区域以外の本邦の地域との間を結ぶ路線又は沖縄県の区域内の各地間の路線） R5･R6：9,750円/kl、R7･R8：11,250円/kl、R9：13,500円/kl	— 10.3.31 10.3.31 10.3.31
免税 免税 入国旅客が到着時免税店において購入して輸入する外国貨物について、携帯品免税制度の対象として関税を免除	8.3.31 — —

《参　考》

項　　目	創設	条項
（消費税） 入国旅客が到着時免税店において購入して輸入する外国貨物を携帯品免税制度の対象へ追加	H29	輸入品に対する内国消費税の徴収等に関する法律13条①一、③一
2. 地方税 （都道府県民税・市町村民税） 1. 土地の譲渡等による事業所得等に係る課税の特例	S49	地方税法附33条の3
2. 優良住宅地の造成等のために土地等を譲渡した場合の長期譲渡所得に係る課税の特例	S54	地方税法附34条の2
3. 短期譲渡所得に係る課税の特例	S49	地方税法附35条
（事業税） 〈課税標準の特例〉 1. 新関西国際空港株式会社及び関空等統合法に規定する指定会社	H24	地方税法附9条④
2. 中部法に規定する指定会社（中部国際空港株式会社）	H16	地方税法附9条⑤
（不動産取得税） 〈用途による非課税〉 1. 成田国際空港株式会社の業務用不動産	S51	地方税法73条の4①二十三 地方税法施行令37条の5の2①
2. 新関西国際空港株式会社及び関空等統合法に規定する指定会社の業務用不動産	H24	地方税法73条の4①二十三 地方税法施行令37条の5の2②、③
3. 中部法に規定する指定会社（中部国際空港株式会社）の業務用不動産	H10	地方税法73条の4①二十三 地方税法施行令37条の5の2④
（軽油引取税） 〈免税〉 事業場等において使用する機械又は装置の動力源に供する軽油	S60	地方税法附12条の2の7①五 地方税法施行令附10条の2の2⑦

内　　　　　容	期限
入国旅客が到着時免税店において購入して輸入する外国貨物について、携帯品免税制度の対象として内国消費税を免除	—
所有期間が5年以下である土地を国、地方公共団体等に譲渡した場合 重課の適用除外	—
所有期間が5年を超える土地を国、地方公共団体等に譲渡した場合 軽減税率	7.12.31
所有期間が5年以下である土地を国、地方公共団体等に譲渡した場合 重課の適用緩和、軽減税率	—
資本金の金額の5/6に相当する金額を資本金等の額から控除	6.3.31
資本金の金額の2/3に相当する金額を資本金等の額から控除	6.3.31
・基本施設の用に供する土地 ・航空保安施設の用に供する不動産 ・緑地帯、公園その他の緩衝地帯の用に供する土地等 ・騒音斉合施設の用に供する土地 ・第1種区域内からの移転者のための土地等	—
・基本施設の用に供する土地 ・航空保安施設の用に供する不動産 ・基本施設の機能補完施設用途の不動産（関空については2期事業区域内にあるものに限る。また、指定会社に対する特例は当該不動産のみ） ・騒防法第9条第2項の規定により買い入れる土地	—
・基本施設の用に供する土地 ・航空保安施設の用に供する不動産 ・基本施設の機能補完施設用途の不動産	—
航空運送サービス業：空港（公共の飛行場を含む）において使用するパッセンジャーステップ、ベルトローダー、高所作業車その他これに類する機械で、道路運送車両法第4条の登録を受けていないもの	6.3.31

《参　考》

項　　目	創設	条項
（固定資産税（都市計画税）） 〈課税標準の特例〉 1. 国内線に就航する航空機（離島路線及び遊覧用を除き、リース機を含む）	S29	地方税法附15条③
2. 国際路線に就航する航空機	S29	地方税法349条の3⑦ 地方税法施行規則11条の3の2
3. 主として離島路線に就航する航空機	S52	地方税法349条の3⑧ 地方税法施行規則11条の4
4. 新関西国際空港株式会社が所有し、又は関空等統合法の規定に基づき指定会社から借り受ける業務用固定資産（都市計画税も同様）	H24	地方税法349条の3㉒、702条② 地方税法施行令52条の10の7
5. 中部法に規定する指定会社（中部国際空港株式会社）が所有する業務用固定資産（都市計画税も同様）	H10	地方税法349条の3㉕、702条② 地方税法施行令52条の10の9
（特別土地保有税） 〈非課税〉 1. 成田国際空港株式会社が航空機騒音対策上買い入れて保有する一定の土地	S51	地方税法586条②二十三
2. 土地収用事業の対象となる施設のうち一定のものの用に供する土地	S48	地方税法586条②二十六 地方税法施行令54条の30①二、五
3. 不動産取得税において非課税とされる土地	S48	地方税法586条②二十九
（事業所税） 〈非課税（資産割・従業者割）〉 公共の飛行場に設置される国際路線に係る施設	S50	地方税法701条の34③二十三 地方税法施行令56条の39 地方税法施行規則24条の6
〈課税標準の特例〉 公共の飛行場に設置される施設	S50	地方税法701条の41①十六 地方税法施行令56条の64 地方税法施行規則24条の6
（航空機燃料譲与税） 航空機燃料税の譲与割合の引き上げ	H23	航空機燃料譲与税法附2条

内　　容	期限
最大離陸重量200t以上：3年度分2/3（下記の基準を満たさない200t未満の航空機についても適用） 最大離陸重量200t未満：5年度分2/5（地方路線就航時間割合が2/3以上の航空機に限る） 最大離陸重量 50t未満：初年度分3/8、その後4年度分2/5（地方路線就航機のうち、東京国際空港及び大阪国際空港と他の地方空港を結ぶ路線を除く路線の就航時間が2/3以上に限る） 最大離陸重量 30t未満：5年度分1/4（地方路線就航機のうち、東京国際空港及び大阪国際空港と他の地方空港を結ぶ路線を除く路線の就航時間割合が2/3以上に限る）	6.3.31
国際線専用機（国際路線就航時間割合100％）：　1/10 国際線専用機に準ずるもの（国際路線就航時間割合95％以上）：2/15 国際線就航機（国際路線就航時間割合80％以上）：　1/5	—
最大離陸重量30t以上70t未満：3年度分1/3、その後3年度分2/3 最大離陸重量30t未満：期限の定めなく1/4	—
1/2 対象：基本施設の用に供する固定資産、航空保安施設の用に供する固定資産 基本施設の機能補完施設の用に供する固定資産（関空については2期事業区域内にあるものに限る）、緩衝地帯の用に供する土地（他の者に貸し付ける土地以外のものに限る）	—
1/2 対象：基本施設の用に供する固定資産、航空保安施設の用に供する固定資産 基本施設の機能補完施設の用に供する固定資産	—
—平成15年度以降、当分の間、特別土地保有税の新たな課税は行わない— 航空機騒音防止法又は特定空港周辺航空機騒音対策特別措置法に基づき買い入れる土地	—
・石油パイプライン事業の用に供する施設（土地収用法3八の二） ・成田国際空港株式会社、関西国際空港株式会社及び中部国際空港株式会社が事業の用に供する施設のうち、事務所、宿舎及び職員の福利厚生施設以外のもの（土地収用法3十二）	—
法第73条の4第1項又は第73条の5の規定の適用がある土地	—
対象：格納庫、運航管理施設、航空機の整備施設等	—
資産割1/2、従業者割1/2 対象：格納庫、運航管理施設、航空機の整備施設等	—
航空機燃料税から航空機燃料税譲与税として譲与される額の割合の引き上げ 本　　則：航空機燃料税収入額の2/13 R4～R6税率：航空機燃料税収入額の4/13 R7～R8税率：航空機燃料税収入額の4/15 R 9 税 率：航空機燃料税収入額の2/9	10.3.31

《参　考》

主要航空運送事業者の歩み

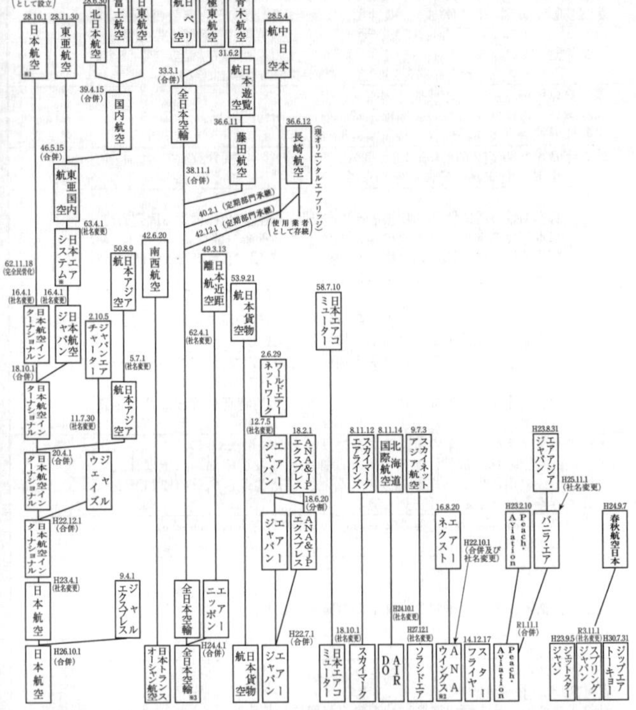

※1　日本航空と日本エアシステムは、平成14年10月2日に共同持株会社「日本航空システム」を設立し、経営統合。平成16年6月26日「日本航空システム」から「日本航空」へ社名変更。

※2　平成22年10月1日、「エアーニッポンネットワーク」を存続会社として「エアーネクスト」、「エアーセントラル」と合併するとともに「ANAウイングス」に社名変更。

※3　平成25年4月1日付けで全日本空輸㈱を吸収分割し、承継会社ANAホールディングス㈱（平成24年4月2日設立）に航空法上の地位を承継することで持株会社制へ移行するとともに、同日付けで「ANAホールディングス㈱」は「全日本空輸㈱」に、「全日本空輸㈱」は「ANAホールディングス㈱」に社名変更。

航空関係用語解説

ACC（Area Control Center）

航空路管制機関（札幌、東京、福岡及び神戸航空交通管制部）のことで、管轄する管制空域内を飛行する航空機に対して、航空路管制業務、進入管制業務等を実施する機関である。

ADEX（ATC Data Exchange System）

管制データ交換処理システムのことで、航空機と航空管制官又は管制システムとの間での空地データ通信機能、及び国内の航空管制官と外国管制機関との間での地対地データ通信機能を提供するための情報処理を行う。

AEIS（Area/En-route Information Services：広域対空援助業務）

飛行中の航空機の航行を援助するため、航空機の航行に必要な情報の提供、航空機からの報告（PIREP）の受理及び提供、その他航空機の航行の安全に必要な通信を行う業務。

AFIS（Aerodrome Flight Information Services：飛行場対空援助業務）

飛行場及びその周辺を航行する航空機に対して、管制業務を行う機関と航空機の間の管制上必要な通報の伝達、航空機の航行に必要な情報提供を行う業務。

AIC（Aeronautical Information Circular）

航空情報サーキュラーのことで、情報の性質又は時期的な理由から航空路誌への掲載、ノータムの発行等には適さないが、主として飛行の安全、飛行の方法その他の技術的、行政的又は法律的事項に関する説明的、助言的な性格の情報である。

AIP（Aeronautical Information Publication）

航空路誌のことで、航空機の運航のために必要な永続的情報を収録する。収録内容の恒久的変更は航空路誌改訂版により、また、一時的変更等は航空路誌補足版により行われる。

《参　考》

AIRAC（Aeronautical Information Regulation and Control）

エアラックのことで、運航上重要な航空情報を世界的に統一された有効日に合わせて有効となるよう有効日の少なくとも28日前（国際に関するものは少なくとも56日前）に配布先に届くよう作成される方式を意味し、航空路誌改訂版及び航空路誌補足版の冒頭にAIRACと付される。

ARSR（Air Route Surveillance Radar）

航空路監視レーダーのことで2次監視レーダー（SSR）を用いて、レーダーサイトから約466km以内の空域にある航空機の位置を探知し、航空機の誘導及び航空機相互間の間隔設定等レーダーを使用した航空路管制業務に使用される。

ASDE（Airport Surface Detection Equipment）

空港面探知レーダーのことで、空港地表面の航空機や車両等の動きを監視しそれらの交通の安全を図るための高分解能レーダーで、飛行場管制業務に使用される。

ASR（Airport Surveillance Radar）

空港監視レーダーのことで、空港から約110km以内の空域にある航空機の位置を探知し、出発・進入機の誘導及び航空機相互間の間隔設定等ターミナルレーダー管制業務に使用される。

ATMC（Air Traffic Management Center）

航空交通管理センターのことで、全国の空域を一元的に管理し、航空交通の混雑解消、安全の確保、効率運航、定時性の確保等を目的とした業務を実施する機関である。

ATIS（Automatic Terminal Information Service）

飛行場情報放送業務のことで、気象情報、飛行場の状態、航空保安施設の運用状況等の情報を常時対空送信（放送）により航空機に提供する業務である。

DME（Distance Measuring Equipment）

距離情報提供装置のことで、電波の伝搬速度が一定であることを利用し、航空機から地上のDME局へ距離質問電波を発射し、それに応じてDME局から発射された応答電波を受信するまでの時間的経過から地上局までの距離を連続測定できる。

FACE（Flight Object Administration Center System）

飛行情報管理処理システムのことで、フライトに関する情報及びその他運航に関する情報の処理・管理並びに国内外の関係機関との情報の授受を行う。

FIR（Flight Information Region）

飛行情報区のことで、各国が航空交通業務を担当する区域を示し、ICAOで決定される。通常、自国の領空に隣接する公海の上空を含む。日本は福岡FIRを担当している。

FAIB（Flight & Airport Information BASE：運航拠点）

東京空港事務所（羽田）と関西空港事務所に設置された航空管制運航情報官の運航援助情報業務の実施拠点をいい、運航関係者や空港管理者等に対し、様々な運航状況下における幅広い専門的なサポートを24時間実施する機関。

FSC（Flight Service Center：飛行援助センター）

航空機の航行に必要な情報の収集及び対空通信による提供、航空機の運航の監視等、航空機の安全かつ円滑な運航を24時間支援する機関。

GCA（Ground Controlled Approach）

着陸誘導管制所のことで、ASR（空港監視レーダー）及びPAR（精密進入レーダー）を使用して計器飛行方式により飛行する航空機に対して、管制官が無線電話により針路、高度の指示を発出し、誘導して着陸させる着陸誘導管制業務を行う機関である。

《参　考》

IATA（International Air Transport Association）

国際航空運送協会のことで、1945年、各国定期国際航空会社を会員として結成された団体である。安全、定期的かつ経済的な航空運送を助成し、国際航空業務に従事する航空企業が互いに協力することを目的とし、特にその運送会議で、国際運賃水準の設定を行っている。本部はモントリオール及びジュネーブにあり、2011年3月現在、会員数は約230社。日本からは、日本航空、全日本空輸、日本貨物航空が会員として参加している。

ICAO（International Civil Aviation Organization）

国際民間航空機関のことで、1944年の国際民間航空条約（シカゴ条約）に基づいて設立された国連の専門機関の一つである。国際民間航空の安全かつ秩序ある発達及び国際航空運送業務の健全かつ経済的な運営を図ることを目的とし、技術的問題、法律的問題等に関する各種の活動のほか、最近では経済的問題に関する活動も行っている。本部はモントリオールにあり、2012年3月現在、191ヶ国が加盟している（日本は1953年10月に加盟）。

ICAP（Integrated Control Advice Processing System）

管制支援処理システムのことで、航空管制官による戦略的な意思決定を支援するための情報処理を行う。

IFR・VFR

IFR（Instrument Flight Rules：計器飛行方式）は、航空機の飛行経路や飛行の方法について常時航空交通管制の指示を受けつつ飛行することをいい、**VFR**（Visual Flight Rules：有視界飛行方式）は、有視界気象状態（VMC）において、原則として航空交通管制の指示を受けず操縦者の独自の判断で飛行することをいう。

IIT運賃（Individual Inclusive Tour Fare：個人包括旅行運賃）

旅行業者が目的地での観光、宿泊等の地上手配を行う、いわゆる包括旅行のための運賃である従来のGIT運賃（団体包括旅行運賃）の最低催行人数の規定が、個人旅行者の増大という市場動向の変化の中で実情に合わなくなったことにより、1人より適用可能な旅行商品造成用の国際運賃として平成6年4月1日より導入された。

ILS（Instrument Landing System）

計器着陸装置のことで、着陸する航空機に対して空港に設置されたILS地上施設から、進入方向と降下経路を示す二種類の誘導電波を発射し、パイロットは悪天候時においても、ILSの電波を受信し機内の計器を見つつ操縦することにより、所定のコースにそった安全な着陸を可能とする着陸援助施設である。

IMC・VMC

VMC（Visual Meteorological Condition：有視界気象状態）とは、操縦者が目視により飛行するのに十分な視程（目視できる最大距離）及び航空機から雲までの距離を考慮して、航空機の飛行する高度と空域別に定めた下表以外の気象状態をいい、それ以外の気象状態を**IMC**（Instrument Meteorological Condition：計器気象状態）という。

《参　考》

<table>
<tr><td colspan="2" rowspan="3"></td><td rowspan="3">視　程</td><td colspan="4">航空機から雲までの距離</td></tr>
<tr><td colspan="3">垂　直　方　向</td><td rowspan="2">水平方向
(半径)</td></tr>
<tr><td>上　方</td><td>下　方</td><td>雲　高</td></tr>
<tr><td colspan="2">3,000m以上の高度</td><td>8,000m</td><td>300m</td><td>300m</td><td>—</td><td>1,500m</td></tr>
<tr><td rowspan="2">3,000m
未満の
高度</td><td>管制区、管制圏又は情報圏内</td><td>5,000m</td><td>150m</td><td>300m</td><td>—</td><td>600m</td></tr>
<tr><td>管制区、管制圏又は情報圏外</td><td>1,500m</td><td>150m</td><td>300m</td><td>—</td><td>600m</td></tr>
<tr><td colspan="2">管制区、管制圏又は情報圏外で地表又は水面から300m以下の高度</td><td>*1
1,500m</td><td colspan="4">雲から離れて飛行し、かつ、地表又は水面を引き続き確認し得ること。</td></tr>
<tr><td colspan="2">管制圏又は情報圏内の飛行場並びに管制圏又は情報圏外にある国土交通大臣が告示で指定した飛行場</td><td>*2
5,000m</td><td>—</td><td>—</td><td>300m</td><td>—</td></tr>
</table>

*1　他の物件との衝突を避けることが出来る速度で飛行するヘリコプターは除く。
*2　地上視程

INS（Inertial Navigation System）

慣性航法装置のことで、航空機の加速度を積分計算し、速度と移動距離を得、航空機の位置、目的地までの距離、飛行時間等航法上必要な資料を得る自蔵航法装置である。

ITC（Inclusive Tour Charter）

地上部分におけるツアー等と航空運送とを組み合わせた包括旅行チャーターのことである。国際旅客の運送に係るチャーターの類型が我が国において認められているものには、このほか、アフィニティーグループチャーター（旅行の実施以外を目的とする類縁団体のためのチャーター）とオウンユースチャーター（個人・会社等が航空機1機を貸切り、これをその顧客等に利用させるためのチャーター）があるが、ITCは特に一般公募が可能であるという点で、これら二つのチャーターと異なっている。

Lden

Ldenとは、時間帯補正等価騒音レベルのことで、算式（ア）により1日ごとのLdenを算出し、全測定日のLdenについては、算式（イ）によりパワー平均を算出するものである。

《参　考》

Ldenは、わが国における航空機騒音の評価指標として、平成25年4月1日より適用している。

算式（ア）

$$10log_{10}\left[\frac{To}{T}\left(\sum_{i} 10^{\frac{L_{AE}\,di}{10}}+\sum_{j} 10^{\frac{L_{AE}\,ej+5}{10}}+\sum_{k} 10^{\frac{L_{AE}\,nk+10}{10}}\right)\right]$$

（注）・i、j及びk：各時間帯で観測標本のi番目、j番目及びk番目のこと
・L_{AE}、di：dは、「day：日中」を意味し、午前7時から午後7時までの時間帯におけるi番目のL_{AE}のことをいう。（重み付け：なし）
・L_{AE}、ej：eは、「evening：夕方」を意味し、午後7時から午後10時までの時間帯におけるj番目のL_{AE}のことをいう。（重み付け：5dB）
・L_{AE}、nk：nは、「night：夜間」を意味し、午後10時から翌午前7時までの時間帯におけるk番目のL_{AE}のことをいう。（重み付け：10dB）
・Toは、規準化時間（1秒）
・Tは、観測1日の時間（86400秒）
・単位は、dBである。

算式（イ）

$$10log_{10}\left(\frac{1}{N}\sum_{i} 10^{\frac{L_{den}\ i}{10}}\right)$$

（注）・Nは、測定日数をいい、$Lden$、iとは、測定日のうちi番目の測定日の$Lden$をいう。
・単位は、dBである。

NDB（Non Directional Radio Beacon）

無指向性無線標識施設のことで、航空路の要所又は空港に設置される。中長波帯の無指向性電波を発射し、航空機上で自動方向探知機（ADF：Automatic Directional Finder）を使用して地上施設（NDB）の方向を探知できるようにする施設である。

NOTAM（Notice to Airmen）

ノータムのことで、航空保安諸施設、業務、方式及び航空に危険をおよぼすもの等の設定、状態又は変更に関する情報で、書面による航空情報では時宜を得た提供が不可能な場合

に通信回線（CADIN及びAFTN）及びインターネットにより配布されるもの。

ORSR（Oceanic Route Surveillance Radar）

洋上航空路監視レーダーのことで、ARSRの覆域が不足している洋上空域にある航空機を監視するためのレーダーであり、レーダーサイトから約460km以内の空域にある航空機を探知することができ、洋上における航空路管制業務に使用される。

PAR（Precision Approach Radar）

精測進入レーダーのことで、計器飛行方式で最終進入する航空機の進入路及び降下路からのずれ並びに設置点までの距離を探知し、安全に着陸させるよう誘導するためのものである。

PAPI（Precision Approach Path Indicator）

昭和58年11月24日適用の第14付属書改訂で、進入角指示灯の一つとして、ICAO国際基準となった進入援助用灯火である。

その原理は、設定仰角の異なる4つの灯器ユニットから投射される灯光（上層が白色光、下層が赤色光）により5種類の信号を作りだすものであり、ピンクゾーン（白／赤の転移層）の幅が3分以下ときわめて小さいため、各信号間の見え方の変化はきわめてシャープでディジタル的である。

また、信号精度が高く、単一バーを構成しているため、着陸に際しての明確なエイミングポイントとなりうる。

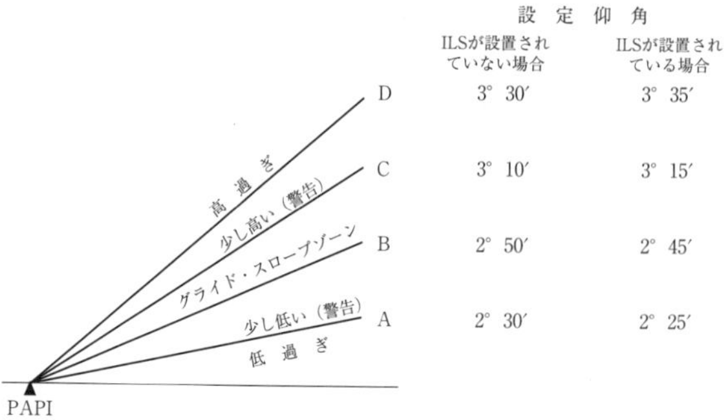

	設定仰角	
	ILSが設置されていない場合	ILSが設置されている場合
D	3° 30′	3° 35′
C	3° 10′	3° 15′
B	2° 50′	2° 45′
A	2° 30′	2° 25′

高過ぎ
少し高い（警告）
グライド・スロープゾーン
少し低い（警告）
低過ぎ
PAPI

	高過ぎ	少し高い（警告）	オングライドスロープ	少し低い（警告）	低過ぎ
	ABCD □□□□	ABCD □□□■	ABCD □□■■ 滑走路	ABCD □■■■	ABCD ■■■■
ILSが設置されていない場合	↑ 以上 3° 30′	3° 30′ ↕ 3° 10′	3° 10′（弧角20′）2° 50′	2° 50′ ↕ 2° 30′	2° 30′ ↓ 以下
ILSが設置されている場合	↑ 以上 3° 35′	3° 35′ ↕ 3° 15′	3° 15′（弧角30′）2° 45′	2° 45′ ↕ 2° 25′	2° 25′ ↓ 以下

PEX運賃（Instant Purchase Excursion Fare：即時購入回遊運賃）

航空事業者及び旅行業者が利用者に対して直接販売する航空券に適用される割引運賃。有効期間、必要旅行日数、途中降機等について普通運賃より制限が付されている。

RAG（Remote Air-Ground Communication）

リモート対空通信施設のことで、管制機関又は運航情報機関の設置されていない空港に設置され、当該空港を管轄FSCから遠隔運用されるVHFの空港用対空通信施設である。これにより要員が配置されていない空港等に離着陸する航空機との直接交信が可能となる。

RCAG（Remote Center Air-Ground Communication）

遠隔対空通信施設のことで、航空路管制機関（ACC）から遠隔制御されるVHF、UHFの航空路用対空通信施設である。これにより、遠隔地の航空機と管制機関との直接交信が可能となる。

RCC（Rescue Coordination Center）

航空機の捜索救難に関する協定（警察庁、防衛省、国土交通省（航空局）、海上保安庁及び消防庁の関係機関により締結）に基づき、東京空港事務所に設置されている救難調整本部のことで、航空機が遭難又は行方不明になった場合に、関係機関が行う捜索・救難（SAR）活動について業務調整を行う機関である。

RVR（Runway Visual Range）

滑走路の中心線上の航空機の操縦士が、滑走路面の標識又は滑走路の輪郭を示す灯火若しくは滑走路の中心線を識別する灯火を見ることができる最大距離のことである。

滑走路脇に設置された観測装置で大気中の消散係数と周囲の明るさを測定し、滑走路灯、滑走路中心線灯の光度設定値も取込むことにより求めている。

SRR（Search And Rescue Region）

捜索救難区のことで、各国が航空機の捜索救難業務の責任を負う区域としてICAOで決定される。我が国が責任を負う区域は東京捜索救難区（TOKYO SRR）であり、福岡FIRの区域と一致する。

SSR（Secondary Surveillance Radar）

二次監視レーダーのことで、航空機は、この装置から発する質問電波を受信すると、機上のATCトランスポンダー（航空交通管制用自動応答装置）から各機に固有の応答信号を発射し、地上のレーダー表示画面上に航空機の識別、高度並びに緊急事態の発生等を表示する。単独でARSRとして使用しているほか、ASRと組み合わせて使用する。

TCA（Terminal Control Area）

進入管制区内の公示された空域であって、レーダー識別されたVFR機に対して当該機の要求に基づくレーダー誘導、当該機の位置情報の提供、進入順位及び待機の助言、レーダー交通情報の提供等の業務が実施される空域をいう。

TACAN（Tactical Air Navigation System）

極超短波全方向方位距離測定装置のことで、軍用を目的として開発されたもので、極超短波を使用し方位及び距離情報を同時に提供する施設である。TACANの距離測定部はDMEと同じ機能のため、VORと併設しVORTACとすることにより、民間航空用の標準施設であるVOR/DMEと同様な使用が可能である。

TAPS（Trajectorized Airport Traffic Data Processing System）

空港管制処理システムのことで、航空管制官による飛行場管制業務及びターミナルレーダー管制業務の実施を支援するための情報処理を行う。

TEAM（Trajectorized Enhanced Aviation Management）

航空交通管理処理システムのことで、航空交通管理管制官による空域管理、航空交通流管理及び航空交通管理管制運航情報官による航空交通管理情報業務を支援するための情報処理を行う。

TEPS（Trajectorized En-route Traffic Data Processing System）

航空路管制処理システムのことで、航空管制官による航空路管制業務の実施を支援するための情報処理を行う。

TOPS（Trajectorized Oceanic Traffic Data Processing System）

洋上管制処理システムのことで、航空管制官による洋上管制業務の実施を支援するための情報処理を行う。

VAAC（Volcanic Ash Advisory Center）

航空路火山灰情報センターのことで、航空機の火山灰による災害を防止するため、火山灰の状況を監視・解析し、各国の気象監視局等へ情報を提供している機関である。現在、世界に9つのVAACがあり、気象庁は東京VAACとして、東アジア・北西太平洋地域及び北極圏の一部を担当している。

VOLMET

飛行中の航空機が、航行の安全を図るため目的地の主要空港の気象状態を把握できるよう、短波又は超短波の無線電話により定常的に行っている放送である。東京ボルメット放送（東京ボルメット無線電話通報）は気象庁本庁が担当し、7空港の定時実況報、6空港の着陸用飛行場予報、2空港の運航用飛行場予報、福岡FIR及びインチョンFIRのシグメット情報の発表状況を、毎時10分からと40分からのそれぞれ5分間、英語の平文を用いて放送している。

VOR（VHF Omnidirectional Radio Range）

超短波全方向式無線標識施設のことで、超短波を用いて有効到達距離内のすべての航空機に対し、VOR施設からの磁北に対する方位を連続的に指示することができ、航空路の要所にVOR施設を設置することにより航空機は、正確に航空路を飛行することができる。また、VHF帯を利用しているため雷雨等の影響が少なく飛行コースを正確に指示することができる。

WAM（Wide Area Multilateration）

マルチラテレーション技術（航空機のトランスポンダから送信される信号（スキッタ）を3カ所以上の受信局で受信して、受信時刻の差から航空機等の位置を測定する）を利用し、航空機の監視を空港外の空域まで拡大させたもので、受信局の配置により必要とする監視要件に柔軟に対応することが可能。

WMO（World Meteorological Organization）

世界の気象業務の調和と統一のとれた発展及び推進に資するために設けられた国際連合の専門機関の一つで、1950年に世界気象機関条約に基づき設立された。2023年3月現在、187ヵ国及び6領域（香港等）が構成員として加盟している（我が国は1953年に加盟）。事務局は、スイス連邦のジュネーブ市に置かれている。

鉛直視程

鉛直視程とは、雨や雪などの降水又は霧などの視程障害現象により上空の見通しがさえぎられている場合の鉛直方向の最大可視距離をいい、飛行場の標高からの距離で表す。

航空気象観測においては、飛行場が降水又は視程障害現象にさえぎられて、上空が見えない場合は、鉛直視程を観測し通報する。

管　制

航空機の衝突事故防止のため、航空機間及び障害物との安全間隔を設定するとともに、航空交通の秩序ある流れを維持・促進することをいう。これは、地上からの指示によって行われ、その種類は大きく分類して、航空路管制と飛行場周辺の管制に区分され、後者には、飛行場管制、進入管制、ターミナル・レーダー管制及び着陸誘導管制がある。

型式証明

航空機の型式の設計並びに当該型式の航空機の製造過程及び完成後の現状について安全性、騒音及び発動機排出物に関する基準に適合することを国土交通大臣が証明すること（航空法第12条）。耐空証明が各機に対して行われるのに対し、型式証明は同一型式に対し一度行われる。型式証明を受けた型式の航空機について耐空証明検査を行う場合、その設計及び製造過程についての検査の一部を省略することができる（航空法第10条第5項）。

空港気象ドップラーライダー

空港気象ドップラーライダーは、空港を中心とする半径約10km以内の空域において、離着陸時に影響を及ぼす低層ウィンドシアー（大気下層の風の急激な変化）を非降水時に捉えるための装置である。

《参　考》

空港気象ドップラーレーダー

空港気象ドップラーレーダーは、空港を中心とする半径約120㎞以内の空域における降水の強度と分布、降水域の気流の乱れの強さを観測するとともに、半径約20㎞以内の空域において、離着陸時に影響を及ぼす低層ウィンドシアーを降水時に捉えるための装置である。

航空気象観測

航空機が安全に離着陸できるように飛行場とその周辺における気象現象の推移を常に監視し、最も新しい気象実況を提供するものである。観測項目は、風向風速、視程、RVR、現在天気、雲形、雲量、雲底の高さ、気温、露点温度、気圧がある。観測は、定められた時刻に行う定時観測（METAR）、定時観測の間に気象現象の重要な変化を認めたときに特定の基準に従って行う特別観測（SPECI）等がある。

航空機と飛行機

航空機は、航空法において「人が乗って航空の用に供することができる機器」と定義され、飛行機、回転翼航空機、滑空機及び飛行船がこの範ちゅうに入る。即ち、飛行機は航空機の一種であり、推進装置を有し、固定翼に生ずる揚力によって飛行するものをいう。

航空交通管制区

航空交通管制区とは、航空交通の安全のために地表又は水面から200m以上で、国土交通大臣が指定する空域をいい、航空交通管制圏以外の飛行場周辺の空域等が指定され、ほとんど日本全域が航空交通管制区で覆われている。ここを飛行する航空機に対し、管制を行うなど種々の安全措置が講じられている。

航空交通管制圏

航空交通管制圏とは、航空交通の安全のために国土交通大臣が指定する離着陸が頻繁に行なわれる飛行場周辺の空域をいい、ここにおいては、離着陸する航空機に対し、主として飛行場管制が行われ、航空機の安全確保が図られている。

航空情報

航空法第99条の規定により国土交通大臣が航空機乗組員に対し提供する航空機の運航のために必要な情報であり、航空路誌（AIP）、航空路誌改訂版（AIP Amendment）、航空路誌補足版(AIP Supplement)、ノータム(NOTAM)、航空情報サーキューラー（AIC）等がある。航空情報の発行は、関係機関からの資料の提出により航空局で行われている。

航 空 路

航空路とは、航空機の航行に適する空中の通路として国土交通大臣が指定するものをいう。地上の航空保安無線施設等を結んで全国各地に指定されている。

航空路の名称は、英字（A、B、G、R、V）及び数字（1～999）により表わされ、国際航空路については、A、B、G、Rを、国内航空路についてはVを使用している。

高度計規正値

ある基準高度面からの気圧高度を求めることができるように、航空機の気圧高度計の原点を規正する（合わせる）ための気圧をいう。

高度計規正値には、QNH、QFE及びQNE等がある。

わが国ではQNHが通報される。QNHは、滑走路に着陸した航空機の気圧高度計が滑走路の標高を示すように、気圧高度計原点を平均海面上3メートルの高さに合わせるための気圧値である。

シグメット情報（SIGMET）

各FIRを対象に発表される空域気象情報のことで、雷電、台風、乱気流、着氷、火山灰の拡散状況等が予想されるか又は観測されたものが持続すると予想される場合に発表される。我が国では気象庁本庁が福岡FIRを担当している。

《参　考》

シーリング（Ceiling）

現在は、気象用語としての定義はないが、航空交通関係者は、「雲量が5/8以上の最低雲層の雲底の高さ、または、鉛直視程をシーリング」ということがあり、航空路誌（AIP）の離陸の最低気象条件の欄では、「CEIL」または「C」という記号で示している。

進入管制区

進入管制区とは、航空交通管制圏内の飛行場からの離陸に引き続く上昇飛行、同飛行場への着陸に先行する降下飛行を計器飛行方式により飛行する航空機に対して国土交通大臣が航空交通管制を行う空域をいい、平成30年4月現在28ヶ所の空域が指定されている。この空域を飛行する航空機に対しては、進入管制及びターミナル・レーダー管制が行われるなど航空機の安全確保が図られている。

耐空証明

航空機について、安全性、騒音及び発動機排出物に関する基準に適合することを国土交通大臣が証明すること（航空法第10条)。耐空証明を有しない航空機は、航空の用に供することができない（航空法第11条)。

飛行場と空港

飛行場とは、航空機が離着陸し得る諸施設の総体として一般に使用されている言葉であるが、明確な定義は存在しない。一方空港は、空港法においては「公共の用に供する飛行場（共用空港を除く。)」と定義され、具体的には、東京国際空港、中部国際空港等個々の飛行場を指定して何々空港と呼び、空港整備に関する費用の負担補助等の法的効果を与えている。

飛行場予報

離着陸する航空機及び飛行計画作成に必要な風向風速、視程、天気、雲量、雲底の高さについての量的・時系列的予報のことで、我が国では主要空港を対象に発表される。運航用、着陸用、離陸用の3種類の飛行場予報がある。

dB(A)

dB(A)は、騒音レベルの大きさの単位であり、人間の騒音の大きさに対する感覚に近い周波数補正特性のAを用いて測定されたものをいう。

対空センター

AFIS（飛行場対空援助業務）及びAEIS（広域対空援助業務）を24時間提供する機関。

卓越視程

観測者が全方向（360度）の水平視程を観測したとき、180度以上の範囲に共通した、最大水平視程をいう。

日本の主要航空会社・日本乗入れ外国定期航空会社一覧

日本の主要航空会社

AIR DO ADO	ANAグループ ANA、AJX、AKX	Peach Aviation APJ	JALグループ JAL、JTA、JAC、RAC、JAR、HAC
ジェットスター・ジャパン JJP	日本貨物航空 NCA	スターフライヤー SFJ	スプリングジャパン SJO
スカイマーク SKY	ソラシドエア SNJ	ZIPAIR Tokyo TZP	

日本乗入れ外国定期航空会社

アメリカン航空 (米国) AAL	アシアナ航空 (韓国) AAR	エアプサン (韓国) ABL	エア・カナダ (カナダ) ACA
エアカラン (フランス) ACI	エールフランス航空 (フランス) AFR	エアホンコン (香港) AHK	エア・インディア (インド) AIC
エアインチョン (韓国) AIH	タイ・エアアジア (タイ) AIQ	スリランカ航空 (スリランカ) ALK	マカオ航空 (マカオ) AMU
アエロメヒコ (メキシコ) AMX	ニュージーランド航空 (ニュージーランド) ANZ	フィリピンエアアジア (フィリピン) APG	エアプレミア (韓国) APZ
エアソウル (韓国) ASV	オーストリア航空 (オーストリア) AUA	シルクウェイウエスト航空 (アゼルバイジャン) AZG	バンブーエアウェイズ (ベトナム) BAV

BRITISH AIRWAYS ブリティッシュ・エアウェイズ (英国) B A W	Biman BANGLADESH AIRLINES ビーマンバングラデシュ航空 (バングラデシュ) B B C	AeroLogic アエロロジック (ドイツ) B O X	CHINA AIRLINES チャイナエアライン (台湾) C A L
中国国际货运航空 AIR CHINA CARGO 中国国際貨運航空 (中国) C A O	首都航空 Capital Airlines 北京首都航空 (中国) C B J	AIR CHINA 中国国际航空公司 A STAR ALLIANCE MEMBER 中国国際航空 (中国) C C A	长龙航空 LOONGAIR 長竜航空 (中国) C D C
山東航空公司 SHANDONG AIRLINES 山東航空 (中国) C D G	cebu pacific セブパシフィック航空 (フィリピン) C E B	中國東方航空 CHINA EASTERN 中国東方航空 (中国) C E S	海南航空 (中国) C H H
中國貨運航空 CHINA CARGO AIRLINES 中国貨運航空 (中国) C K K	KALITTA AIR カリッタ航空 (米国) C K S	cargolux カーゴルックス航空 (ルクセンブルク) C L X	CATHAY PACIFIC キャセイパシフィック航空 (香港) C P A
春秋航空 SPRING AIRLINES 春秋航空 (中国) C Q H	HONGKONG AIRLINES 香港航空 (香港) C R K	四川航空 SICHUAN AIRLINES 四川航空 (中国) C S C	上海航空公司 SHANGHAI AIRLINES 上海航空 (中国) C S H
中国南方航空 CHINA SOUTHERN AIRLINES 中国南方航空 (中国) C S N	SF AIRLINES 顺丰航空 順豊航空 (中国) C S S	深圳航空 Shenzhen Airlines A STAR ALLIANCE MEMBER 深圳航空 (中国) C S Z	XIAMENAIR 厦門航空 (中国) C X A
EMS 中国貨運郵政航空 (中国) C Y Z	DELTA デルタ航空 (米国) D A L	JUNEYAO AIR 吉祥航空 上海吉祥航空 (中国) D K H	Lufthansa ルフトハンザドイツ航空 (ドイツ) D L H
エティハド航空 ETIHAD AIRWAYS エティハド航空 (アラブ首長国連邦) E T D	Ethiopian エチオピア航空 (エチオピア) E T H	EVA AIR エバー航空 (台湾) E V A	FedEx. Express フェデラル エクスプレス (米国) F D X

フィンエアー (フィンランド) FIN	フィジーエアウェイズ (フィジー) FJI	天津航空 (中国) GCR	ルフトハンザカーゴ (ドイツ) GEC
ガルーダ・インドネシア航空 (インドネシア) GIA	アトラスエア (米国) GTI	ハワイアン航空 (米国) HAL	河北航空 (中国) HBH
グレーターベイ航空 (香港) HGB	香港エクスプレス航空 (香港) HKE	ベトナム航空 (ベトナム) HVN	カーゴルックスイタリア (イタリア) ICV
ITAエアウェイズ (イタリア) ITY	済州航空 (韓国) JJA	ジンエアー (韓国) JNA	ジェットスター・アジア航空 (シンガポール) JSA
ジェットスター航空 (オーストラリア) JST	九元航空 (中国) JYH	大韓航空 (韓国) KAL	KLMオランダ航空 (オランダ) KLM
LOTポーランド航空 (ポーランド) LOT	マレーシア航空 (マレーシア) MAS	MIATモンゴル航空 (モンゴル) MGL	アエロモンゴリア航空 (モンゴル) MNG
エジプトエアー (エジプト) MSR	マリンドエア (マレーシア) MXD	奥凱航空 (中国) OKA	ポーラーエアカーゴ (米国) PAC
フィリピン航空 (フィリピン) PAL	パシフィック航空 (ベトナム) PIC	カンタス航空 (オーストラリア) QFA	カタール航空 (カタール) QTR

ロイヤルブルネイ航空 (ブルネイ) R B A	ネパール航空 (ネパール) R N A	スカンジナビア航空 (デンマーク・ノルウェー・スウェーデン) S A S	シンガポール航空 (シンガポール) S I A
スターラックス航空 (台湾) S J X	スイス インターナショナル エアラインズ (スイス) S W R	タイエアアジアX (タイ) T A X	スクート (シンガポール) T G W
タイ国際航空 (タイ) T H A	エア タヒチ ヌイ (フランス) T H T	ターキッシュエアラインズ (トルコ) T H Y	タイガーエア台湾 (台湾) T T W
タイベトジェットエア (タイ) T V J	ティーウェイ航空 (韓国) T W B	エミレーツ航空 (アラブ首長国連邦) U A E	ユナイテッド航空 (米国) U A L
ユナイテッド・パーセル・サービス (米国) U P S	ベトジェットエア (ベトナム) V J C	ヴィスタラ (インド) V T I	ウエストジェット航空 (カナダ) W J A
エアアジアX (マレーシア) X A X			

(注) (1)ゴチックは、ICAOで定めた各社の略号。(2)運休中の会社及びコードシェアのみの会社を除く。(3)令和5年3月31日現在。

【表紙の写真】

ルーク・オザワ

航空写真家
1959年2月　東京生まれ。
ヒコーキと向き合って50年、今や航空写真第一人者。風景とヒコーキをシンクロさせた情景的ヒコーキ写真を確立。時に神がかり的な絵創りは見る者に感動を与えている。ラジオ、テレビ、講演、セミナーなどでも活躍。生涯飛行搭乗回数は2200回を越えた。これまで手掛けたカレンダーは350本。中でもANAカレンダーは26年撮り下ろしている。2016年全国カレンダー展で文部科学大臣賞受賞。月刊エアライン連載「ヒコーキフォト日記」は275回。著書に、『JETLINER』シリーズ（イカロス出版）、『ANA747FINAL』（イカロス出版）、『ルーク・オザワのヒコーキ写真の撮り方』（誠文堂新光社）がある。
撮影場所　　表1　大阪伊丹空港　　表4　羽田空港

令和5年9月29日発行

監修　国土交通省航空局

発行　日本航空協会

東京都港区新橋1-18-1
(〒105-0004)
電　話　03（3502）1206

印刷　勝美印刷株式会社

定価1,100円（本体価格：1,000円）

ISBN978-4-88912-604-4